# 自动驾驶

## 感知原理与实践

龚心满 江涛 梁功臣 胡佳慧 ◎编著

电子工业出版社
Publishing House of Electronics Industry
北京·BEIJING

## 内 容 简 介

本书是一本系统讲解自动驾驶感知技术的图书，同时带有具体的自动驾驶实践案例，以及自动驾驶感知技术的落地部署方案供读者学习。本书主要涉及的内容包括神经网络的基础理论知识、经典卷积神经网络、轻量化卷积神经网络、Vision Transformer、2D 目标检测算法（YOLOv5、YOLOX、YOLOv5 Lite、NanoDet 等算法）、3D 激光点云目标检测算法、BEVFormer 纯视觉的 3D 目标检测算法、语义分割、车道线检测、ReID 相关技术、多目标跟踪及部署落地的相关技术（如 CUDA、OpenCV、NCNN、TensorRT 等）。

为了让读者全面、深入、透彻地理解所讲解的算法，书中还给出了具体的实践案例，并提供了相应的数据集供读者实践，同时通过对代码的讲解使读者获得实战能力。

本书适用于具有一定 Python 基础的计算机视觉初学者、想从其他视觉开发行业进入自动驾驶行业的开发者，以及想全面、系统地了解自动驾驶感知技术的开发者；也适用于自动驾驶感知技术负责人，以便其更好地把握团队的开发细节。

未经许可，不得以任何方式复制或抄袭本书之部分或全部内容。
版权所有，侵权必究。

图书在版编目（CIP）数据

自动驾驶：感知原理与实践 / 龚心满等编著. —北京：电子工业出版社，2023.7
ISBN 978-7-121-45738-8

Ⅰ. ①自… Ⅱ. ①龚… Ⅲ. ①汽车驾驶－自动驾驶系统 Ⅳ. ①U463.61
中国国家版本馆 CIP 数据核字（2023）第 103977 号

责任编辑：李利健　　　　特约编辑：田学清
印　　刷：北京瑞禾彩色印刷有限公司
装　　订：北京瑞禾彩色印刷有限公司
出版发行：电子工业出版社
　　　　　北京市海淀区万寿路 173 信箱　　邮编：100036
开　　本：720×1000　1/16　印张：18.75　字数：389 千字
版　　次：2023 年 7 月第 1 版
印　　次：2023 年 7 月第 1 次印刷
定　　价：108.00 元

凡所购买电子工业出版社图书有缺损问题，请向购买书店调换。若书店售缺，请与本社发行部联系，联系及邮购电话：（010）88254888，88258888。

质量投诉请发邮件至 zlts@phei.com.cn，盗版侵权举报请发邮件至 dbqq@phei.com.cn。
本书咨询联系方式：faq@phei.com.cn。

随着计算视觉技术的不断发展，其在自动驾驶感知领域获得了广泛应用，诸如交通标识牌检测、车辆检测、行人检测、3D 激光点云目标检测、可行驶区域划分、车道线检测，以及多目标跟踪等感知功能都用到了计算机视觉技术。但很多初学者或想要进入自动驾驶感知领域的人很难系统地学习自动驾驶感知技术，而本书恰恰可以满足读者的这一需求。本书作者都是自动驾驶行业的深度开发者，有丰富的业内经验，可以帮助读者进入自动驾驶领域，同时加快自动驾驶的落地与发展。

本书是一本系统讲解自动驾驶感知技术的图书，书中展示了具体的实践案例及自动驾驶感知技术的落地部署方案，从理论到实践层面讲解与自动驾驶感知相关的技术，可让读者全面、深入、透彻地理解所讲解的算法。

**第 1 章**：主要以介绍神经网络的基础知识作为开始，全面讲解经典卷积神经网络、轻量化卷积神经网络，以及与 Vision Transformer 相关的 Backbone 模型，同时用一个交通标识牌识别模型对 ResNet 和 MobileViT 模型进行了实践与讲解。

**第 2 章**：主要讲解 2D 目标检测算法，开始主要介绍两阶段目标检测算法和单阶段目标检测算法，之后详细讲解 YOLOv5、YOLOX、NanoDet 和 YOLOv5 Lite 算法，并分别使用车辆检测、行人检测、交通标识牌检测和交通信号灯检测作为实践项目来对上述算法进行实践；同时对 3D 激光点云算法 PointPillars 的原理进行详细讲解，并结合 OpenPCDet 进行了代码的讲解。此外，本章还加入了对 BEVFormer 环视 3D 目标检测算法的介绍。

**第 3 章**：介绍语义分割在自动驾驶中的应用，主要讲解 STDC 算法的原理和设计思想，同时介绍基于 Vision Transformer 的 TopFormer 轻量化语义分割算法，还针对 TopFormer 基于 Cityscapes 数据集进行了实际的项目实践和讲解。

**第 4 章**：主要介绍自动驾驶中的车道线检测与分割技术，首先介绍 UNet 算法的原理；然后介绍基于 Line Anchor 的 LaneATT 算法；最后对 CULane 数据集进行了介绍，并基于 LaneATT 算法进行了实践和代码的讲解。

**第 5 章**：介绍多目标跟踪在自动驾驶中的应用，主要讲解 SORT 和 DeepSORT 的原理，以及速度更快的多目标跟踪算法 ByteTrack 的原理和基于 MOT16 数据集的实践与代码的讲解，同时简单介绍了 ReID 的相关知识。

**第 6 章**：主要介绍自动驾驶中的相关算法模型的部署落地技术，首先介绍常见的模型部署框架；接着介绍 OpenCV 的相关知识与 GPU 编程工具 CUDA、模型框架 TensorRT，这里详细解读了 TensorRT 的相应接口与如何进行量化加速和插件开发，以及如何使用 ONNX 进行模型的转换和基于 TensorRT 的落地部署；然后介绍如何使用 TensorRT 进行 YOLOv5 目标检测的部署和加入；最后使用 NCNN 进行 NanoDet 的部署。

本书主要由龚心满编写，参与编写的人员还有江涛、梁功臣和胡佳慧。

为了使读者在阅读本书的过程中可以与学术论文或技术文档相对应，书中对很多英文专业名词没有进行翻译，这主要考虑到翻译后不能很好地表达算法本身的意思。读者如果有不习惯或不理解的地方，可以通过邮件（chaucer_g@126.com）进行沟通交流。

另外，本书附赠配套的源代码可通过封底的"读者服务"提示获取。

# 第1章 计算机视觉与神经网络 ......................................................................... 1

## 1.1 人工神经网络 ......................................................................... 1
### 1.1.1 感知机 ......................................................................... 2
### 1.1.2 神经网络 ......................................................................... 2

## 1.2 卷积神经网络 ......................................................................... 4
### 1.2.1 卷积 ......................................................................... 4
### 1.2.2 激活函数 ......................................................................... 5
### 1.2.3 池化层 ......................................................................... 6
### 1.2.4 全连接层 ......................................................................... 6

## 1.3 经典卷积神经网络 ......................................................................... 7
### 1.3.1 AlexNet ......................................................................... 7
### 1.3.2 VGG ......................................................................... 8
### 1.3.3 GoogLeNet ......................................................................... 9
### 1.3.4 ResNet ......................................................................... 11
### 1.3.5 DarkNet ......................................................................... 14
### 1.3.6 CSPDarkNet ......................................................................... 16

## 1.4 轻量化卷积神经网络 ......................................................................... 18
### 1.4.1 MobileNet ......................................................................... 18
### 1.4.2 ShuffleNet ......................................................................... 22
### 1.4.3 GhostNet ......................................................................... 25

## 1.5 Vision Transformer 在计算机视觉中的应用 ......................................................................... 27
### 1.5.1 ViT ......................................................................... 27
### 1.5.2 Swin Transformer ......................................................................... 30

|  |  | 1.5.3 | MobileViT | 34 |
| :-- | :-- | :-- | :-- | :-- |
|  |  | 1.5.4 | TRT-ViT | 36 |
|  |  | 1.5.5 | 基于ResNet/MobileViT的交通标识牌识别项目实践 | 38 |
|  | 1.6 | 本章小结 |  | 55 |

# 第2章 目标检测在自动驾驶中的应用 ... 56

| 2.1 | 目标检测简介 | 56 |
| :-- | :-- | :-- |
|  | 2.1.1 相关工作简介 | 56 |
|  | 2.1.2 两阶段目标检测算法简介 | 57 |
|  | 2.1.3 单阶段目标检测算法简介 | 62 |
| 2.2 | 自动驾驶中的车辆检测 | 66 |
|  | 2.2.1 BDD100K数据集简介 | 66 |
|  | 2.2.2 YOLOv5算法的原理 | 67 |
|  | 2.2.3 基于YOLOv5的车辆检测项目实践 | 74 |
| 2.3 | 自动驾驶中的行人检测 | 81 |
|  | 2.3.1 YOLOX算法的原理 | 81 |
|  | 2.3.2 基于YOLOX的行人检测项目实践 | 90 |
| 2.4 | 自动驾驶中的交通标识牌检测 | 104 |
|  | 2.4.1 NanoDet算法的原理 | 104 |
|  | 2.4.2 基于NanoDet的交通标识牌检测项目实践 | 110 |
| 2.5 | 自动驾驶中的交通信号灯的检测与识别 | 125 |
|  | 2.5.1 YOLOv5-Lite算法的原理 | 125 |
|  | 2.5.2 基于YOLOv5-Lite的交通信号灯检测项目实践 | 128 |
| 2.6 | 3D目标检测 | 131 |
|  | 2.6.1 PointPillars | 132 |
|  | 2.6.2 BEVFormer | 136 |
|  | 2.6.3 基于OpenPCDet的3D目标检测项目实践 | 139 |
| 2.7 | 本章小结 | 153 |

# 第3章 语义分割在自动驾驶中的应用 .................................................. 154

## 3.1 STDC 算法的原理 .................................................. 155
### 3.1.1 STDC 模块 .................................................. 155
### 3.1.2 STDC 语义分割网络 .................................................. 157

## 3.2 TopFormer 算法的原理 .................................................. 160
### 3.2.1 Token Pyramid Module .................................................. 161
### 3.2.2 Scale-Aware Semantics Extractor .................................................. 162
### 3.2.3 Semantics Injection Module .................................................. 162
### 3.2.4 Segmentation Head .................................................. 163

## 3.3 基于 TopFormer 的可行驶区域分割项目实践 .................................................. 163
### 3.3.1 Cityscapes 数据集简介 .................................................. 163
### 3.3.2 TopFormer 模型实现 .................................................. 164

## 3.4 本章小结 .................................................. 172

# 第4章 车道线检测与分割 .................................................. 173

## 4.1 UNet 算法的原理 .................................................. 174

## 4.2 LaneATT 算法的原理 .................................................. 176
### 4.2.1 Lane 的 Anchor 表征 .................................................. 177
### 4.2.2 基于 Anchor 的特征图池化 .................................................. 177
### 4.2.3 局部注意力机制 .................................................. 178
### 4.2.4 Proposal 预测 .................................................. 179
### 4.2.5 后处理 .................................................. 179

## 4.3 基于 LaneATT 的车道线检测实践 .................................................. 180
### 4.3.1 CULane 数据集介绍 .................................................. 180
### 4.3.2 LaneATT 实践 .................................................. 180

## 4.4 本章小结 .................................................. 186

# 第5章 多目标跟踪在自动驾驶中的应用 .................................................. 187

## 5.1 多目标跟踪算法 SORT 的原理 .................................................. 187

## 5.2 多目标跟踪算法 DeepSORT 的原理 .................................................. 192

5.2.1　级联匹配 ............................................................................................. 192
　　　5.2.2　ReID 特征提取 .................................................................................... 193
　5.3　多目标跟踪算法 ByteTrack 的原理 ..................................................................... 194
　5.4　基于 ByteTrack 的多目标跟踪项目实践 ............................................................. 196
　　　5.4.1　MOT16 数据集 .................................................................................... 196
　　　5.4.2　Byte 匹配 ............................................................................................. 197
　5.5　本章小结 ................................................................................................................. 202

# 第 6 章　深度学习模型的落地和部署 .................................................................. 203
　6.1　常见模型部署框架介绍 ......................................................................................... 203
　　　6.1.1　TensorRT ............................................................................................. 204
　　　6.1.2　NCNN .................................................................................................. 206
　　　6.1.3　ONNX .................................................................................................. 206
　6.2　OpenCV 图像处理操作 ........................................................................................ 207
　　　6.2.1　OpenCV 基本操作 .............................................................................. 207
　　　6.2.2　使用 OpenCV 进行图像预处理 ......................................................... 212
　6.3　GPU 编程工具之 CUDA ...................................................................................... 216
　　　6.3.1　CUDA 编程模型 ................................................................................. 217
　　　6.3.2　CUDA 线程组织 ................................................................................. 223
　　　6.3.3　CUDA 内存组织 ................................................................................. 239
　　　6.3.4　GPU 硬件组织结构 ............................................................................ 242
　　　6.3.5　CUDA 流 ............................................................................................. 245
　6.4　模型框架之 TensorRT .......................................................................................... 249
　　　6.4.1　使用 TensorRT API 搭建网络结构 ................................................... 250
　　　6.4.2　从 ONNX 文件中导入网络结构定义 ................................................ 253
　　　6.4.3　TensorRT 推理引擎的序列化与反序列化 ........................................ 254
　　　6.4.4　TensorRT 的推理 ................................................................................ 257
　　　6.4.5　INT8 量化 ............................................................................................ 259
　　　6.4.6　TensorRT 的插件开发 ........................................................................ 261

- 6.5 TensorRT 模型部署实例 .................................................................. 263
  - 6.5.1 使用 OpenCV 进行前处理 ................................................. 264
  - 6.5.2 使用 CUDA 加速前处理 ..................................................... 265
  - 6.5.3 使用 TensorRT 对 YOLOv5 进行推理加速 ........................................ 268
  - 6.5.4 YOLOv5 的 CPU 和 CUDA 后处理 ................................................. 270
- 6.6 NCNN 模型部署 ............................................................................. 273
  - 6.6.1 NCNN 部署流程 ..................................................................... 273
  - 6.6.2 使用 NCNN 部署 NanoDet ......................................................... 276
- 6.7 本章小结 ........................................................................................ 284

参考文献 .................................................................................................. 285

# 第 1 章

# 计算机视觉与神经网络

长期以来,让计算机"能看会听"是计算机科学家一直追求的目标,这个目标中最基础的就是让计算机能够"看见"这个世界,并且能够像人类一样拥有"眼睛","看懂"这个世界,进而"理解"这个世界。

研究发现,当一个特定目标出现在人类视野的任意一个范围内时,某些脑部的视觉神经元会一直处于固定的活跃状态。从视觉神经科学的角度解释,就是人类的视觉辨识从视网膜到脑皮层,神经系统从识别细微的特征演变为目标识别。对计算机来说,如果它拥有这样一个"脑皮层"对信号进行转换,那么计算机仿照人类拥有视觉就会变为现实。

随着研究的进一步深入,2006 年,Geoffrey Hinton 在深层神经网络的训练上取得了突破,首次证明了具有更多隐层和更多神经元的人工神经网络有比较好的学习能力,其基本原理就是首先使用具有一定分布规律的数据保证神经网络模型初始化,再使用标注好的数据在已经初始化的网络上进行计算,最后使用反向传播对神经元进行优化调整。

这里就详细讲解一下神经网络与计算机视觉的关系。

## 1.1 人工神经网络

人工神经网络是一种模拟人类思维的人工数学模型,也可以将其视为一个非线性动力学系统。虽然单个神经元的结构非常简单,但是其功能有限。如果使用大量神经元构成的网络系统,那么将对现实应用有着重大的意义,对人们的生活也会有重要的影响。

首先,从最简单的感知机模型开始介绍,再过渡到更为复杂的神经网络。

## 1.1.1 感知机

感知机是一个简单的神经网络模型,也是一个二分类模型。感知机的网络结构如图 1.1 所示。

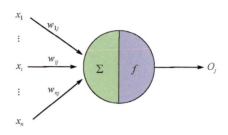

图 1.1 感知机的网络结构

这里假设有数据集 $D = (x_1, y_1), (x_2, y_2), \cdots, (x_n, y_n)$,其中 $x_i \in \mathbf{R}^n$。如果使用感知机对该数据集进行二分类的划分,具体来说就是想找到一个直线或超平面对数据集进行划分,通过感知机后,可以得到如式(1.1)所示的输出:

$$\text{out} = \begin{cases} 0 & \sum_{i}^{N} w_i x_i \leq \text{Threshold} \\ 1 & \text{其他} \end{cases} \tag{1.1}$$

式中,out 即感知机进行二分类的结果输出,也就是一个是与否的概念。其中也要有阈值(Threshold)的划分。例如,生活中常见的二分类任务有:"周末想出去玩,那周末的天气好不好呢?""想对猫的图像进行判断,那图像中的动物是不是猫呢?"等,但是现实中往往很多任务并不是二分类任务,可能更为复杂。例如,我想知道图像中的动物不是猫的话具体是什么?是小狗还是小兔子?或者说,图像识别 0~9 的手写数字,很明显,这些都是多分类任务,而单一的感知机难以解决类似的问题。于是,更复杂的神经网络产生了。

## 1.1.2 神经网络

1.1.1 节简单地讨论了感知机的话题,但是感知机只能解决一些简单的二分类问题,面对更复杂的多分类问题就束手无策了,于是,需要提升网络的复杂度,使用多层感知机网络来解决问题,这里的多层感知机网络便是神经网络模型。

神经网络的结构如图 1.2 所示。通常一个神经网络主要包含输入层、隐层和输出层。图 1.2 中的每个圆圈均可看作一个简单的神经元(感知机)。

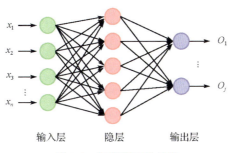

图 1.2 神经网络的结构

其实，设计神经网络的重要工作主要体现在隐层的设计和神经元之间的权重上。

理论上，只要在隐层神经元数量足够的情况下，单隐层神经网络就可以拟合和逼近任何连续函数。但是，很多人还是会选择设计多隐层神经网络。虽然从数学原理上说，这与单隐层神经网络的数学表达是一致的，但是，多隐层神经网络的效果会比单隐层神经网络的效果好很多。

但是，这里的层数设计和隐层神经元数量不能盲目地增加，因为过多的层数或神经元会带来严重的过拟合和巨大的参数量等问题。

简单了解神经网络的概念后，这里简要说明一下神经网络的工作原理。神经网络在工作过程中主要涉及以下几方面：前向传播、反向传播和损失函数。对于前向传播，即前面所说的神经网络正向计算的过程（感知机的计算），这里不再复述。下面主要针对反向传播和损失函数进行分析。

对于多分类任务，神经网络经常使用的损失函数为交叉熵损失函数：

$$J(\theta) = -\frac{1}{m}\sum_{i=1}^{m}\sum_{k=1}^{S_L} y_k^{(i)}\log\left(h_\theta(x^{(i)})\right)_k + \left(1 - y_k^{(i)}\right)\log\left(1 - h_\theta(x^{(i)})\right)_k \tag{1.2}$$

式中，$x^{(i)}$ 为神经网络的输入数据；$h_\theta(x^{(i)})$ 为神经网络预测的结果；$y^{(i)}$ 为 $x^{(i)}$ 对应的标签；$\theta$ 为神经元参数；$S_L$ 为所有神经网络层的数量。

在神经网络训练过程中，交叉熵损失函数需要进行反向传播。这里的反向传播是一种用于神经网络求解参数梯度的方法。下面仅简单举例来说明反向传播的过程。在计算梯度时，需要多次采用链式法则：

$$\frac{\partial J}{\partial \theta_1} = \frac{\partial J}{\partial z}\frac{\partial z}{\partial \theta_1} = \frac{\partial J}{\partial z} \times a_1 \tag{1.3}$$

如式（1.4）和图 1.3 所示，不难看出，只要求出 $\frac{\partial J}{\partial z'}$ 和 $\frac{\partial J}{\partial z''}$，就能算出损失函数对 $\theta_1$ 的梯度。除顺序使用递归求解外，如果从输出层开始反向逐层计算梯度，则可直接求解，这便是反向传播的过程。

这里总结一下神经网络的训练过程。

第 1 步，数据集的收集和标注，了解输入数据和标签。
第 2 步，设计神经网络模型。
第 3 步，选择损失函数，并反复训练，直至模型收敛（满足要求即可）。

$$\frac{\partial J}{\partial z} = \frac{\partial J}{\partial a}\frac{\partial a}{\partial z} = \left(\frac{\partial J}{\partial z'}\frac{\partial z'}{\partial a} + \frac{\partial J}{\partial z''}\frac{\partial z''}{\partial a}\right)\sigma'(z) = \sigma'(z)\left(\theta_3 \frac{\partial J}{\partial z'} + \theta_4 \frac{\partial J}{\partial z''}\right) \quad (1.4)$$

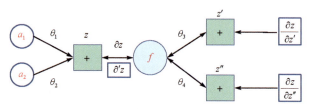

图 1.3　神经元的反向传播

## 1.2　卷积神经网络

### 1.2.1　卷积

卷积是分析数学的一种重要运算，也是卷积神经网络的基石。在计算机视觉领域，所提到的卷积通常指二维卷积，即离散的二维滤波器（也称为卷积核）。对于单通道卷积，其计算方式如图 1.4 所示。

二维图像的卷积可以理解为二维滤波器滑过二维图像上的所有位置，并在每个位置与该二维图像对应位置像素进行内积。如图 1.4 所示，输入为一个(3×3)像素的二维图像，二维滤波器的尺寸为(2×2)像素，滑动的步长为 1 像素（本书后面涉及图像的单位均为像素），卷积后的输出为图 1.4 中最右边的结果。

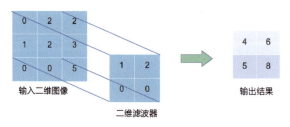

图 1.4　单通道卷积的计算方式

卷积广泛应用于图像处理领域，不同的卷积核可以提取不同的特征，如边缘、线性、角点等。在深层卷积神经网络中，通过卷积可以提取图像的复杂特征。

受益于生物学中的视觉系统结构,卷积的设计也拥有局部连接特性,每个神经元仅与输入神经元的一块区域连接,这块区域称为感受野(Receptive Field)。在图像卷积操作中,神经元在空间维度上是局部连接的,但在深度上是全连接的。

二维图像本身的局部像素关联较强,这种局部连接保证了学习后的二维滤波器能够对局部输入特征有较强的响应。此外,卷积还有权重共享特性,即在计算同一个神经元时采用的二维滤波器是共享的,这样可以在很大程度上减少参数量。

共享权重在一定程度上是很有意义的,如图像的底层边缘特征与其在图像中的具体位置无关。但是,在一些场景中共享权重又是无意义的。例如,输入的图像是人脸、眼睛和头发,这些部位是处于人体的不同位置上的,卷积神经网络模型希望在不同的位置学到不同的特征。

在卷积层,通常采用多组卷积核提取不同的特征,即对应不同通道的特征,不同卷积核的权重是不共享的。

通过介绍卷积的计算过程及其特性可以看出卷积是线性操作,并具有平移不变性。平移不变性是指在图像的每个位置执行相同的操作。卷积层的局部连接和权重共享特性使卷积神经网络需要学习的参数量大大减少,有利于训练较大的卷积神经网络。

## 1.2.2 激活函数

所谓激活函数(Activation Function),就是指在人工神经网络的神经元上运行的函数,负责将神经元的输入端映射到输出端。

激活函数对于学习神经网络模型、理解非常复杂的和非线性的函数具有十分重要的作用,它们将非线性特性引入神经网络中。如图1.5所示,在神经元中,输入通过加权求和后作用在一个函数 $f$ 上,这个函数就是激活函数。

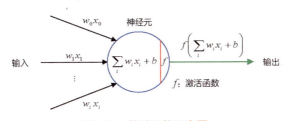

图 1.5 激活函数示意图

为什么要使用激活函数呢?如果不使用激活函数,那么每层输出都是上层输入的线性函数,无论神经网络有多少层,输出都是输入的线性组合,这种情况就是最原始的感知机模型。如果使用非线性激活函数,那么它将给神经元引入非线性特性,使得神经网络理论上可以任意逼近非线性函数。这样,神经网络就可以应用到众多的非线性任务中了。

常用的激活函数包括 Sigmoid、tanh、ReLU、LeakyReLU、PReLU、ELU、Maxout 和 SeLU 等。这里仅讨论最常用的激活函数 ReLU，其他激活函数在之后使用时进行讲解。

ReLU 激活函数也常被称为整流线性单元（Rectified Linear Unit），是大多数卷积神经网络默认使用的非线性激活函数。

ReLU 激活函数的定义如式（1.5）所示：

$$\text{ReLU}(x) = \max(0, x) \tag{1.5}$$

ReLU 激活函数的优点包括：使用 ReLU 激活函数的 SGD 算法的收敛速度比使用 Sigmoid 和 tanh 激活函数快；在 $x>0$ 区域，不会出现梯度饱和、梯度消失问题；计算复杂度低，不需要进行指数运算，只需一个阈值就可以得到激活值。

### 1.2.3 池化层

池化层通常是连接在卷积层后的一层。池化层主要对前一层得到的特征图进行采样，缩小尺寸（长和宽），从而减少计算量、内存使用量和参数量，进而在保证一定的尺度和空间不变性的情况下降低过拟合的可能性。

常见的池化层操作包含最大池化、平均池化、随机池化、中值池化和组合池化等。

如图 1.6 所示，最大池化的尺寸为 2×2，步长为 2。对左上角的[1 2 3 5]来说，其中的最大值为 5，依次可以得到另外 3 组数据中的最大值分别为 8、7、9。因此，最终的最大池化结果为[5 8 7 9]。

图 1.6 最大池化示意图

### 1.2.4 全连接层

如图 1.7 所示，卷积操作提取的是局部特征，而全连接层则是将层层卷积后得到的特征重新通过全连接权重矩阵，得到可以标识分类结果的特征。可以看出，全连接层在整个模型中更多地起到"分类器"的作用。

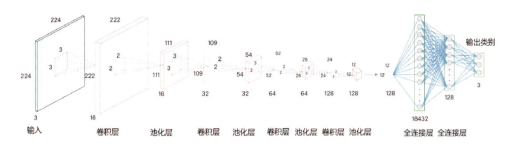

图 1.7 全连接层（FC 层）的位置示意图

通过图 1.7 可以看出，层层卷积后得到的特征经过平铺后进入全连接层，这时全连接的维度是非常高的。其实在大多数模型中都会出现这样的情况，这也造成了全连接层参数量过多的问题，给模型的部署和训练带来了一定的难度。

## 1.3 经典卷积神经网络

### 1.3.1 AlexNet

AlexNet（出自论文 *ImageNet Classification with Deep Convolutional Neural Networks*）是 Hinton 和他的学生 Alex Krizhevsky 在 2012 年 ImageNet 竞赛中使用的模型结构，刷新了 Image Classification 榜单。从此，深度学习方法在图像领域开始一次次超过 state-of-art，甚至达到超越人类的地步。图 1.8 所示为 AlexNet 架构图。AlexNet 总共包括 8 层，其中前 5 层为卷积层，后 3 层为全连接层。AlexNet 在原始论文中说明，如果减少任何一个卷积层，那么结果会变得很差。下面具体介绍 AlexNet 的元素构成。

**第 1 层卷积层**：输入为图像，首先使用 96 个卷积核进行卷积操作，并以 4 为步长来右移或下移；然后进行最大池化（Max-Pooling），池化尺寸=(3,3)，步长为 2，得到输出特征的形状为 96×55×55。

**第 2 层卷积层**：首先使用填充尺寸=2 的操作对上一层得到的特征图进行填充；然后使用 256 个卷积核进行卷积操作，以 1 为步长移动；最后进行最大池化，池化尺寸=(3,3)，步长为 2，得到输出特征的形状为 256×27×27。

**第 3 层卷积层**：使用 384 个卷积核进行卷积操作，步长为 1，得到输出特征的形状为 384×13×13。

**第 4 层卷积层**：首先使用填充尺寸=1 的操作对上一层得到的特征图进行填充；然后使用 384 个卷积核进行卷积操作，步长为 1，得到输出特征的形状为 384×13×13。

**第 5 层卷积层**：首先使用填充尺寸=1 的操作对上一层得到的特征图进行填充；然后使用 256 个卷积核进行卷积操作，步长为 1，得到输出特征的形状为 256×13×13；最后进行最大池化，池化尺寸=(3,3)，步长为 2，得到输出特征的形状为 256×13×13。

**全连接层**：前两层分别有 4096 个神经元，最后输出 Softmax 为 1000 个（ImageNet 有 1000 个类别）。

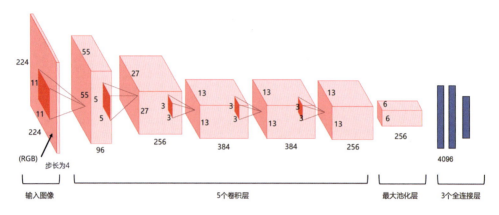

图 1.8　AlexNet 架构图

### 1.3.2　VGG

VGG 是由 Oxford Visual Geometry Group 提出的（出自论文 *Very Deep Convolutional Networks for Large-Scale Image Recognition*）。VGG 的主要工作是证明增加网络的深度能够在一定程度上影响网络最终的性能。VGG 有两种结构，分别是 VGG16 和 VGG19，两者并没有本质上的区别，只是网络深度不一样。

下面先认识一下 VGG 的基本架构，如图 1.9 所示。

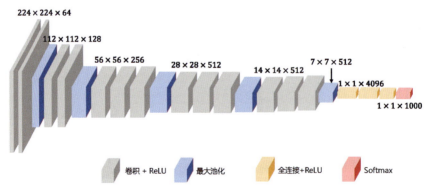

图 1.9　VGG 的基本架构

VGG 相比于 AlexNet 的一个改进是采用连续的几个 3×3 卷积核代替 AlexNet 中较大的卷积核（11×11、7×7、5×5）。对于给定的特征，采用堆叠的小卷积核优于采用大卷积核，因为多个非线性层的叠加可以增加网络深度，以此来保证模型可以学习更复杂的特征，而且计算复杂度比较低（参数量更少）。

简单来说，在 VGG 中，使用 3 个 3×3 卷积核可以代替 1 个 7×7 卷积核，使用 2 个 3×3 卷积核可以代替 1 个 5×5 卷积核。这样做的主要目的是在保证网络具有相同感受野的前提下增加网络的深度，在一定程度上改善模型的性能。例如，3 个步长为 1 的 3×3 卷积核的叠加作用可看作 1 个卷积核尺寸为 7×7 的感受野。简单来说，连续的 3 个 3×3 卷积就相当于 1 个 7×7 卷积，其参数量为 $27 \times C^2$。如果直接使用 7×7 卷积核，则其参数量为 $49 \times C^2$。这里的 $C$ 指的是输入和输出的通道数。很明显，$27 \times C^2$ 小于 $49 \times C^2$，即减少了参数量。此外，3×3 卷积可以更好地保持图像特性。

为什么 VGG 选择了这种用多个小卷积核代替大卷积核的方案呢？这里简单解释一下：5×5 卷积可以看作 1 个小的全连接网络在 5×5 区域滑动（卷积操作），可以先用 1 个 3×3 卷积，再用 1 个 3×3 卷积输出，这样就可以用 2 个连续的 3×3 卷积级联（叠加）起来代替 1 个 5×5 卷积，如图 1.10 所示。

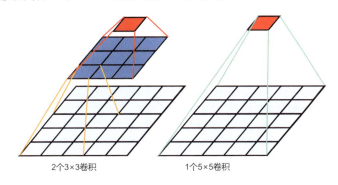

图 1.10　3×3 卷积与 5×5 卷积示意图

### 1.3.3　GoogLeNet

GoogLeNet 由 GoogleAI 团队于 2014 年提出（出自论文 *Going Deeper with Convolutions*），并在当年的 ImageNet 竞赛的图像分类任务中获得第一名（注意：GoogLeNet 中的 L 大写是为了向 LeNet 致敬），VGG 网络也在当年由牛津大学提出。图 1.11 所示为 GoogLeNet 架构图。

GoogLeNet 相比于 VGG 和 AlexNet 的优点如下。
- 引入了 Inception 模块（融合不同尺度的特征信息）。
- 1×1 卷积核用于降维和映射。
- 添加了两个辅助分类器来辅助训练。

- 丢弃全连接层，使用平均池化（Average Pooling）层（大大减少了模型参数量，推理时去掉两个辅助分类器，其网络大小只有 VGG 的 1/20）。

GoogLeNet 提出了具有良好局部特征结构的 Inception 模块，即可以并行进行多个卷积（Convolution）操作和不同大小的特征池化操作，最后拼接在一起。由于 1×1、3×3 和 5×5 卷积操作对应不同的特征图区域，所以这样做的好处是可以获得更好的图像表示信息。为了在深度方向拼接 4 个分支的输出，需要保证 4 个分支输出的特征图的高和宽相同。

如图 1.12 所示，Inception 模块使用 4 个卷积核进行卷积操作，并将这 4 部分级联（通道拼接）后传递到下一层。

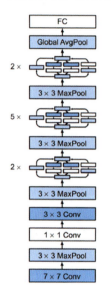

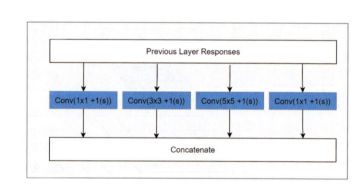

图 1.11　GoogLeNet 架构图　　　图 1.12　Inception 基础模块结构（s 代表步长）

在上述 Inception 模块的基础上，为了进一步减少网络参数量，增加了多个 1×1 卷积模块，如图 1.13 所示。这些 1×1 卷积模块主要用来对特征进行降维处理，并送给 3×3 和 5×5 卷积核。由于通道数量的减少，参数量大大减少。

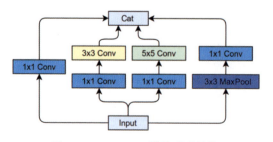

图 1.13　Inception 模块改进结构

## 1.3.4 ResNet

ResNet（Deep Residual Network，深度残差网络）的提出是卷积神经网络图像史上的一个里程碑事件。ResNet 是在 2015 年由微软实验室的何凯明等人提出的，斩获了当年 ImageNet 竞赛中的分类任务第一名和目标检测第一名，还获得了 COCO 数据集中目标检测第一名和图像分割第一名。

在 ResNet 提出之前，所有的神经网络都是通过卷积层和池化层的堆叠组成的。同时人们认为卷积层和池化层的层数越多，获取的图像特征信息越完备，学习效果也就越好。但是，如图 1.14 所示，实际实验中的现象是随着卷积层和池化层的叠加，不但没有出现学习效果越来越好的情况，反而出现了以下两个问题。

**梯度消失**：若每层的误差梯度都小于 1，则反向传播时，网络越深，梯度越趋近于 0。

**梯度爆炸**：若每层的误差梯度都大于 1，则反向传播时，网络越深，梯度越大。

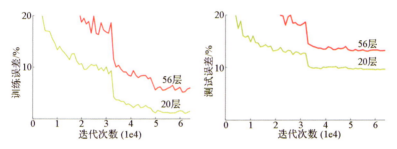

图 1.14  深度网络的性能退化现象

这里对由梯度消失问题带来的现象进行可视化处理。如图 1.15 所示，可以看到，沿箭头方向，即随着网络深度的加深，小狗的热力图逐渐消失，意味着逐渐出现了梯度消失问题，因此对该类目标的网络性能就会有影响，对总体的性能也会有影响。

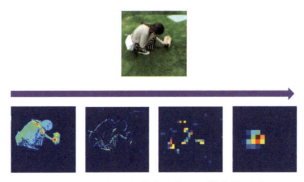

图 1.15  深度网络梯度消失问题带来的影响

为了解决深度网络中的退化问题，*Deep Residual Learning for Image Recognition* 论文中提出让神经网络某些层跳过下一层神经元的连接，即隔层相连，弱化每层之间的强联系，这种神经网络被称为深度残差网络（ResNet）。

残差学习相比于原始特征直接学习会更加容易。当残差为 0 时，堆积层仅仅做了恒等映射，至少网络性能不会下降，而实际上残差不会为 0，这也会使堆积层在输入特征基础上学习到新的特征，从而拥有更好的性能。

ResNet 中的残差结构如图 1.16 所示。这有点类似电路中的短路，因此也被称为短路连接（Shortcut Connection）。

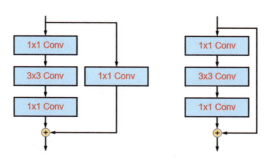

图 1.16　ResNet 中的残差结构

如图 1.17 所示，使用残差结构的卷积网络随着网络的不断加深，并没有出现梯度消失问题，同时网络的性能与效果并没有变差，反而变得更好了。

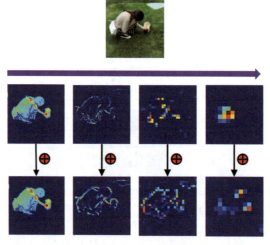

图 1.17　使用残差结构后的效果

下面给出经典卷积神经网络 ResNet50 的结构示意图，如图 1.18 所示。

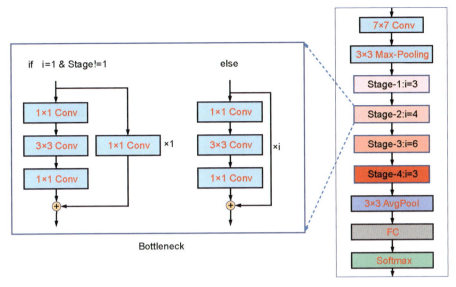

图 1.18 ResNet50 的结构示意图

对于 ResNet，作者还针对训练的收敛提出了使用批标准化（BN）。所谓批标准化，就是指批标准化处理，即将一批数据的特征图处理成满足均值为 0、方差为 1 的高斯分布。

假设有 $m$ 个输入数据 $x_1, x_2, \cdots, x_m$，批标准化的均值（$\mu$）和方差（$\sigma^2$）的数学计算式分别如下：

$$\mu = \frac{1}{m} \sum_{i=1}^{m} x_i$$
$$\sigma^2 = \frac{1}{m} \sum_{i=1}^{m} (x_i - \mu)^2 \quad (1.6)$$

通过计算得到均值和方差后通过式（1.7）计算批标准化后的 $\hat{x}_i$ 和 $y_i$：

$$\hat{x}_i = \frac{x_i - \mu}{\sqrt{\sigma^2 + \varepsilon}}$$
$$y_i = \gamma \cdot \hat{x}_i + \beta = \mathrm{BN}_{\gamma, \beta}(x_i) \quad (1.7)$$

式中，$\gamma$ 和 $\beta$ 分别是批标准化的权重系数与偏置系数，这两个值需要在反向传播的过程中进行学习，主要用来调节方差的大小和均值的位置，以便更好地适配不同的数据集。

批标准化的计算过程如图 1.19 所示。

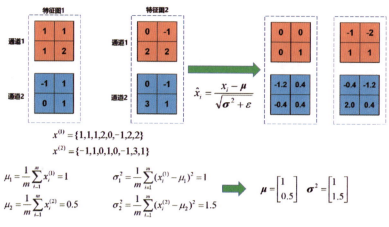

图 1.19 批标准化的计算过程

### 1.3.5 DarkNet

DarkNet 是一个经典的深度卷积神经网络,主要结构有 DarkNet19 和 DarkNet53,其中 DarkNet19 使用的是类似 VGG 的设计思想。如图 1.20 所示,DarkNet19 最先是在 YOLOv2 中被提出的,受到了分类网络的启发,如 ResNet、DenseNet 等。

在 YOLOv3 中提出的 DarkNet53 借鉴了 ResNet 的设计思想。它结合 ResNet 的特点,使用大量的残差连接,缓解了训练中出现的梯度消失问题,使模型更容易收敛,同时避免了网络过深而带来的梯度问题。

YOLOv2

| Type | Filters | Size/Stride | Output |
|---|---|---|---|
| Convolutional | 32 | 3 × 3 | 224 × 224 |
| Maxpool | | 2 × 2/2 | 112 × 112 |
| Convolutional | 64 | 3 × 3 | 112 × 112 |
| Maxpool | | 2 × 2/2 | 56 × 56 |
| Convolutional | 128 | 3 × 3 | 56 × 56 |
| Convolutional | 64 | 1 × 1 | 56 × 56 |
| Convolutional | 128 | 3 × 3 | 56 × 56 |
| Maxpool | | 2 × 2/2 | 28 × 28 |
| Convolutional | 256 | 3 × 3 | 28 × 28 |
| Convolutional | 128 | 1 × 1 | 28 × 28 |
| Convolutional | 256 | 3 × 3 | 28 × 28 |
| Maxpool | | 2 × 2/2 | 14 × 14 |
| Convolutional | 512 | 3 × 3 | 14 × 14 |
| Convolutional | 256 | 1 × 1 | 14 × 14 |
| Convolutional | 512 | 3 × 3 | 14 × 14 |
| Convolutional | 256 | 1 × 1 | 14 × 14 |
| Convolutional | 512 | 3 × 3 | 14 × 14 |
| Maxpool | | 2 × 2/2 | 7 × 7 |
| Convolutional | 1024 | 3 × 3 | 7 × 7 |
| Convolutional | 512 | 1 × 1 | 7 × 7 |
| Convolutional | 1024 | 3 × 3 | 7 × 7 |
| Convolutional | 512 | 1 × 1 | 7 × 7 |
| Convolutional | 1024 | 3 × 3 | 7 × 7 |
| Convolutional | 1000 | 1 × 1 | 7 × 7 |
| Avgpool | | Global | 1000 |
| Softmax | | | |

YOLOv3

| | Type | Filters | Size | Output |
|---|---|---|---|---|
| | Convolutional | 32 | 3 × 3 | 256 × 256 |
| | Convolutional | 64 | 3 × 3 / 2 | 128 × 128 |
| 1× | Convolutional | 32 | 1 × 1 | |
| | Convolutional | 64 | 3 × 3 | |
| | Residual | | | 128 × 128 |
| | Convolutional | 128 | 3 × 3 / 2 | 64 × 64 |
| 2× | Convolutional | 64 | 1 × 1 | |
| | Convolutional | 128 | 3 × 3 | |
| | Residual | | | 64 × 64 |
| | Convolutional | 256 | 3 × 3 / 2 | 32 × 32 |
| 8× | Convolutional | 128 | 1 × 1 | |
| | Convolutional | 256 | 3 × 3 | |
| | Residual | | | 32 × 32 |
| | Convolutional | 512 | 3 × 3 / 2 | 16 × 16 |
| 8× | Convolutional | 256 | 1 × 1 | |
| | Convolutional | 512 | 3 × 3 | |
| | Residual | | | 16 × 16 |
| | Convolutional | 1024 | 3 × 3 / 2 | 8 × 8 |
| 4× | Convolutional | 512 | 1 × 1 | |
| | Convolutional | 1024 | 3 × 3 | |
| | Residual | | | 8 × 8 |
| | Avgpool | | Global | |
| | Connected | | 1000 | |
| | Softmax | | | |

图 1.20 DarkNet19 与 DarkNet53 架构图

同时，DarkNet53 模型使用步长为 2 的卷积层代替池化层实现下采样。由表 1.1 可以看出，DarkNet53 比 DarkNet19 更强大，比 ResNet101 和 ResNet152 更高效。此外，DarkNet53 每秒钟执行的浮点运算比其他主干架构多十亿次，因此非常高效。这也意味着该网络结构更好地利用了 GPU，使其评估效率更高，从而更快。

表 1.1 几种网络的比较

| 分类网络 | Top-1 精度 | Top-5 精度 | Ops/billion | BFLOP/s | FPS/Titan X GPU |
|---|---|---|---|---|---|
| DarkNet19 | 74.1% | 91.8% | 7.29 | 1246 | 171 |
| ResNet101 | 77.1% | 93.7% | 19.7 | 1039 | 53 |
| ResNet152 | 77.6% | 93.8% | 29.4 | 1090 | 37 |
| DarkNet53 | 77.2% | 93.8% | 18.7 | 1457 | 78 |

在 Top-1 和 Top-5 图像分类精度方面，DarkNet53 的性能优于 DarkNet19 而与 ResNet 相似。以下结果在 ImageNet 数据集上进行了基准测试，并在 Titan X GPU 上进行了推理计算。

图 1.21 所示为 DarkNet53 的结构。

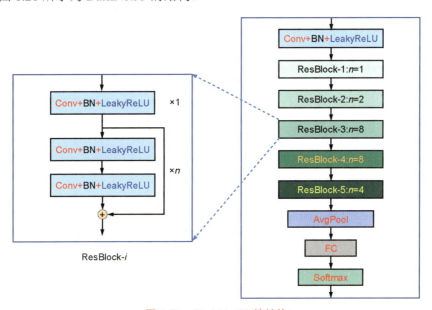

图 1.21 DarkNet53 的结构

DarkNet53 的主要结构就是 ResBlock。ResBlock 是由 1 个 CBL（Conv+BN+LeakyReLU）和 $n$ 个残差结构组成的。残差结构的加入在很大程度上使网络可以构建得更深，从而进一步提升了模型的性能。在这里，DarkNet53 对每个 ResBlock 的残差结构配置分别是 1、2、8、8、4。

### 1.3.6　CSPDarkNet

CSPDarkNet 也是一个非常经典且实用的 Backbone 模型。目标检测算法中的 YOLOv4 和 YOLOv5 的特征提取网络均使用的是 CSPDarkNet。

CSPDarkNet 相较于 DarkNet 与 ResNet 提出了使用 Mish 激活函数,同时设计了 Partial Transition Layers（局部过渡层）。

Mish 是一种自带正则的非单调激活函数,平滑的激活函数允许更好的非线性信息深入神经网络,从而得到更高的准确性和泛化性。Mish 激活函数的数学表达式为

$$\text{Mish}(x) = x * \tanh\left[\ln\left(1 + e^x\right)\right] \tag{1.8}$$

如图 1.22 所示,首先,Mish 激活函数与 ReLU 激活函数一样都是无正向边界的,可以避免梯度饱和；其次,Mish 激活函数是光滑的,并且在绝对值较小的负值区域允许一些负值。

注意：Mish 激活函数的计算复杂度比 ReLU 激活函数要高,在计算资源不足的情况下,可以考虑使用 LeakyReLU 激活函数代替 Mish 激活函数。

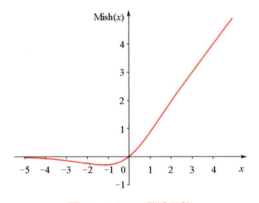

图 1.22　Mish 激活函数

针对 CSPDarkNet 中所设计的 Partial Transition Layers,其目的是最大化梯度联合的差异。此外,Partial Transition Layers 使用梯度流截断的方法避免不同层学习到重复的梯度信息。*CSPNet* 论文中得出的结论是：如果能够有效减少重复的梯度学习,那么网络的学习能力将得到大大的提升。

CSPDarkNet 就根据此设计思想设计了 CSPResBlock,并用于 CSPDarkNet 的构建。如图 1.23 所示,CSPResBlock 的基本组件是 Conv+BN+Mish 的形式,其中也包含了从 ResNet 吸取的残差结构的思想。但是为了减少重复的梯度学习,设计者又使用了一个 Shortcut（跳过连接）和 Conv+BN+Mish 结合的形式,对特征进行了一次提取。

由于 CSPResBlook 跨越的卷积层数比较多，所以大大降低了梯度学习的重复性。同时，在 CSPResBlock 的最后使用 Concat 进行特征的融合，大大提升了特征的鲁棒性，从而在很大程度上提升了模型的性能。

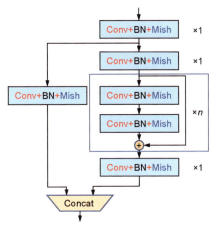

图 1.23　CSPResBlock 的结构图

为了使读者更方便地搭建 CSPDarkNet53，作者这里也给出 CSPDarkNet53 的结构图，如图 1.24 所示。这里，CSPDarkNet53 依然使用的是类似 ResNet 的层次结构设计思想，且对每个 Stage 的配置同 DarkNet53 一样，分别是 1、2、8、8、4，依次对应的下采样倍数为 2、4、8、16、32。

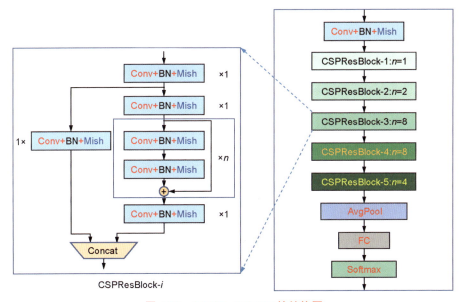

图 1.24　CSPDarkNet53 的结构图

## 1.4 轻量化卷积神经网络

### 1.4.1 MobileNet

作为轻量化模型中的经典网络，MobileNet（出自论文 *MobileNets: Efficient Convolutional Neural Networks for Mobile Vision Applications*）自诞生就被广泛应用于工业界。MobileNet 模型是 Google 针对手机等嵌入式设备提出的一种轻量化深度神经网络，使用的核心思想是深度可分离卷积（Depthwise Separable Convolution）。MobileNet 系列中主要包括 MobileNet V1、MobileNet V2、MobileNet V3，这里主要对 MobileNet V1、MobileNet V2 进行解读和分析。

#### 1. MobileNet V1

MobileNet V1 是由 Google 在 2016 年提出的，其主要创新点在于深度卷积（Depthwise Convolution），而整个网络实际上也是深度可分离模块的堆叠。

深度可分离卷积是 MobileNet 的基本单元，其实这种结构之前已经在 Inception 模型中使用了。深度可分离卷积其实是一种可分解卷积操作，该操作也可以分解为两个更小的卷积操作：深度卷积和逐点卷积（Pointwise Convolution），如图 1.25 所示。

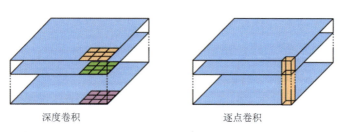

图 1.25 深度卷积与逐点卷积示意图

深度卷积与标准卷积不同，对于标准卷积，其卷积核用在所有输入通道（Input Channel）上，而深度卷积针对每个输入通道采用不同的卷积核，即一个卷积核对应一个输入通道，所以说深度卷积是逐通道的操作。

而逐点卷积其实就是普通的 1×1 卷积。对于深度可分离卷积，首先采用深度卷积对不同的输入通道分别进行卷积，然后采用逐点卷积将上面的输出进行结合。这样做的整体效果与一个标准卷积是差不多的，但是会大大减少计算量和模型参数量。

假设某一网络卷积层的卷积核大小为3×3，输入通道为16，输出通道为32。常规卷积操作是将32个卷积核（3×3×16）作用于16个通道的输入图像，根据卷积层参数量计算公式

$$\text{Params} = \text{channel}_{out} \times (\text{kernel}_w \times \text{kernel}_w \times \text{channel}_{in}) + \text{bias}$$
$$\text{bias} = \text{channel}_{out}$$
（1.9）

得所需参数量为32×(3×3×16)+32= 4640。

若先用16个大小为3×3的卷积核（3×3×1）作用于16个通道的输入图像，则会得到16个特征图。在做融合操作之前，用32个大小为1×1的卷积核（1×1×16）遍历上述得到的16个特征图，根据卷积层参数量计算公式，得所需参数量为(3×3×1×16+16) + (1×1×16×32+32) = 704。

上述即深度卷积的作用。简单来说，普通卷积层的特征提取与特征组合一次完成并输出；而深度卷积则将特征提取与特征组合分开进行，先用通道为1的3×3卷积核（深度卷积），再用卷积核尺寸为1×1的卷积（逐点卷积）调整通道数。由此可以看出，深度可分离卷积可大大减少模型的参数量。

对于上面所提到的组合，其具体结构如图1.26所示。深度卷积使用组合数等于通道数的3×3卷积进行特征提取，逐点卷积使用通道数等于深度卷积输出通道数的1×1卷积进行特征组合。

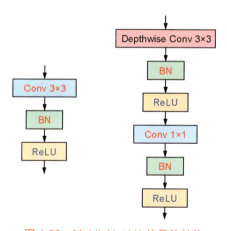

图 1.26 MobileNet V1 的具体结构

图1.27所示为MobileNet V1的整体架构图，其中的主要结构便是深度可分离卷积，该结构的配比为13个，在网络的后面使用全局平均池化及展开得到分类层，即全连接层所需的特征向量，并送到Softmax层获得分类的类别概率。

基于如图1.27所示的架构，MobileNet V1在保证精度的同时实现了边缘设备的实时推理。

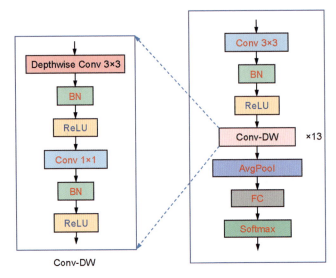

图 1.27　MobileNet V1 的整体架构图

### 2．MobileNet V2

前面介绍了 MobileNet V1，但是它并不是完美的，存在以下两个问题。

**（1）结构问题。**

MobileNet V1 的结构过于简单，没有复用图像特征，即没有 Concat 或 Add 等操作进行特征融合，而后续一系列的 ResNet、DenseNet 等结构已经证明复用图像特征的有效性。

**（2）深度可分离卷积问题。**

在处理低维数据时，ReLU 激活函数会造成信息的丢失。深度可分离卷积由于本身的计算特性决定了它本身没有改变通道数的能力，上一层给它多少通道，它就只能输出多少通道。因此，如果上一层给它的通道很少，那么它也只能使用在低维空间提取到的一些 Low-Level 特征，这可能会带来性能问题。

针对这两个问题，MobileNet V1 的提出者对其进行了改进和再设计。

对于深度可分离卷积中的第 2 个激活函数，在 MobileNet V2 中修改为"线性激活"，论文中称其为"Linear Bottleneck"。论文作者认为 ReLU 激活函数在高维空间能够有效提升 MobileNet V2 的非线性；而在低维空间则会破坏特征、损失特征的信息，性能可能并不如线性激活函数好。

如图 1.28 所示，对于结构设计问题，MobileNet V2 在 MobileNet V1 的 Block==>卷积模块中的深度可分离卷积前增加了一个逐点卷积（1×1 卷积+BN+ReLU6），专门用来提升特征的维度，这样便可以得到 High-Level 特征，从而提升模型的性能。

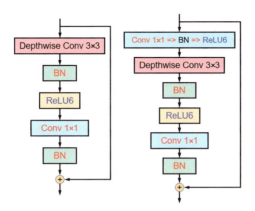

图 1.28　MobileNet V2 的结构图

MobileNet V2 同样借鉴了 ResNet，采用了残差结构，将输出与输入相加，但是 ResNet 中的残差结构是先降维卷积再升维，而 MobileNet V2 则是先升维卷积再降维。

ResNet 的残差结构更像是一个沙漏，而 MobileNet V2 中的残差结构则更像是一个纺锤，两者刚好相反。因此论文作者将 MobileNet V2 的结构称为"Inverted Residual Block"。这么做也是为了解决深度卷积的局限问题，希望特征提取能够在高维进行。

图 1.29 所示为 MobileNet V2 的整体架构，其中的主要结构便是 Inverted Residual Block，该结构的配比为 7 个，在其后使用全局平均池化和 Flatten 得到全连接层所需的特征向量，并送到 Softmax 层获得分类的类别概率。MobileNet V2 在 MobileNet V1 的基础上做到继续保证速度的同时，精度相对于 MobileNet V1 也有明显的提升。

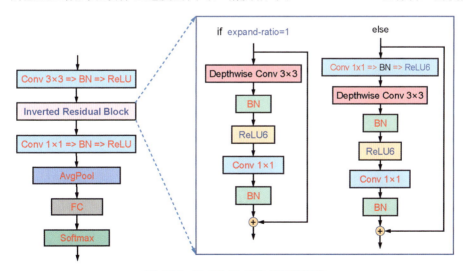

图 1.29　MobileNet V2 的整体架构

### 1.4.2 ShuffleNet

#### 1. ShuffleNet v1

结合前面对 MobileNet 的学习及相关研究，发现在 MobileNet 系列中常用的逐点卷积虽然很好地解决了模型性能瓶颈问题，但是逐点卷积结构并不利于通道之间的信息交互。为了解决这个问题，ShuffleNet v1（出自论文 *ShuffleNet:An Extremely Efficient Convolutional Netural Network for Mobile Devices*）提出了 Channel Shuffle（通道变换）操作。

图 1.30 所示为 Channel Shuffle 操作的计算过程，假设特征图的尺寸为 $w×h×c_1$，其中 $c_1 = g×n$（$g$ 表示分组的组数）。Channel Shuffle 操作的细节如下。

- 将特征图展开成 $g×n×s$ 的 3 维矩阵，这里将 $w×h$ 看成了一个维度 $s$。
- 沿着尺寸为 $g×n×s$ 的矩阵的 $g$ 轴和 $n$ 轴进行转置。
- 将 $g$ 轴和 $n$ 轴进行展开后得到变换之后的特征图。
- 进行 1×1 卷积。

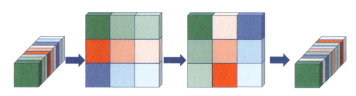

图 1.30　Channel Shuffle 操作的计算过程

ShuffleNet 的提出者还针对提出的 Channel Shuffle 模块设计了轻量化模块，如图 1.31 所示，展示了搭建 ShuffleNet v1 所需的基础模块。

图 1.31（a）是一种由深度可分离卷积组成的残差结构，首先进行了 1×1 卷积+BN+ReLU 操作，然后进行了 3×3 深度卷积+BN+ReLU 操作，接着进行了 1×1 卷积+BN 操作，最后连接了 Add 操作进行残差连接。

图 1.31（b）是步长（Stride）=1 的 ShuffleNet 模块，首先进行了卷积核尺寸为 1×1 的组卷积（Group Convolution），然后对特征进行了 Channel Shuffle 操作，接着进行了卷积核尺寸为 3×3 的深度可分离卷积和 BN 操作，最后将 BN 后的结果与原始输入进行 Add 操作。

图 1.31（c）是步长=2 的 ShuffleNet 模块，其在残差边上使用了 3×3 的平均池化（注意：最后是 Concat 操作，而不是 Add 操作，这样可以在不增加计算量的前提下提升特征维度。

图 1.32 所示为 ShuffleNet v1 的整体网络架构，其主要结构是由前面所说的 Bottleneck 组成的，主要包含 3 种情况。其中，$n$ 的配置分别是 3、7、3，但是针对不同尺度的组卷积和不同大小的模型，ShuffleNet 也给出了不同的超参数配置。

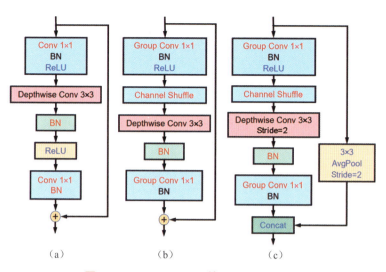

图 1.31 ShuffleNet v1 的 Bottleneck 结构

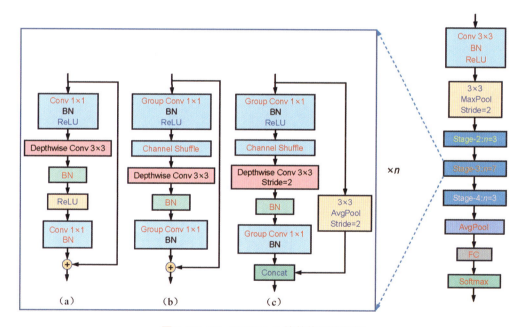

图 1.32 ShuffleNet v1 的整体网络架构

## 2. ShuffleNet v2

ShuffleNet v2（出自论文 *ShuffleNet v2: Practical Guidelines for Efficient CNN Architecture Design*，以下简称 *ShuffleNet v2*）的提出者指出现在普遍采用 FLOPs 评估模型性能是非常不合理的，因为一个批次样本的训练时间除了看 FLOPs，还有很多过程需要消耗时间，如文件 I/O、内存读取和 GPU 执行效率等。

ShuffleNet v2 的提出者从内存消耗成本和 GPU 并行性两个方向分析了模型可能带来的非 FLOPs 的损耗，进而设计出更加高效的 ShuffleNet v2。

ShuffleNet v2 的提出者也提出了如下关于高效模型的设计准则。
- 当输入通道数和输出通道数相同时，可以得到最小的 MAC（准则 1）。
- 分组数量 $g$ 与 MAC 相关，因此要谨慎使用组卷积（准则 2）。
- 尽可能避免设计网络时出现过多分支，因为分支过多会降低硬件的并行能力（准则 3）。
- 尽可能避免逐点操作，因为该操作非常耗时（准则 4）。

例如，在 ShuffleNet v1 中使用的组卷积违背了准则 2，且每个 ShuffleNet v1 的 Bottleneck 结构违背了准则 1；MobileNet V2 中的大量分支违背了准则 3，在深度卷积后使用 ReLU6 激活函数违背了准则 4。

对于上面的 4 条高效模型的设计准则，如图 1.33 所示，ShuffleNet v2 设计了新的高效模块。

如图 1.33（a）所示，ShuffleNet v2 使用了 Channel Split（通道切分）操作。这项操作非常简单，即将 $n$ 个输入特征分成 $n'$ 和 $n-n'$ 两组，一般情况下，$n'=0.5n$。这种设计的目的是尽量控制分支数，满足准则 3。Channel Split 之后的两个分支，右侧是一个直接映射，左侧是一个输入通道数和输出通道数相同的深度卷积，满足准则 1。在左侧的卷积中，1×1 卷积并没有使用组卷积，满足准则 2。两者在合并时均使用的是 Concat 操作，满足准则 4。

如图 1.33（b）所示，当需要进行下采样时，通过不进行 Channel Split 的方式使通道数加倍，可以保留更多的信息特征。

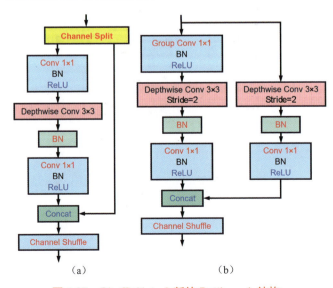

图 1.33　ShuffleNet v2 新的 Bottleneck 结构

图 1.34 所示为 ShuffleNet v2 的整体网络架构，由改进后的 Bottleneck 组成，主要包含两种情况，其中 n 的配置分别是 3、7、3。

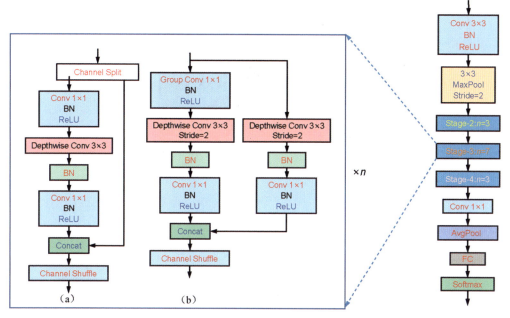

图 1.34　ShuffleNet v2 的整体网络架构

## 1.4.3　GhostNet

GhostNet 是由华为诺亚方舟实验室在论文 *GhostNet: More Features from Cheap Operations*（发表于 2020 年的 CVPR 上）中提出的。GhostNet 设计了一个全新的 Ghost Module，旨在通过简单的操作生成更多的特征图，并通过堆叠 Ghost Module 得出 Ghost Bottleneck，进而搭建轻量化神经网络 GhostNet。

图 1.35 是由 ResNet50 中的第 1 个残差块生成的中间特征图的可视化。可以看出，这里面有很多特征图（红、绿、蓝方框）是具有高度相似性的。换句话说，就是存在许多冗余特征图。

GhostNet 论文中阐明了特征层中的冗余信息总可以保证模型对于输入数据的全面理解，考虑到特征层中的冗余信息可能是一个优秀模型的重要组成部分，GhostNet 在设计轻量化模型时并没有试图去除这些冗余信息，而是用更低成本的计算量来获取这些冗余信息，这一操作便是由 Ghost Module 来完成的。

Ghost Module 分为两个分支，用来获得与普通卷积一样数量的特征图。如图 1.36 所示，左侧分支的作用是通过简单的卷积操作压缩特征并提取主要特征。对于右侧分支，则使用轻量化深度卷积来提取具有冗余信息的特征以增强信息表征能力，最终将两个分支的结果进行拼接。

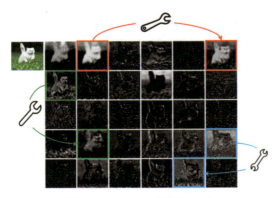

图 1.35　ResNet 特征可视化

利用 Ghost Module 的优势，如图 1.37 所示，GhostNet 的提出者还专门为轻量化卷积神经网络设计了 Ghost Bottleneck。

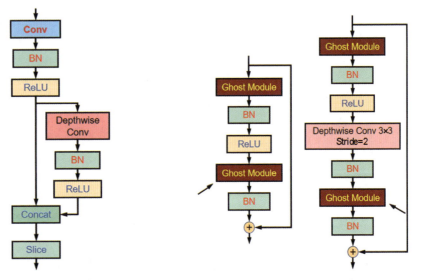

图 1.36　Ghost Module　　　　　　图 1.37　Ghost Bottleneck

这里借鉴了 MobileNet V2，第 2 个 Ghost Module（见图 1.37 中的两个箭头处）之后不使用 ReLU 激活函数，因为 ReLU 激活函数的截断性可能会导致冗余信息丢失，其他层在卷积层之后都应用了 BN 和 ReLU 激活函数。如图 1.38 所示，出于效率考虑，Ghost Module 中的初始卷积是 1×1 卷积。

图 1.38 所示为 GhostNet 的整体架构，其主要结构是由 Ghost Module 搭建的 Ghost Bottleneck 组成的，其中 n 的配置均是 16。

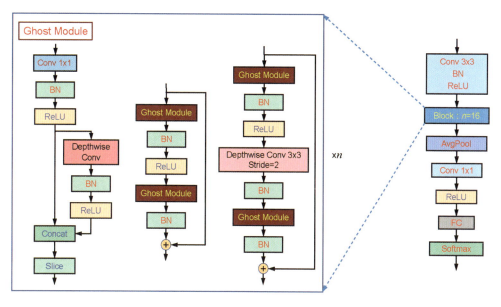

图 1.38 GhostNet 的整体架构

## 1.5 Vision Transformer 在计算机视觉中的应用

Transformer 模型是 Google 团队于 2017 年 6 月由 Ashish Vaswani 等人在论文 *Attention Is All You Need* 中提出的,当前它已经成为 NLP 领域的首选模型。Transformer 抛弃了 RNN(循环神经网络)的顺序结构,采用了自注意力机制,使得模型可以并行化训练,而且能够充分利用训练数据的全局信息。加入 Transformer 的 Seq2Seq 模型在 NLP 领域的各个任务上的性能都有了显著提升。

### 1.5.1 ViT

Transformer 在 NLP 领域大获成功,而 *AN IMAGE IS WORTH* 16X16 *WORDS: TRANSFORMERS FOR IMAGE RECOGNITION AT SCALE*(以下简称 *Vision Transformer*)论文中提到的 Vision Transformer 方法则将 Transformer 模型架构扩展到计算机视觉领域,并且它可以达到取代卷积的性能,在图像分类任务中也获得了很好的效果。卷积在提取特征的过程中考虑更多的是局部特征信息,而 Transformer 中的自注意力机制可以综合考量全局特征信息。Vision Transformer 直接将 Transformer 从 NLP 领域迁移到计算机视觉领域,目的是让原始的 Transformer 模型做到开箱即用。

具体来讲，Vision Transformer 是将原始图像均匀地分成若干图像块，这里也叫 Patch，每个 Patch 可以看作 NLP 领域中的词，先把 Patch 展平成序列，再把分割后的 Patch 输入原始 Transformer 模型的编码器部分，最后通过全连接层对图像进行分类。

Transformer 用于视觉所带来的影响确实轰动了整个计算机视觉领域。Vision Transformer 的主要部分有自注意力机制、位置嵌入（Position Embedding）和 Class Token。

如图 1.39 所示，假设原始输入数据的大小是 $H \times W \times C$，对于原始数据，先通过 Patch 尺寸为 $P$ 的 Patch 进行划分，得到 $H \times W/(P \times P) ==> (H/P) \times (W/P)$ 个 Patch；然后展平为 $P \times P \times C$ 的向量；最后对每个向量进行线性变换，即进行维度压缩，压缩后的向量称为 Patch Token。

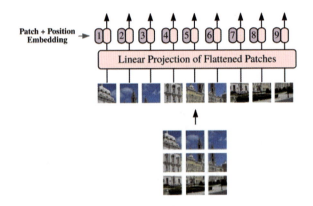

图 1.39　Patch Token 与 Position Embedding

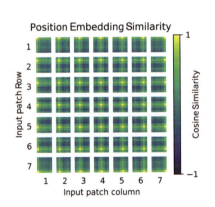

图 1.40　Position Embedding

论文作者尝试了许多种 Position Embedding 的方法，但是最后的性能差异都不大。可能的原因是 Transformer 编码器操作在 Patch-Level，而不是 Pixel-Level，Transformer 更关心的是 Patch 内部的一些潜在联系，Patch 与 Patch 之间的联系对整个模型而言，影响不大。

图 1.40 所示为一个通过在低维进行线性映射而训练出来的一个 Position Embedding，这是一个二维结构，每个小块上黄色亮点对应的位置与小块在图像中的位置保持一致。

Position Embedding 在 Vision Transformer 中的嵌入位置是与 Patch Token 进行 Add 操作，同时与 Class Token 拼接后送入 Transformer 编码器。

首先假设 Self-Attention（自注意力）的 Patch Token 输入 $x \in \mathbf{R}^{n \times d_m}$，然后经过 3

个线性变换层,分别得到 Query $Q$、Key $K$ 和 Value $V$ 矩阵,最后利用如式(1.10)所示的数学表达式进行 Self-Attention 计算:

$$\text{Self-Attention} = \text{SA}(Q,K,V) = \text{Softmax}\left(\frac{Q \otimes K^{\text{T}}}{\sqrt{d_k}}\right)V \quad (1.10)$$

式中,$\sqrt{d_k}$ 为尺度缩放因子,防止内积结果过大。

如图 1.41 所示,可以简单描述一下 Self-Attention 的计算过程。

首先,将输入的每个 Patch Token 向量输入线性变换后可以得到 $Q$ 矩阵、$K$ 矩阵和 $V$ 矩阵。

然后,将 $Q$ 矩阵与 $K$ 矩阵的转置进行内积运算得到相似度矩阵,并通过 Softmax 得到相似度矩阵的 Attention Map(注意力图)。

最后,将 $V$ 矩阵与 Attention Map 进行内积运算,并经过线性变换与原始输入进行 Add 操作,得到最终的输出。

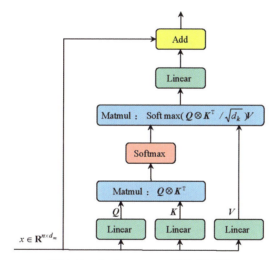

图 1.41　Self-Attention 的计算过程

如图 1.42 所示,Vision Transformer 的整体架构除了自注意力机制、位置嵌入和 Class Token 等组件,最为重要的便是 Transformer Block(图中的 Encoder Block 便是 Transformer Block),可以被分为"Token Mixing"和"Channels Processing"两个过程。

"Token Mixing"就是 Encoder Block 中的第 1 个残差连接部分。"Token Mixing"是由 Layer Norm、Multi-Head Self-Attention 和残差结构组成的,主要作用是针对输入的 Patch Token 与 Patch Token 之间的信息进行交互,最终达到获取全局信息的目的。

"Channels Processing"就是 Encoder Block 中的第 2 个残差连接部分。"Channels Processing"是由 Layer Norm、MLP 和 Dropout/DropPath 组成的。"Channels Processing"

主要针对"Token Mixing"之后的特征进行进一步的信息交互，最终使所提取特征具有鲁棒性。

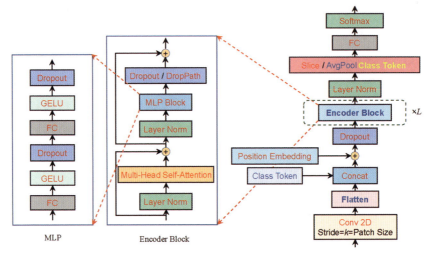

图 1.42　Vision Transformer 的整体架构

## 1.5.2　Swin Transformer

Swin Transformer 是一种新型的 Transformer，可以用作视觉和自然语言处理的统一模型。同时，*Swin Transformer: Hierarchical Vision Transformer using Shifted Windows*（以下简称 *Swin Transformer*）荣获 ICCV 2021 最佳论文。这一研究由微软亚洲研究院（MSRA）提出。

*Swin Transformer* 论文中的分析表明，Transformer 从自然语言处理迁移到计算机视觉上没有大放异彩，主要有以下两点原因。

- 两个领域涉及的尺度不同，自然语言处理的 Scale 是固定的，计算机视觉的 Scale 的变化范围非常大。
- 计算机视觉相比于自然语言处理需要更高的分辨率，而且计算机视觉中使用 Transformer 的计算复杂度是图像尺度的平方，这会导致计算量过于庞大。

为了解决上述两个问题，Swin Transformer 相比于之前的 Vision Transformer 做了以下两项改进。

- 引入 CNN 中常用的层次化方式构建层次化 Transformer。
- 引入定位思想，对无重合的窗口区域进行 Self-Attention 计算。

首先看一下 Swin Transformer 的整体架构，如图 1.43 所示。Swin Transformer 的整个架构采取类似 ResNet 的层次化思想的设计，一共包含 4 个 Stage，每个 Stage 都会下采样输入特征图的分辨率，像 CNN 一样逐层扩大感受野。

首先，通过 Patch Partition 将图像切成多个大小相同的 Patch，将 Position Embedding 与每个 Patch 所形成的 Token 相加，并通过不同的 Stage；其次，除 Stage-1 外的其他 Stage 都是由 Patch Merging 和多个 Block 组成的，其中，Patch Merging 主要对进入每个 Stage 之前的特征进行下采样，使其尺寸减小原始的 1/2。每个 Stage 的具体结构如图 1.43 的中间部分所示，主要是由 Layer Norm、MLP Block、Window Attention（W-MSA Block）和 Shifted Window Attention（SW-MSA Block）组成的。

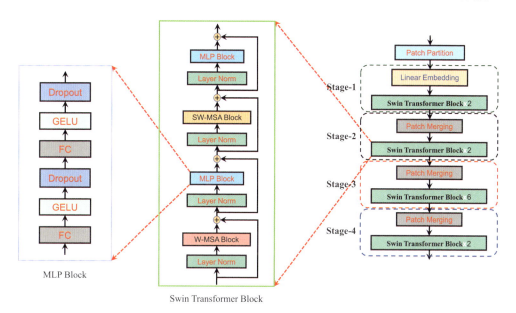

图 1.43　Swin Transformer 的整体架构

Patch Partition 主要是用来对图像进行预处理后的张量进行 Window 划分的。如图 1.44 所示，假设图像张量的形状为 1×4×4×3，使用 Window=2 对图像张量进行划分，每个通道可以划分为 4 个 2×2 的特征图，最终得到的特征图的形状为 1×2×2×12。

图 1.44　Patch Partition 示意图

Patch Partition 模块的作用是在每个 Stage 开始前做下采样，用于降低分辨率和调整通道数，进而形成层次化的设计，也能减少一定的运算量。使用 Patch Partition 实现下采样的部分在 CNN 模型中是在每个 Stage 开始前用步长=2 的卷积/池化层来降低分辨率的。

如图 1.45 所示，由于每次下采样 2 倍，所以在行方向和列方向上首先要每隔 2 个元素进行元素的选取，然后拼接在一起作为一个张量，最后展开。此时，通道维度会变成原来的 4 倍（宽和高各缩小为原来的 1/2，通道数变多），通过一个全连接层调整通道维度为原来的 2 倍。

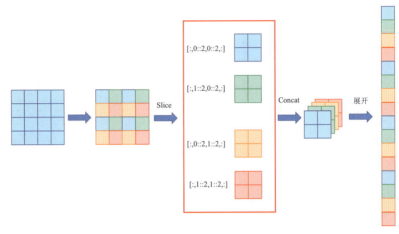

图 1.45　Patch Merging 示意图

Swin Transformer 的关键技术是 Window Attention。传统的 Vision Transformer 都是基于全局信息来计算自注意力的，因此计算复杂度十分高。而 Swin Transformer 将自注意力的计算限制在每个 Window 内，进而减少了计算量。如图 1.46 所示，先将特征图进行 Window 划分，然后在 Window 内进行自注意力计算。

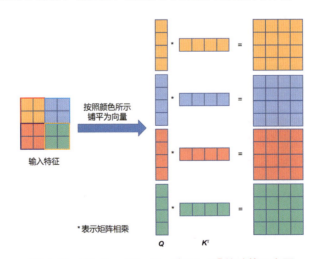

图 1.46　Window Attention 中 $Q$、$K^T$ 的计算示意图

如式（1.11）所示，Window Attention 与原始 Vision Transformer 中的自注意力的主要区别在于它在原始自注意力中计算 $\boldsymbol{Q}$、$\boldsymbol{K}$ 相似度矩阵时加入了相对位置编码，Google 的 *Vision Transformer* 论文也说明了相对位置编码可以提升 Swin Transformer 的性能。

$$\text{Window Attention} = \text{Softmax}\left(\frac{\boldsymbol{Q} \otimes \boldsymbol{K}^{\mathrm{T}}}{\sqrt{d_k}} + \boldsymbol{B}\right)\boldsymbol{V} \qquad (1.11)$$

Swin Transformer 的另一个非常关键的技术是 Shift Window Attention，它通过对 Window Attention 进行 Shift（移位）操作得到 Shift Window。由图 1.47 可以看出，每个 Window 都包含 Window Attention 中相邻窗口的元素。但是，如果在计算自注意力时，元素不属于原始没有进行 Shift 操作的 Window，就会出现冗余计算，甚至会影响模型的性能。因此，在 Shift Window Attention 中作者又引入了 Attention Mask。

如图 1.47 所示，通过设置合理的 Mask 值可以让 Softmax 忽略原始索引不同的 $\boldsymbol{Q}$ 与 $\boldsymbol{K}^{\mathrm{T}}$ 的值，进而可以显著减少计算量，同时增加跨 Window 的信息交互能力。

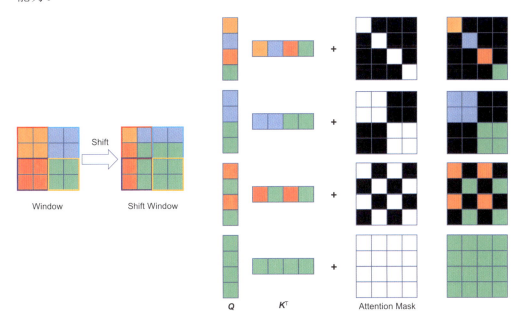

图 1.47　Shift Window Attention 中 $\boldsymbol{Q}$、$\boldsymbol{K}^{\mathrm{T}}$ 的计算示意图

如图 1.48 所示，Swin Transformer Block 主要由上述提到的 W-MAS Block、SW-MAS Block、MLP Block 和 Layer Norm 组成。

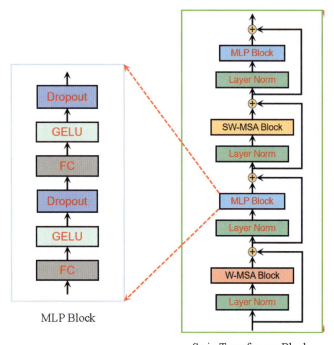

图 1.48　Swin Transformer Block 示意图

### 1.5.3　MobileViT

*MobileViT: Light-weight, General-purpose, and Mobile-friendly Vision Transformer* 论文中提出，想在获得有效感受野的同时很好地对远距离全局信息进行建模，一种被广泛研究建模远程依赖关系的方法是空洞卷积。然而，这种方法需要比较严谨的空洞率设计。另一种解决方案就是 Vision Transformer（ViT）中的自注意力。在自注意力方法中，具有 Multi-Head ViT 的 Vision Transformers（ViTs）在视觉识别任务中是有效的。然而，由于 Vision Transformer 的计算复杂度很高，并且缺乏归纳偏置的能力，因此表现出了较差的可优化性。

而 MobileViT 主要结合 CNN 和 ViT 的优势，构建了一个轻量化、低延迟的 ViT 模型。下面首先了解一下 MobileViT 的整体架构。它主要包含 MobileNet V2 Block 和 MobileViT Block，如图 1.49 所示。

如图 1.50 所示，为了能够学习带归纳偏置的全局表达能力，MobileViT Block 在两个卷积中间插入了一个 Transformer Block。

MobileNet V2 Block 在前面章节中已经进行了介绍，这里只对 MobileViT Block 进行介绍。

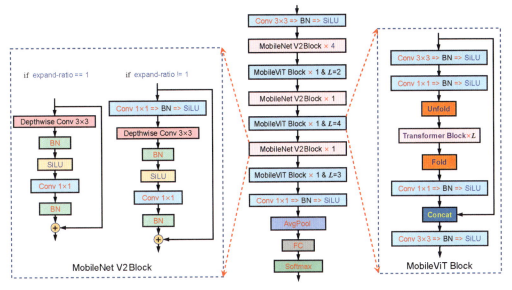

图 1.49 MobileViT 的整体架构

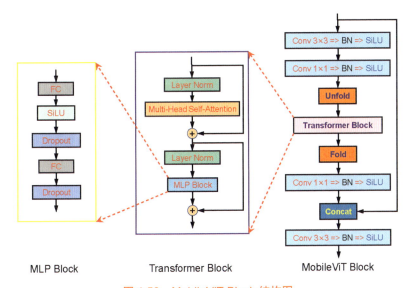

图 1.50 MobileViT Block 结构图

如图 1.50 所示，MobileViT Block 首先经过两个模块（由卷积+BN+SiLU 组成）操作，其次将卷积所得到的特征 Unfold（见图 1.51）为 $N$ 个非重叠的 Patch，接着使用 Transformer Block 学习每个 Patch 内的相关性，然后将其折叠（Fold，如图 1.52 所示）为卷积后的原始形状，最后经过卷积+BN+SiLU、Concat 和卷积+BN+SiLU 操作得到输出。

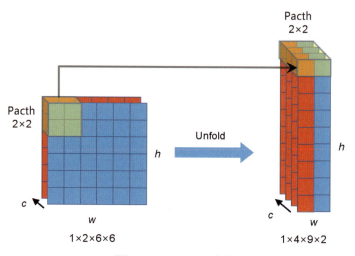

图 1.51　Unfold 示意图

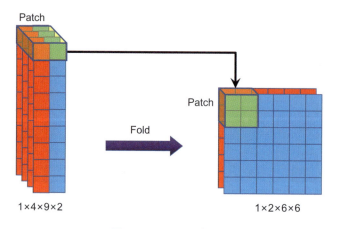

图 1.52　Fold 示意图

### 1.5.4　TRT-ViT

自 2020 年以来，可以看到 Vision Transformer 在图像分类、语义分割和目标检测等各种计算机视觉任务中都取得了显著的成功，并得到了明显优于卷积神经网络的性能。然而，从落地应用的真实场景来看，卷积神经网络仍然主导着计算机视觉架构落地应用和部署。

综合考虑，为了同时利用卷积神经网络的效率和 Vision Transformer 的性能优势，字节跳动提出了 TRT-ViT 模型，它是一个对落地具有高效率的 Transformer 模型。

"如何设计一个性能与 Transformer 一样好、预测速度与 ResNet 一样快的模型？"

便是 TRT-ViT 的探索宗旨，论文作者通过一系列的实验回答了这个问题，并提出了以下 4 条设计准则。

Stage-Level：在后期，Stage 使用 Transformer Block 可以最大化效率和性能。

Stage-Level：由浅入深的 Stage 模式可以提升模型的性能。

Block-Level：Transformer 和 Bottleneck 混合设计 Block 比 Transformer Block 效率更高。

Block-Level：先提取全局特征后提取局部特征的模式有助于弥补模型性能缺陷。

*TRT-ViT*: *TensorRT-oriented Vision Transformer* 论文中基于上述准则设计了一个适配于 TensorRT 的 Transformer（缩写为 TRT-ViT），由 CNN 和 Transformers 混合设计而成。

此外，TRT-ViT 提出了各种 TRT-ViT Block 以将 CNN 和 Transformer 组合成一个串行方案，从而提高信息流的效率。图 1.53 所示为 MixBlock-A、MixBlock-B 和 MixBlock-C 的结构。

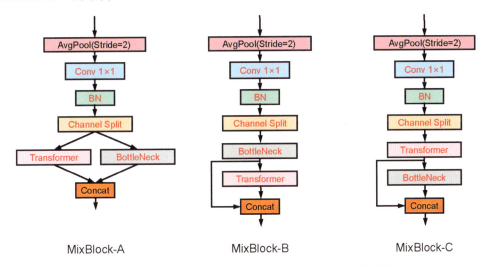

图 1.53 MixBlock-A、MixBlock-B 和 MixBlock-C 的结构

为了便于下游任务对 Backbone 的使用，TRT-ViT 的 Backbone 设计依旧选择了类似 ResNet 的层次设计思想，根据 TRT-ViT 所提出的设计准则构建了 TRT-ViT Backbone。整个 Backbone 架构分为 5 个 Stage，后期 Stage 只使用 MixBlock-C，而卷积层用于早期 Stage。此外，它还使用了由浅入深的 Stage 模式，与 ResNet 中的 Stage 模式相比，其早期 Stage 更浅、后期 Stage 更深。TRT-ViT 的整体架构如图 1.54 所示。

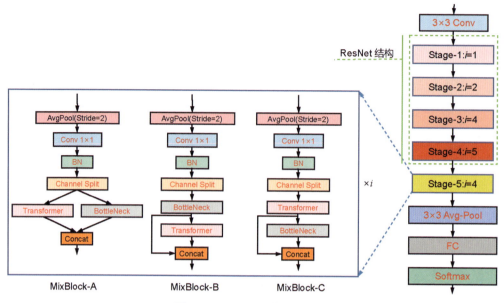

图 1.54　TRT-ViT 的整体架构

### 1.5.5　基于 ResNet/MobileViT 的交通标识牌识别项目实践

交通标识牌识别是一个具有挑战性的现实场景问题，具有高度的工业相关性。因此学习对应的识别方法也是比较重要的。

**1．GTSRB 数据集**

本项目是基于德国 GTSRB 交通标志数据集进行实践的。GTSRB 数据集总共包含 43 个交通标志类别，超过 50000 幅图像。同时，该数据集中的数据也包括了各种极端情况（由光照变化、部分遮挡、旋转、天气条件等造成）下的图像（见图 1.55），因此 GTSRB 数据集可满足各方面的实践和学习需求。

图 1.55　GTSRB 数据集的部分展示

## 2. 数据增强

对于数据增强，其主要对网络模型起到正则作用。换句话说，就是它可以在一定程度上缓解模型的过拟合问题，进而提高模型的鲁棒性和泛化性。对于当前的项目，分析数据集中存在模糊和旋转的情况比较多，这里选择的数据增强方式为垂直方向翻转、水平方向翻转和高斯模糊。

图 1.56（a）所示为原始图像，图 1.56（b）所示为水平翻转图像，图 1.56（c）所示为垂直翻转图像。

（a）原始图像　　　　（b）水平翻转图像　　　　（c）垂直翻转图像

图 1.56　翻转的数据增强

$r$ 为高斯核的尺寸，该值越大，图像越模糊，反之则更清晰。图 1.57（a）所示为原始图像，图 1.57（b）所示为 $r=1$ 的高斯模糊图像，图 1.57（c）所示为 $r=5$ 的高斯模糊图像。

（a）原始图像　　　（b）$r=1$ 的高斯模糊图像　　　（c）$r=5$ 的高斯模糊图像

图 1.57　高斯模糊的数据增强

如代码 1.1 所示，在使用 PyTorch 构建项目时，首先需要进行数据预处理操作，然后利用 Dataloader 构建提取器，每次返回一个批次的数据。在很多情况下，利用 num_worker 参数设置多线程可提升数据提取速度，进而提升模型训练速度。

这里，transforms.Compose 包含不同的数据增强方法，如代码 1.1 中的第 17～25 行所示，分别是垂直翻转、水平翻转和高斯模糊。其中高斯模糊是由 Image 库实现的。

代码 1.1 数据预处理

```python
1.  import random
2.  from PIL import Image, ImageFilter
3.  from torchvision import transforms
4.  mean, std = [0.485, 0.456, 0.406], [0.229, 0.224, 0.225]
5.  # 高斯模糊的实现
6.  class RandomGaussianBlur(object):
7.      def __init__(self, p=0.5):
8.          self.p = p
9.      def __call__(self, img):
10.         if random.random() < self.p:
11.             img=img.filter(ImageFilter.GaussianBlur(radius=random.random()))
12.         return img
13.  
14. def get_train_transform(mean=mean, std=std, size=0):
15.     train_transform = transforms.Compose([
16.         Resize((int(size), int(size))),
17.         # 对图像进行垂直翻转
18.         transforms.RandomVerticalFlip(),
19.         # 对图像进行水平翻转
20.         transforms.RandomHorizontalFlip(),
21.         # 对图像进行高斯模糊
22.         RandomGaussianBlur(),
23.         transforms.ToTensor(),
24.         transforms.Normalize(mean=mean, std=std),
25.     ])
26.     return train_transform
```

### 3. 模型的搭建

（1）ResNet50 中 Bottleneck 的实现。

Bottleneck 的结构如图 1.58 所示，其中的 Conv 是 Conv+BN+ReLU 的简写。

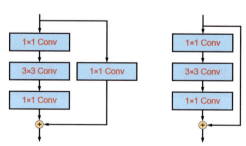

图 1.58　Bottleneck 的结构

代码 1.2 所示为作者使用 PyTorch 搭建的 Bottleneck 模块。如图 1.58 所示，Bottleneck 包含两个分支，主分支依次为 1×1 卷积、3×3 卷积和 1×1 卷积，另外一个分支为 identity 分支，如果主分支采用了下采样，那么 identity 分支通道数使用 1×1 卷积进行特征融合。

代码 1.2　模块搭建

```python
1.  class Bottleneck(nn.Module):
2.      expansion = 4
3.      def __init__(self,inplanes,planes,stride=1,downsample=None,groups=1,
4.                   base_width=64, dilation=1, norm_layer=None):
5.          super(Bottleneck, self).__init__()
6.  
7.          if norm_layer is None:
8.              norm_layer = nn.BatchNorm2d
9.          width = int(planes * (base_width / 64.)) * groups
10.         self.conv1 = conv1x1(inplanes, width)
11.         self.bn1 = norm_layer(width)
12.         self.conv2 = conv3x3(width, width, stride, groups, dilation)
13.         self.bn2 = norm_layer(width)
14.         self.conv3 = conv1x1(width, planes * self.expansion)
15.         self.bn3 = norm_layer(planes * self.expansion)
16.         self.relu = nn.ReLU(inplace=True)
17.         self.downsample = downsample
18.         self.stride = stride
19.  
20.     def forward(self, x):
21.         identity = x
22.         # 主分支的第 1 个 Conv+BN+ReLU
23.         out = self.conv1(x)
24.         out = self.bn1(out)
25.         out = self.relu(out)
26.         # 主分支的第 2 个 Conv+BN+ReLU
27.         out = self.conv2(out)
28.         out = self.bn2(out)
29.         out = self.relu(out)
30.         # 主分支的第 3 个 Conv+BN+ReLU
31.         out = self.conv3(out)
32.         out = self.bn3(out)
33.         # 另外一个分支的通道下采样操作
34.         if self.downsample is not None:
35.             identity = self.downsample(x)
36.         # 元素相加操作
```

```
37.            out += identity
38.            out = self.relu(out)
39.        return out
```

（2）ResNet50 的实现。

ResNet50 的结构如图 1.59 所示（此图与图 1.18 一样，这里为了方便，再次给出），可以看出，ResNet50 主要由前面的卷积和池化，以及 4 个 Stage 的 Bottleneck 组成，4 个 Stage 对于 Bottleneck 的配置参数分别是 3、4、6、3。

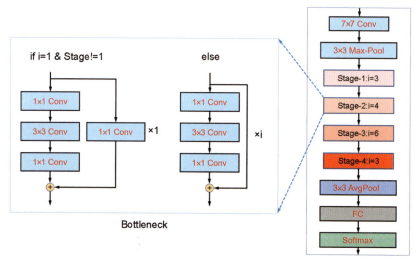

图 1.59　ResNet50 的结构

代码 1.3 所示为 ResNet 整体架构的搭建。由图 1.59 可知，整个 ResNet50 有 4 个 Stage，这里每个 Stage 的搭建都使用_make_layer 方法来进行。每个 Stage 是对 Bottleneck 的不同数量的叠加，同时要考虑下采样操作，这里均将下采样卷积放在每个 Stage 前面的 Bottleneck 中，并在其后面叠加不同数量的 Bottleneck 模块，以此来进行特征的编码。

代码 1.3　ResNet 整体架构的搭建

```
1.  class ResNet(nn.Module):
2.      def __init__(self, block, layers, num_classes=1000, zero_init_residual=
    False, groups=1, width_per_group=64, replace_stride_with_dilation=None,
    norm_layer=None):
3.          super(ResNet, self).__init__()
4.          if norm_layer is None:
5.              norm_layer = nn.BatchNorm2d
6.          self._norm_layer = norm_layer
7.
```

```
8.          self.inplanes = 64
9.          self.dilation = 1
10.         if replace_stride_with_dilation is None:
11.             replace_stride_with_dilation = [False, False, False]
12.         if len(replace_stride_with_dilation) != 3:
13.             raise ValueError("replace_stride_with_dilation should be None "
14.                              "or a 3element tuple,got {}".format(replace_stride_with_dilation))
15.         self.groups = groups
16.         self.base_width = width_per_group
17.         # 第 1 个 Conv+BN+ReLU
18.         self.conv1 = nn.Conv2d(3,self.inplanes,kernel_size=7,stride=2, padding=3, bias=False)
19.         self.bn1 = norm_layer(self.inplanes)
20.         self.relu = nn.ReLU(inplace=True)
21.         # 最大池化层
22.         self.maxpool = nn.MaxPool2d(kernel_size=3, stride=2, padding=1)
23.         # 根据 Satge-1 的参数构建 Stage-1
24.         self.layer1 = self._make_layer(block, 64, layers[0])
25.         # 根据 Satge-2 的参数构建 Stage-2
26.         self.layer2 = self._make_layer(block,128,layers[1],stride=2, dilate=replace_stride_with_dilation[0])
27.         # 根据 Satge-3 的参数构建 Stage-3
28.         self.layer3 = self._make_layer(block,256, layers[2], stride=2, dilate=replace_stride_with_dilation[1])
29.         # 根据 Satge-4 的参数构建 Stage-4
30.         self.layer4 = self._make_layer(block, 512, layers[3], stride=2, dilate=replace_stride_with_dilation[2])
31.         # 平均池化层
32.         self.avgpool = nn.AdaptiveAvgPool2d((1, 1))
33.         # 分类层
34.         self.fc = nn.Linear(512 * block.expansion, num_classes=43)
35.         # 卷积和 BN 的参数初始化
36.         for m in self.modules():
37.             if isinstance(m, nn.Conv2d):
38.                 nn.init.kaiming_normal_(m.weight, mode='fan_out', nonlinearity='relu')
39.             elif isinstance(m, (nn.BatchNorm2d, nn.GroupNorm)):
40.                 nn.init.constant_(m.weight, 1)
41.                 nn.init.constant_(m.bias, 0)
42.         # Bottleneck 中 BN3 的参数初始化
43.         if zero_init_residual:
```

```
44.         for m in self.modules():
45.             if isinstance(m, Bottleneck):
46.                 nn.init.constant_(m.bn3.weight, 0)
47.             elif isinstance(m, BasicBlock):
48.                 nn.init.constant_(m.bn2.weight, 0)
49.
50.     # 使用 Bottleneck 构建不同的 Stage
51.     def _make_layer(self, block, planes, blocks, stride=1, dilate=False):
52.         norm_layer = self._norm_layer
53.         downsample = None
54.         previous_dilation = self.dilation
55.         # 判断是否使用空洞卷积
56.         if dilate:
57.             self.dilation *= stride
58.             stride = 1
59.         # 判断是否使用 downsample
60.         if stride != 1 or self.inplanes != planes * block.expansion:
61.             downsample = nn.Sequential(
62.                 conv1x1(self.inplanes, planes * block.expansion, stride),
63.                 norm_layer(planes * block.expansion), )
64.         # 构建 Stage-i
65.         layers = []
66.         layers.append(block(self.inplanes, planes, stride, downsample, self.groups, self.base_width, previous_dilation, norm_layer))
67.         self.inplanes = planes * block.expansion
68.         for _ in range(1, blocks):
69.             layers.append(block(self.inplanes, planes, groups=self.groups,
70.                                 base_width=self.base_width, dilation=self.dilation, norm_layer=norm_layer))
71.         return nn.Sequential(*layers)
72.
73.     def forward(self, x):
74.         x = self.conv1(x)
75.         x = self.bn1(x)
76.         x = self.relu(x)
77.         x = self.maxpool(x)
78.         x = self.layer1(x)
79.         x = self.layer2(x)
80.         x = self.layer3(x)
81.         x = self.layer4(x)
82.         x = self.avgpool(x)
83.         x = x.reshape(x.size(0), -1)
```

```
84.          x = self.fc(x)
85.          return x
86.
87. def _resnet(arch, block, layers, pretrained, progress, **kwargs):
88.     model = ResNet(block, layers, **kwargs)
89.     if pretrained:
90.         state_dict = load_state_dict_from_url(model_urls[arch], progress=progress)
91.         model.load_state_dict(state_dict)
92.     return model
93.
94. def resnet50(pretrained=False, progress=True, **kwargs):
95.     # 传入构建所需的 Bottleneck 模块,以及每个 Stage 所需的 Bottleneck 的数量
96.     return _resnet('resnet50', Bottleneck, [3, 4, 6, 3], pretrained, progress, **kwargs)
```

(3) MobileViT 的实现。

MobileNet V2 Block 的结构参见图 1.49,其 PyTorch 实现如代码 1.4 所示。

在代码 1.4 中,代码第 13 行与第 27 行是深度卷积,代码第 17 行与第 23 行是逐点卷积,这两个卷积是 MobileNet V2 Block 的重要组成部分。

代码 1.4　MobileNet V2 Block 的搭建

```
1.  class MV2Block(nn.Module):
2.      def __init__(self, inp, oup, stride=1, expansion=4):
3.          super().__init__()
4.          self.stride = stride
5.          assert stride in [1, 2]
6.
7.          hidden_dim = int(inp * expansion)
8.          self.use_res_connect = self.stride == 1 and inp == oup
9.
10.         if expansion == 1:
11.             self.conv = nn.Sequential(
12.                 # 深度卷积
13.                 nn.Conv2d(hidden_dim, hidden_dim, 3, stride, 1, groups=hidden_dim, bias=False),
14.                 nn.BatchNorm2d(hidden_dim),
15.                 nn.SiLU(),
16.                 # 逐点卷积,作为线性激活函数使用
17.                 nn.Conv2d(hidden_dim, oup, 1, 1, 0, bias=False),
18.                 nn.BatchNorm2d(oup),)
19.
20.         else:
21.             self.conv = nn.Sequential(
```

```
22.                # 逐点卷积
23.                nn.Conv2d(inp, hidden_dim, 1, 1, 0, bias=False),
24.                nn.BatchNorm2d(hidden_dim),
25.                nn.SiLU(),
26.                # 逐点卷积
27.                nn.Conv2d(hidden_dim, hidden_dim, 3, stride, 1,
     groups=hidden_dim, bias=False),
28.                nn.BatchNorm2d(hidden_dim),
29.                nn.SiLU(),
30.                # 逐点卷积,作为线性激活函数使用
31.                nn.Conv2d(hidden_dim, oup, 1, 1, 0, bias=False),
32.                nn.BatchNorm2d(oup), )
33.
34.      def forward(self, x):
35.          if self.use_res_connect:
36.              return x + self.conv(x)
37.          else:
38.              return self.conv(x)
```

如图 1.60 所示，MobileViT 架构中的 MobileViT Block 的组成分别是 CBS（Conv+BN+SiLU）、Unfold、Transformer Block、Fold、Concat。代码 1.5 是使用 PyTorch 对 MobileViT Block 进行搭建的代码。

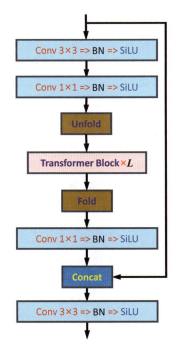

图 1.60　MobileViT Block 结构图

### 代码 1.5　MobileViT Block 的搭建

```python
1. # LayerNorm 类
2. class PreNorm(nn.Module):
3.     def __init__(self, dim, fn):
4.         super().__init__()
5.         self.norm = nn.LayerNorm(dim)
6.         self.fn = fn
7. 
8.     def forward(self, x, **kwargs):
9.         return self.fn(self.norm(x), **kwargs)
10.
11. # FFN 类，即 MLP Block
12. class FeedForward(nn.Module):
13.     def __init__(self, dim, hidden_dim, dropout=0.):
14.         super().__init__()
15.         self.net = nn.Sequential(
16.             nn.Linear(dim, hidden_dim),
17.             nn.SiLU(),
18.             nn.Dropout(dropout),
19.             nn.Linear(hidden_dim, dim),
20.             nn.Dropout(dropout)
21.         )
22.     def forward(self, x):
23.         return self.net(x)
24. class Att(nn.Module):
25.     def __init__(self,dim,num_heads=8,qkv_bias=False,qk_scale=None,attn_drop=0.,proj_drop=0.):
26.         super().__init__()
27.         self.num_heads = num_heads
28.         head_dim = dim // num_heads
29.         self.scale = qk_scale or head_dim ** -0.5
30.         self.qkv = nn.Linear(in_features=dim, out_features=(dim * 3), bias=qkv_bias)
31.         self.attn_drop = nn.Dropout(attn_drop)
32.         self.proj = nn.Linear(in_features=dim, out_features=dim)
33.         self.proj_drop = nn.Dropout(proj_drop)
34.
35.     def forward(self, x):
36.         B, N, C = x.shape
37.         qkv = self.qkv(x).reshape(B,N,3,self.num_heads,C//self.num_heads).permute(2,0,3,1,4)
```

```
38.            q, k, v = qkv[0], qkv[1], qkv[2]   # make torchscript happy
   (cannot use tensor as tuple)
39.
40.            attn = (q.matmul(k.transpose(-2, -1))) * self.scale
41.            attn = attn.softmax(dim=-1)
42.            attn = self.attn_drop(attn)
43.
44.            x = (attn.matmul(v)).transpose(1, 2).reshape(B, N, C)
45.            x = self.proj(x)
46.            x = self.proj_drop(x)
47.            return x
48.
49. # MobileViT 所使用的 Transformer 结构
50. class Transformer_MobileViT(nn.Module):
51.     def __init__(self, dim, depth, heads, dim_head, mlp_dim, dropout=0.):
52.         super().__init__()
53.         self.layers = nn.ModuleList([])
54.         for _ in range(depth):
55.             self.layers.append(nn.ModuleList([PreNorm(dim,Att(dim,
   heads,dim_head,dropout)),
56.                                              PreNorm(dim,FeedForward
   (dim,mlp_dim,dropout))]))
57.
58.     def forward(self, x):
59.         for attn, ff in self.layers:
60.             x = attn(x) + x
61.             x = ff(x) + x
62.         return x
63.
64. class MobileViTBlock(nn.Module):
65.     def __init__(self, dim, depth, channel, kernel_size, patch_size,
   mlp_dim, dropout=0.):
66.         super().__init__()
67.         self.ph, self.pw = patch_size
68.         self.conv1 = conv_nxn_bn(channel, channel, kernel_size)
69.         self.conv2 = conv_1x1_bn(channel, dim)
70.         self.transformer=Transformer_MobileViT(dim,depth,4,8,mlp_dim,
   dropout)
71.         self.conv3 = conv_1x1_bn(dim, channel)
72.         self.conv4 = conv_nxn_bn(2 * channel, channel, kernel_size)
73.
74.     def forward(self, x):
```

```
75.        y = x.clone()
76.        # 卷积以获取局部信息
77.        x = self.conv1(x)
78.        x = self.conv2(x)
79.        # 全局信息的获取
80.        _, _, h, w = x.shape
81.        # Unfold 操作
82.        x = rearrange(x, 'b d (h ph) (w pw) -> b (ph pw) (h w) d',
   ph=self.ph, pw=self.pw)
83.        # transformer 计算，得到 Patch 的全局特征
84.        x = self.transformer(x)
85.        # Fold 操作
86.        x = rearrange(x, 'b (ph pw) (h w) d -> b d (h ph) (w pw)', h=
   h // self.ph, w=w // self.pw, ph=self.ph, pw=self.pw)
87.        # 局部信息与全局信息的融合
88.        x = self.conv3(x)
89.        x = torch.cat((x, y), 1)
90.        x = self.conv4(x)
91.        return x
```

代码 1.6 基于复现的 MobileNet V2 Block 和 MobileViT Block 来实现 MobileViT 的整体架构，如图 1.49 所示，MobileViT Block 主要插在不同的 MobileNet V2 Block 后面。

这里也搭建了不同规模的 MobileViT 模型，分别是 xxsmall、xsmall 和 small 模型，其 PyTorch 实现如代码 1.6 所示。

代码 1.6　MobileViT 的搭建

```
1. class MobileViT(nn.Module):
2.     def __init__(self, image_size, dims, channels, num_classes,
   expansion=4, kernel_size=3, patch_size=(2, 2)):
3.         super().__init__()
4.         ih, iw = image_size
5.         ph, pw = patch_size
6.         assert ih % ph == 0 and iw % pw == 0
7.         L = [2, 4, 3]
8.         self.conv1 = conv_nxn_bn(3, channels[0], stride=2)
9.         # MobileNet V2 Block 的构建
10.        self.mv2 = nn.ModuleList([])
11.        self.mv2.append(MV2Block(channels[0], channels[1], 1, expansion))
12.        self.mv2.append(MV2Block(channels[1], channels[2], 2, expansion))
13.        self.mv2.append(MV2Block(channels[2], channels[3], 1, expansion))
14.        self.mv2.append(MV2Block(channels[2], channels[3], 1, expansion))
```

```
15.         self.mv2.append(MV2Block(channels[3], channels[4], 2, expansion))
16.         self.mv2.append(MV2Block(channels[5], channels[6], 2, expansion))
17.         self.mv2.append(MV2Block(channels[7], channels[8], 2, expansion))
18.         # MobileViT Block 的构建
19.         self.mvit = nn.ModuleList([])
20.         self.mvit.append(MobileViTBlock(dims[0], L[0], channels[5],
    kernel_size, patch_size, int(dims[0] * 2)))
21.         self.mvit.append(MobileViTBlock(dims[1], L[1], channels[7],
    kernel_size, patch_size, int(dims[1] * 4)))
22.         self.mvit.append(MobileViTBlock(dims[2], L[2], channels[9],
    kernel_size, patch_size, int(dims[2] * 4)))
23.         self.conv2 = conv_1x1_bn(channels[-2], channels[-1])
24.         self.pool = nn.AvgPool2d(ih // 32, 1)
25.         self.fc = nn.Linear(channels[-1], num_classes, bias=False)
26.
27.     def forward(self, x):
28.         x = self.conv1(x)
29.         x = self.mv2[0](x)
30.
31.         x = self.mv2[1](x)
32.         x = self.mv2[2](x)
33.         x = self.mv2[3](x)
34.
35.         x = self.mv2[4](x)
36.         # 第1个Transformer 插入
37.         x = self.mvit[0](x)
38.
39.         x = self.mv2[5](x)
40.         # 第2个Transformer 插入
41.         x = self.mvit[1](x)
42.
43.         x = self.mv2[6](x)
44.         x = self.mvit[2](x)
45.         x = self.conv2(x)
46.         x = self.pool(x).view(-1, x.shape[1])
47.         x = self.fc(x)
48.         return x
49.
50. def mobilevit_xxs():
51.     dims = [64, 80, 96]
52.     channels = [16, 16, 24, 24, 48, 48, 64, 64, 80, 80, 320]
53.     return MobileViT((256, 256),dims,channels,num_classes=1000,expansion=2)
```

```
54.
55. def mobilevit_xs():
56.     dims = [96, 120, 144]
57.     channels = [16, 32, 48, 48, 64, 64, 80, 80, 96, 96, 384]
58.     return MobileViT((256, 256), dims, channels, num_classes=1000)
59.
60. def mobilevit_s():
61.     dims = [144, 192, 240]
62.     channels = [16, 32, 64, 64, 96, 96, 128, 128, 160, 160, 640]
63.     return MobileViT((256, 256), dims, channels, num_classes=1000)
64.
65. if __name__ == '__main__':
66.     x = torch.randn(1, 3, 448, 448)
67.     net = mobilevit_xxs()
68.     y = net(x)
```

（4）train 代码的实现。

如代码 1.7 所示，该部分主要对模型训练期间所使用的优化器、损失函数、数据集加载、日志等进行声明和使用。在代码 1.7 中，第 20 行是对优化器的实例化，供后续代码使用；第 22 行和第 24 行分别是对损失函数与学习率的设置。

同时考虑到权重会不断地被复用，因此在代码 1.7 中也对训练过程中的权重进行了保存，具体可以参见第 54 行。

**代码 1.7　训练部分代码**

```
1.  if __name__ == '__main__':
2.      # 创建保存训练模型参数的文件夹
3.      save_folder=cfg.SAVE_FOLDER+cfg.model_name
4.      os.makedirs(save_folder, exist_ok=True)
5.      model=Create_Backbone(cfg.model_name, num_classes=cfg.NUM_CLASSES, test=True)
6.      if cfg.RESUME_EPOCH:
7.          print('--------- Resume training from {} epoch {} ---------'.format(cfg.model_name,cfg.RESUME_EPOCH))
8.          model=load_checkpoint(os.path.join(save_folder,'{}.pth'.format(cfg.RESUME_EPOCH)))
9.      # 进行多 GPU 的并行计算
10.     if cfg.GPUS > 1:
11.         print('--------- Using Multiple GPUs to Training ---------')
12.         model = nn.DataParallel(model, device_ids=list(range(cfg.GPUS)))
13.     else:
14.         print('--------- Using Single GPU to Training ---------')
```

```
15.     print("------ Initialize the {} done!!! ------".format(cfg.model_name))
16.     # 把模型放置在GPU上进行计算
17.     if torch.cuda.is_available():
18.         model.cuda()
19.     # 定义优化器
20.     optimizer = optim.Adam(filter(lambda p: p.requires_grad, model
   .parameters()), lr=cfg.LR)
21.     # 定义损失函数
22.     criterion = nn.CrossEntropyLoss()
23.     # 设置学习率
24.     lr = cfg.LR
25.     # 每个epoch含有多少个BATCH
26.     max_batch = len(train_datasets) // cfg.BATCH_SIZE
27.     epoch_size = len(train_datasets) // cfg.BATCH_SIZE
28.     # 训练MAX_EPOCH个epoch
29.     max_iter = cfg.MAX_EPOCH * epoch_size
30.     start_iter = cfg.RESUME_EPOCH * epoch_size
31.     epoch = cfg.RESUME_EPOCH
32.     # cosine学习率调整
33.     warmup_epoch = 5
34.     warmup_steps = warmup_epoch * epoch_size
35.     global_step = 0
36.     # step 学习率调整参数
37.     stepvalues = (10 * epoch_size, 20 * epoch_size, 30 * epoch_size)
38.     step_index = 0
39.     model.train()
40.     for iteration in range(start_iter, max_iter):
41.         global_step += 1
42.         # 更新迭代器
43.         if iteration % epoch_size == 0:
44.             # create batch iterator
45.             batch_iterator = iter(train_dataloader)
46.             loss = 0
47.             epoch += 1
48.             # 保存模型
49.             if epoch % 5 == 0 and epoch > 0:
50.                 if cfg.GPUS > 1:
51.                     checkpoint={'model': model.module,
52.                                 'model_state_dict':model.module.state_dict(),
53.                                 'epoch': epoch}
```

```
54.                    torch.save(checkpoint,os.path.join(save_folder,
    '{}.pth'.format(epoch)))
55.            else:
56.                checkpoint = {'model': model,
57.                              'model_state_dict': model.state_dict(),
58.                              'epoch': epoch}
59.                torch.save(checkpoint,os.path.join(save_folder,
    '{}.pth'.format(epoch)))
60.        if iteration in stepvalues:
61.            step_index += 1
62.        lr = adjust_learning_rate_step(optimizer, cfg.LR, 0.1, epoch,
    step_index, iteration, epoch_size)
63.        images, labels = next(batch_iterator)
64.        # PyTorch 0.4之后将 Variable 与 Tensor 进行了合并，故这里无须进行 Variable 封装
65.        if torch.cuda.is_available():
66.            images, labels = images.cuda(), labels.cuda()
67.        out = model(images)
68.        loss = criterion(out, labels.long())
69.        loss.requires_grad_(True)
70.        optimizer.zero_grad() # 清空梯度信息，否则在每次进行反向传播时都会累加
71.        loss.backward()        # loss 反向传播
72.        optimizer.step()       # 梯度更新
73.        prediction = torch.max(out, 1)[1]
74.        train_correct = (prediction == labels).sum()
75.        # 这里得到的 train_correct 的类型是 longtensor 型，需要转换为 float 型
76.        train_acc = (train_correct.float()) / cfg.BATCH_SIZE
77.        # 每迭代 10 次，进行一次训练 log 输出
78.        if iteration % 10 == 0:
79.            print('Epoch:' + repr(epoch) + ' || epochiter: ' + repr
    (iteration % epoch_size) + '/' + repr(epoch_size)+ '|| Totel iter ' +
    repr(iteration) + ' || Loss: %.6f||' % (loss.item()) + 'ACC: %.3f ||' %
    (train_acc * 100) + 'LR: %.8f' % (lr))
```

（5）中间特征的可视化。

人们可能一直以为神经网络是个黑匣子，其实如果针对其特征进行分析，那么它还是有一定的规律可循的。如图 1.61 所示，对于中间层特征，不同通道学习到的结果可能不一样，如第 3 行第 3 列学习到的原始图像的边缘信息更多一些。

基于前面提到的特征可视化，这里基于训练完成的 PyTorch 模型和图像实现特征的可视化，如代码 1.8 所示：首先加载模型，其次预处理如图 1.61 所示的图像，然后进行前向推理并获取模型最后一层的特征，最后绘制中间特征的可视化结果。

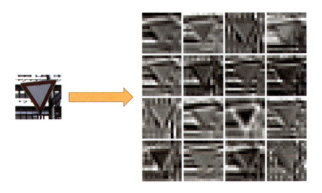

图 1.61　图像的中间层特征的可视化结果

代码 1.8　中间层特征的可视化

```
1. def draw_features(width, height, channels, x, savename):
2.     fig = plt.figure(figsize=(32, 32))
3.     fig.subplots_adjust(left=0.05, right=0.95, bottom=0.05, top=0.95, wspace=0.05, hspace=0.05)
4.     for i in range(channels):
5.         plt.subplot(height, width, i + 1)
6.         plt.axis('off')
7.         img = x[0, i, :, :]
8.         pmin = np.min(img)
9.         pmax = np.max(img)
10.        img = (img - pmin) / (pmax - pmin + 0.000001)
11.        plt.imshow(img, cmap='gray')
12.    fig.savefig(savename, dpi=300)
13.    fig.clf()
14.    plt.close()
15.
16. def predict(model):
17.     model = load_checkpoint_eval(model)
18.     if torch.cuda.is_available():
19.         model.cuda()
20.     img = Image.open(img_path).convert('RGB')
21.     img = get_test_transform(size=cfg.INPUT_SIZE)(img).unsqueeze(0)
22.     if torch.cuda.is_available():
23.         img = img.cuda()
24.     with torch.no_grad():
25.         x = model.features[:1](img)
26.         draw_features(4, 4, 16,  x.cpu().numpy(), "./Visualization/features_show.png")
```

## 1.6 本章小结

本章主要介绍了计算机视觉与神经网络的相关基础概念，包括人工神经网络、卷积神经网络等相关的概念与原理；同时针对当下在计算机视觉领域应用比较流行的经典骨干模型进行了详细的讲解，如 ResNet、DarkNet、CSPDarkNet 等。

另外，考虑针对不同人工智能边缘设备的算力不同，甚至很多设备的算力比较低，这里也介绍了一些诸如 MobileNet 系列、ShuffleNet 系列和 GhostNet 等轻量化模型，以供边缘设备的落地和部署。

近两年，Vision Transformer 在计算机视觉领域大放异彩，在很多相关的垂直领域，如图像分类与识别、目标检测、语义分割、实例分割、3D 目标检测等，Vision Transformer 相较于卷积神经网络有明显的精度提升。因此，本章介绍了几个比较经典的 Vision Transformer 骨干模型。

本章最后通过一个简单的交通标识牌识别结合 ResNet 与 MobileViT 骨干模型的项目实践来加深读者对 ResNet 与 MobileViT 等骨干模型的应用和理解。

# 第 2 章

# 目标检测在自动驾驶中的应用

自动驾驶中的感知模块通过图像或视频数据来了解车辆周围的环境，具体涉及的任务包括行人检测、车辆检测、障碍物检测、交通标识牌检测与识别等，这些任务涉及的计算机视觉技术均是通过目标检测来执行的。

随着 Faster-RCNN 等目标检测算法的出现，2D 目标检测达到了空前的繁荣，各种新的目标检测算法不断涌现，其中不仅有两阶段的目标检测算法，还有后来赶超的单阶段目标检测算法，可以说"百花齐放、白家争鸣"。

但是在自动驾驶的应用场景下，普通 2D 目标检测有时并不能提供感知环境所需的全部信息，因为 2D 目标检测仅能提供目标物体在二维图像中的位置和对应类别的置信度。但是在真实的三维世界中，物体都是有三维形状的，大部分应用都需要有目标物体的长、宽、高和偏航角等信息。这时就需要 3D 目标检测的加入，只有这样才能进一步完善自动驾驶系统的搭建。本章就详细讲解 2D 和 3D 目标检测在自动驾驶系统中的应用。

## 2.1 目标检测简介

### 2.1.1 相关工作简介

2001 年出现的 Viola-Jones 目标检测器主要用于人脸检测。Viola-Jones 目标检测器结合了 Haar-like 特征、积分图像、Adaboost 和级联分类器等多种技术。Viola-Jones 目标检测器首先通过在输入图像上滑动一个窗口来搜索 Haar-like 特征，并使用积分图像进行计算；然后使用训练好的 Adaboost 找到每个 Haar-like 特征对应的分类器，并将它们级联起来。Viola-Jones 目标检测器非常高效，可以在小型设备中使用。

2005 年，Dalal 和 Triggs 提出了定向梯度直方图（HOG）特征描述符，用于提取目标检测的特征。HOG 提取梯度及其边缘方向以创建特征表：图像首先被划分为网格，然后使用特征表为网格中的每个单元创建直方图。为感兴趣区域生成 HOG 特征并输入线性 SVM 分类器进行检测。该检测器的推出主要是用于行人检测的，也可以用来检测其他目标。

Felzenszwalb 等人介绍了可变形部件模型（DPM），并成为 2009 年 Pascal VOC 挑战赛的获胜者。DPM 对物体的单个"部件"进行检测，并获得了比 HOG 更高的准确度。DPM 遵循分而治之的理念，在推理期间单独检测目标的一部分，并将它们的可能排列标记为目标。例如，人体可以认为是头部、手臂、腿和躯干等部分的集合。DPM 首先分配一个模型来捕获整幅图像中的一部分，并对所有这些部分重复该过程；然后删除那些"部件"组合不太可能的结果。

### 2.1.2 两阶段目标检测算法简介

#### 1. R-CNN

*Rich feature hierarchies for accurate object detection and semantic segmentation* 是 R-CNN 系列中的第一篇论文，展示了如何使用 CNN 来极大地提高目标检测器的性能。R-CNN 使用区域候选模块与 CNN 将目标检测问题转换为分类和定位问题。

如图 2.1 所示，R-CNN 依旧延续了传统目标检测思想，首先通过选择性搜索算法产生候选区域，然后通过 CNN 对每个候选区域进行特征提取，最后对候选区域的特征使用 SVM 分类器和回归器进行分类与回归。

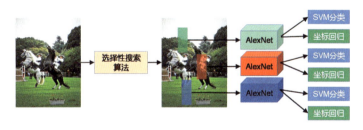

图 2.1 R-CNN 架构流程图

R-CNN 促使目标检测领域迎来了新的浪潮，但它依旧存在一些问题。首先，R-CNN 是需要多阶段训练才可以完成的，需要很长的训练时间；其次，R-CNN 涉及使用全连接，因此要求输入尺寸固定，这也造成了其检测准确度的降低；最后，候选区域需要缓存，占用空间比较大。

#### 2. SPP-Net

何凯明等人在论文 *Spatial Pyramid Pooling in Deep Convolutional Networks for*

*Visual Recognition* 中提出使用空间金字塔池化（SPP）层来处理任意大小或宽高比的图像来解决 R-CNN 中的全连接导致的固定输入问题。如图 2.2 所示，SPP-Net 在 CNN 的最后一层添加了空间金字塔池化 SPP 层。空间金字塔池化 SPP 层首先将待处理的图像特征在多尺度上划分为多个网格，然后对每个网格进行池化操作，最后将每个池化的结果拼接在一起形成一个固定长度的特征向量，并送入全连接层，从而使 CNN 能够独立于图像的大小/宽高比，并减小了计算量。

如图 2.2 所示，SPP-Net 依旧使用选择性搜索算法生成候选区域。这里特征图的提取是通过 ConvNet 在图像上进行一次性提取，并使用候选区域在特征图上获取的，而不像 R-CNN 那样，对每个候选区域进行特征提取，这样大大减小了模型的计算量。这里的特征提取网络是 ZF-5 网络。

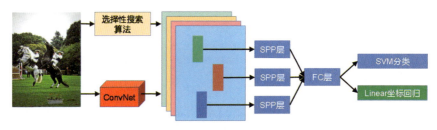

图 2.2　SPP-Net 架构流程图

与 R-CNN 架构类似，SPP-Net 作为后处理层通过边界框回归来改善定位效果。SPP-Net 依旧使用相同的多阶段训练过程，微调只在全连接层上进行。

SPP-Net 的训练速度和推理速度都比 R-CNN 模型快得多，且具有相当高的准确度。SPP-Net 可以处理任何大小/宽高比的图像，从而避免由于输入扭曲而导致目标变形的情况。然而，由于其架构类似 R-CNN，所以它也具有 R-CNN 的缺点，如多阶段训练、计算量大和训练时间长等。

### 3．Fast R-CNN

R-CNN 或 SPP-Net 的主要问题之一是多阶段训练。Fast R-CNN 通过创建一个端到端的训练系统解决了这个问题。Fast R-CNN 首先将图像及其目标候选区域作为输入，图像通过一组卷积层，并将目标候选区域映射到所获得的特征图上（Girshick 还将 SPP-Net 中的 SPP 层替换为 RoI 池化层）；然后将得到的特征经过全连接层后送入分类层和一个边界框回归层。另外，Fast R-CNN 将边界框回归损失从 L2 损失更改为 Smooth-L1 损失，以获得更好的性能，同时引入了多任务损失来训练网络。

如图 2.3 所示，Fast R-CNN 还使用了当时最先进的预训练模型（如 AlexNet、VGG 和 CaffeNet）的修改版本作为主干网络 ConvNet 来提取特征。Fast R-CNN 通过随机梯度下降（SGD）和 Mini-Batchsize 进行训练优化。

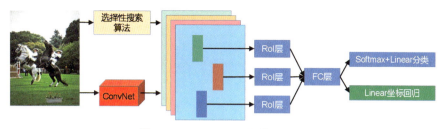

图 2.3　Fast R-CNN 架构流程图

Fast R-CNN 的提出是为了提高模型推理速度的，而准确度的提高是补充性的。Fast R-CNN 简化了训练过程，移除了 SPP 层并引入了新的损失函数。在没有 RPN（区域候选网络）的情况下，目标检测器实现接近实时的检测速度，并且具有较高的准确度。

4．Faster R-CNN

尽管 Fast R-CNN 更接近实时目标检测，但它的目标候选区域的生成速度仍然比较慢。Ren 等人提出使用卷积网络作为 Faster R-CNN 中的 RPN，采用任意输入图像并输出一组候选区域。每个候选区域都有一个相关的目标分数，该目标分数是用来描述目标的可能性的。

如图 2.4 所示，与 ResNet、DPM、Fast R-CNN 等使用图像金字塔解决目标大小差异不同的问题相比，RPN 引入了 Anchor Box（锚框），使用多个具有不同宽高比的边界框，并对它们进行回归以定位目标。

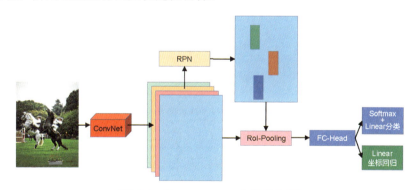

图 2.4　Faster R-CNN 架构流程图

简要地说，Faster R-CNN（出自论文 *Faster R-CNN: Towards Real-Time Object Detection with Region Proposal Networks*）本质上是使用 RPN 作为区域候选模块的 Fast R-CNN。由于两个执行不同任务的模型之间存在共享层，所以 Faster R-CNN 的训练更加复杂。首先，RPN 在 ImageNet 数据集上进行预训练，并在 Pascal VOC 数据集上进行微调；然后，训练 Fast R-CNN，进而微调 RPN，得到最终的目标检测器。

Faster R-CNN 将检测准确度提高了 3%以上，并且推理时间大幅减少。Faster R-CNN 改善了获取候选区域的速度瓶颈。在候选区域中使用 CNN 的另一个优点是它可以学习生成更好的候选区域，从而提高目标检测的准确度。

### 5．R-FCN

戴季峰等人在论文 *R-FCN: Object Detection via Region-based Fully Convolutional Networks* 中提出了基于区域的全卷积网络（R-FCN），它在网络内共享几乎所有的计算，这与之前的两阶段目标检测器不同。R-FCN 反对使用全连接层，而全部使用卷积层，因为全连接层会导致目标检测网络的位置敏感性较差。

戴季峰等人建议使用位置敏感的分数图来解决目标检测网络缺乏位置敏感性的问题。这些敏感的分数图对相对空间信息进行编码，并汇集以识别精确的定位。R-FCN 通过将感兴趣区域划分为 $k×k$ 网格，并使用检测类特征图对每个单元格的可能性进行评分来做到这一点。这些分数图上的分数被平均后用于预测目标类别。

如图 2.5 所示，R-FCN 目标检测器是 4 个卷积网络的组合。输入图像首先通过 ResNet 提取特征图，然后被传递到 RPN 中以识别 RoI 候选区域，而最终输出通过卷积层的进一步处理后输入分类器和回归器中。分类层将生成的位置敏感图与 RoI 候选区域相结合以生成预测，而回归网络则输出边界框细节。

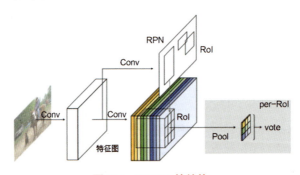

图 2.5　R-FCN 的结构

R-FCN 以与 Faster R-CNN 类似的 4 步方式进行训练，同时使用组合的交叉熵和边界框回归损失。R-FCN 还在训练过程中采用在线困难样本挖掘（OHEM）算法。

R-FCN 结合了 Faster R-CNN 和 FCN 的优点，可以实现更快、更准确的检测器。尽管 R-FCN 的准确度并没有提高多少，但它比同类算法快 2.5～20 倍。

### 6．Mask R-CNN

Mask R-CNN 在 Faster R-CNN 的基础上进行了扩展，添加了一个像素级实例分割的分支。该分支是应用在 RoI 上的全连接网络，用于将每像素分类为具有很低的总体计算成本的片段。Mask R-CNN 使用类似 Faster R-CNN 的架构来进行目标提取，但它添加了一个与分类器和边界框回归器 Head 并行的 Mask Head。

如图 2.6 所示，Mask R-CNN 相较于 Faster R-CNN 的一个主要区别是它使用 RoIAlign 层而不是 RoIPool 层，以避免由于空间量化导致的像素级错位情况。何凯明等人选择 ResNext101 作为其 Backbone 网络；选择 Feature Pyramid Network（FPN）作为 Neck，以获得更高的准确度和速度。Faster R-CNN 的损失函数使用 Mask 损失进行更新。Mask R-CNN 的整体训练过程类似 Faster R-CNN。

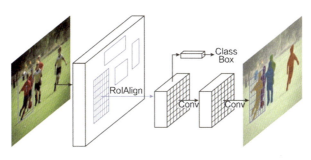

图 2.6　Mask R-CNN 的结构

Mask R-CNN 比现有的最先进的单模型架构表现更好，它增加了实例分割的额外功能，计算开销很小。它易于训练、灵活，且在关键点检测、人体姿态估计等应用中具有很高的泛化性。

#### 7．DetectoRS

许多当前的两阶段目标检测器（如 Faster R-CNN、Cascade R-CNN）都使用先生成区域框，然后细化这些框的机制，即先计算目标建议，然后使用它们来提取特征以检测目标。*DetectoRS: Detecting Objects with Recursive Feature Pyramid and Switchable Atrous Convolution* 论文中提出的方法在网络的宏观和微观层面都应用了这种机制。

在宏观层面，DetectoRS 提出了递归特征金字塔（RFP）。RFP 由多个特征金字塔网络（FPN）堆叠而成，将反馈连接添加到 FPN 自下而上的过程中。FPN 层的输出在传递到下一个 FPN 层之前由 Atrous 空间金字塔池化（ASPP）层来处理。Fusion 模块用于通过创建注意力图来组合来自不同模块的 FPN 输出。

在微观层面，DetectoRS 提出了可切换的空洞卷积（SAC），用来调节卷积的空洞率，并采用平均池化层、5×5 滤波器和 1×1 卷积作为切换函数来决定空洞卷积的空洞率，帮助骨干网络动态检测各种尺度的目标。

另外，DetectoRS 还将 SAC 设计在两个全局上下文模块之间，有助于实现更稳定的切换。RFP 和 SAC 的组合设计产生了 DetectoRS。DetectoRS 的提出者将上述技术与 Hybrid Task Cascade（HTC）相结合作为 Baseline 模型。

DetectoRS 结合了多个系统以提高目标检测器的性能，并为两阶段目标检测器配置了先进的技术。它的 RFP 和 SAC 模块都具有很高的泛化性，可用于其他目标检测模型。但是，它不适合进行实时检测，因为它每秒钟只能处理大约 4 帧数据。

## 2.1.3 单阶段目标检测算法简介

### 1. YOLOv1

两阶段目标检测器将目标检测作为一个分类问题来解决,一个模块提取出一些候选区域,网络将其分类为目标或背景。然而,*You Only Look Once: Unified, Real-Time Object Detection* 论文中提出的方法 YOLOv1 将其重构为回归问题,直接将图像像素预测为目标及其边界框属性。

如图 2.7 所示,在 YOLOv1 中,输入图像被划分为一个 $S \times S$ 网格,目标中心所在的单元格负责检测目标。一个单元格预测多个边界框,每个预测数组由 5 个元素组成:边界框的中心$(x,y)$、框的维度$(w,h)$和置信度分数。

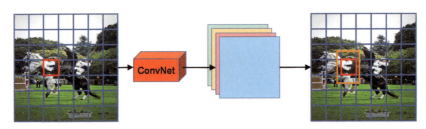

图 2.7　YOLOv1 的结构

YOLOv1 的设计灵感来自 GoogLeNet 模型,该模型使用较小卷积网络的级联模块。它首先在 ImageNet 数据集上进行预训练,直到模型达到高准确度,然后通过添加随机初始化的卷积层和全连接层进行微调。

YOLO 在准确度和速度上都以巨大的优势超越当时的两阶段实时模型。然而,YOLO 也有明显的缺点,即小目标或聚集目标的定位准确度不是很高。

### 2. SSD

SSD(Single Shot MultiBox Detector)是第一个可以与 Faster R-CNN 等两阶段目标检测器的准确度相媲美的单阶段目标检测器,同时保持实时的检测速度。

图 2.8 所示为 SSD 的结构,它是基于 VGG-16 构建的。在模型的浅层,SSD 可以检测到较小的目标;而对于较深的层,SSD 可以检测到较大的目标。

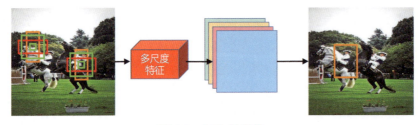

图 2.8　SSD 的结构

在训练期间，SSD 将每个 Ground Truth 框（标注框）与具有最佳 Jaccard 重叠的默认框相匹配，并相应地训练网络，类似 Multi-Box。SSD 的提出者还使用了困难负样本挖掘和大量的数据增强方法。与 DPM 类似，SSD 利用定位和置信度损失的加权和作为总的损失值来训练、监督模型，并通过执行非最大抑制来获得最终输出。

尽管 SSD 比 YOLO 和 Faster R-CNN 等网络明显更快、更准确，但 SSD 在检测小目标方面依旧存在困难。这个问题后来通过使用更好的骨干网络架构（如 ResNet）和其他改进方法来解决。

### 3．YOLOv2

如图 2.9 所示，YOLOv2（出自论文 *YOLO9000: Better, Faster, Stronger*）对 YOLOv1 进行了改进。YOLOv2 实现了速度和准确度之间良好的平衡。YOLOv2 用 DarkNet19 作为骨干网络架构。YOLOv2 结合了许多令人印象深刻的技术，如结合批标准化（BN）以提高其收敛性，采用分类和检测系统的联合训练以增加检测类别，移除全连接层以提高其速度，使用学习的 Anchor Box 来提高召回率并获得更好的先验等工程技巧。

Redmon 等人还使用 WordNet 将分类和检测数据集组合在层次结构中。此 WordTree 可用于预测更高的上位词条件概率，从而提高系统的整体性能。

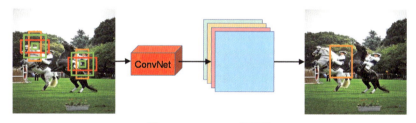

图 2.9　YOLOv2 的结构

YOLOv2 在速度和准确度的平衡上提供了更高的灵活性，并且新模型架构的参数更少，性能更高。

### 4．YOLOv3

如图 2.10 所示，YOLOv3（出自论文 *YOLOv3: An Incremental Improvement*）与之前的 YOLOv1、YOLOv2 相比有"增量改进"。Redmon 等人用更大的 Darknet53 网络替换了原始的 Darknet19 特征提取网络。

这里的 DarkNet53 相对于 DarkNet19 主要是增加了残差结构，缓解了因网络过深带来的梯度消失问题，这样便可以搭建更深的网络模型。

Redmon 等人还结合了各种技术，如数据增强、多尺度训练、批标准化等。

YOLOv3 的分类层中的 Softmax 被逻辑分类器取代。尽管 YOLOv3 的推理速度比 YOLOv2 更快，但在其他方面，它没有突破性的变化。

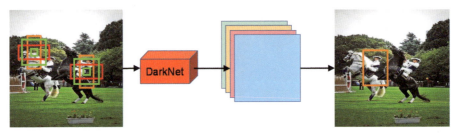

图 2.10　YOLOv3 的工作流程

### 5．CenterNet

CenterNet（出自论文 *Objects as Points*）采用一种不同的方法：将目标建模为点，而不用传统的边界框来表示。CenterNet 将目标预测为边界框中心的单个点。

如图 2.11 所示，输入图像通过高斯半径生成概率热度图，其峰值对应检测到的目标中心。CenterNet 使用 ImageNet 预训练的 DLANet 作为特征提取网络，并具有 3 个 Head——Heatmap Head 用于确定目标中心，Dimension Head 用于估计目标大小，Offset Head 用于校正目标点的偏移量。这 3 个 Head 的多任务损失在训练时被反向传播到特征提取器中。

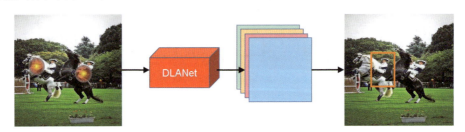

图 2.11　CenterNet 的结构

CenterNet 带来了全新的视角，它比之前的目标检测算法更准确、推理时间更短。它对 3D 目标检测、关键点估计、实例分割等多项任务具有高准确度。然而，它需要不同的骨干网络架构，因为它与其他目标检测器配合良好的通用架构会导致其性能不佳，反之亦然。

### 6．EfficientDet

如图 2.12 所示，EfficientDet（出自论文 *EfficientDet: Scalable and Efficient Object Detection*）构建了具有更高准确度和效率的可扩展的目标检测器，并引入了高效的多尺度特征、BiFPN 层和模型缩放技术。BiFPN 是具有可学习权重的双向特征金字塔网络,用于在不同尺度上将输入特征进行交叉连接。EfficientDet 通过删除一个输入节点并添加额外的横向连接来改进需要大量训练且具有复杂结构的 NAS-FPN,这消除了效率较低的节点,并增强了特征融合。

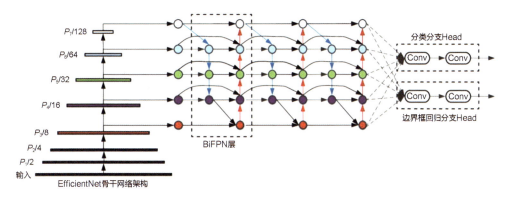

图 2.12　EfficientDet 的结构

与现有目标检测器通过更大、更深的骨干网络或堆叠 FPN 层进行扩展不同,EfficientDet 引入了一个复合系数,可用于联合扩展骨干网络、BiFPN 网络、分类/框预测网络和分辨率的所有维度。

EfficientDet 使用 EfficientNet 作为骨干网络,将多组 BiFPN 层串联堆叠起来作为特征提取网络。最终 BiFPN 层的每个输出都被同时送给分类网络和框预测网络。该模型使用 SGD 优化器和同步批标准化进行训练,并使用 Swish 激活函数,而不是标准的 ReLU 激活函数。Swish 激活函数可微、更有效且具有更高的性能。

EfficientDet 相较于之前的目标检测器实现了更高的效率和准确度,同时,它的体积更小且计算成本更低。此外,EfficientDet 更易于扩展,可以很好地推广到其他任务,并且是当时单阶段目标检测中最先进的检测模型。

### 7. YOLOv4

YOLOv4(出自论文 *YOLOv4: Optimal Speed and Accuracy of Object Detection*,以下简称 *YOLOv4*)结合许多技巧设计了一种快速且易于训练的目标检测器。该目标检测器可以在现有的生产系统中工作。YOLOv4 使用了"Bag of Freebies"方法,即只增加训练时间而不影响推理时间的方法。具体来说,YOLOv4 使用了诸如数据增强技术、正则化方法、类标签平滑、CIoULoss、Cross mini-Batch Normalization(CmBN)、自对抗训练、余弦退火算法等来提高其最终的性能。

另外,YOLOv4 还使用了"Bag of Specials"方法,即仅影响推理时间的方法,具体包括 Mish 激活函数、跨阶段部分连接(CSP)、SPP-Block、PAN 路径聚合块、多输入加权残差连接（MiWRC）等。同时，YOLOv4 使用遗传算法搜索超参数。

如图 2.13 所示，YOLOv4 包含 CSPDarkNet 骨干网络、PAFPN 模块和 YOLOv3 检测 Head。

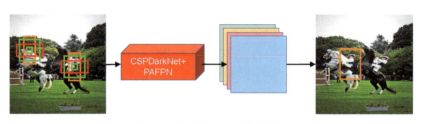

图 2.13　YOLOv4 的结构

前面介绍的目标检测算法都是比较经典且具有代表性的。对于本部分内容，从前沿科研和工程落地均衡的角度选择当下常使用、前沿的检测算法，因此，共选出 YOLOv5、YOLOX、YOLOv5-Lite、NanoDet 几种目标检测算法来进行实际的讲解、分析和相应项目的实践简要说明。

## 2.2　自动驾驶中的车辆检测

自动驾驶中的车辆检测涉及从车辆传感器中收集数据，并将数据处理成对车辆四周环境的理解，这与人类驾驶员的视觉感观非常相似。车辆检测是 ADAS 感知模块的重要组成部分，一个 ADAS 系统的车辆检测决定了整个自动驾驶系统的安全性。

### 2.2.1　BDD100K 数据集简介

数据集推动了计算机视觉的进步，而自动驾驶是计算机视觉至关重要的应用，但现有公开的自动驾驶数据集还很匮乏。随着自动驾驶技术的不断推进，驾驶图像也正变得越来越丰富，但是，由于使用标注工具进行标注的速度慢、标注的成本很高，导致标注数据的增长无法满足 AI（人工智能）模型对巨大数据量数据的需求。

为了解决上述问题，同时让更多的研究人员可以更好地探索自动驾驶的前沿算法，BAIR 实验室的研究人员利用真实的驾驶平台收集和整理了一个数据集。该数据集中的数据有 4 个主要特点：大规模、多样化、街景采集、具有时间信息。这里的数据多样化对于测试感知算法的鲁棒性非常重要。

因此，在 Nexar 的帮助下，BAIR 发布了 BDD100K 数据集，这是迄今为止用于计算机视觉领域的最大、最多样化的开放驾驶视频数据集。该项目由伯克利 DeepDrive 产业联盟组织和赞助，该联盟研究计算机视觉和机器学习在汽车应用中的最新技术。

BDD100K 数据集比以前的自动驾驶数据集在数量上高了一个数量级，由超过 10 万帧视频组成，这些视频帧带有各种标注信息，包括图像级标记、目标边界框、可驾驶区域、车道线标记和全帧实例分割。该数据集具有地理、环境和天气的多样化特点，这对于训练模型很有价值，因此它对新的环境也有更好的鲁棒性。BDD100K 数据集标注信息如图 2.14 所示。

与不包括不同场景类型和条件的现有流行自动驾驶数据集（如 Cityscapes 或 Camvid）相比，BDD100K 数据集具有多样性的优势，因为它包含有关天气条件、白天和场景位置的信息。其检测标注的类别有"bike"、"bus"、"car"、"motor"、"person"、"rider"、"light"、"sign"、"train"和"truck"。

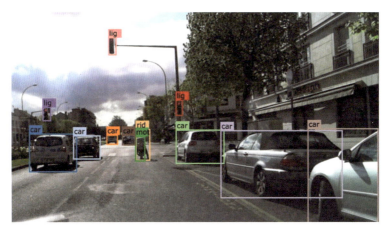

图 2.14 BDD100K 数据集标注信息

### 2.2.2 YOLOv5 算法的原理

前面介绍了对应的数据集，这里介绍目标检测领域性能比较好的一种目标检测算法——YOLOv5。YOLOv5 在速度和准确度上能够做到很好的平衡，即可以在保证速度的同时达到很好的准确度。

YOLOv5 是基于 Anchor Box 的单阶段目标检测算法，其主要分为以下 5 部分。
- 输入端：进行 Mosaic 数据增强、自适应 Anchor Box 计算、自适应图像缩放。
- Backbone：提取高、中、低层的特征，使用 CSP 结构、SiLU 等操作。

- Neck：使用 FPN+PAN 结构，将各层次的特征进行融合，并提取出大、中、小特征图。
- Head：进行最终检测，在特征图上应用 Anchor Box，并生成带有类别概率、类别得分和目标框的最终输出向量。
- 损失函数：计算预测结果与 Ground Truth 之间的损失。

1．输入端

1）Mosaic 数据增强

Mosaic 数据增强参考 2019 年年底提出的 CutMix 数据增强方式，但 CutMix 只使用了 2 幅图像进行拼接，而 Mosaic 数据增强则使用了 4 幅图像，以随机缩放、随机裁剪、随机排布的方式进行拼接。

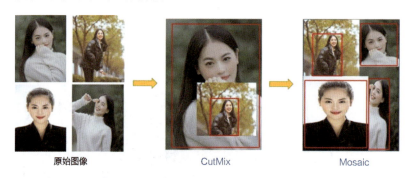

图 2.15 CutMix 数据增强与 Mosaic 数据增强

使用 Mosaic 数据增强主要有以下 2 个优点。

- 丰富数据集：随机使用 4 幅图像，随机缩放，并随机分布拼接，大大丰富了目标检测的数据集，特别是随机缩放增加了很多小目标，让网络模型对于小目标的鲁棒性变得更好。
- 减少 GPU 的使用：Mosaic 数据增强可以在单图像尺度的情况下直接计算 4 幅图像的数据，使得批次大小并不需要很大，即使用 1 个 GPU 就可以达到比较好的收敛效果。

2）自适应 Anchor Box 计算

在 YOLOv3、YOLOv4 中，当训练不同的数据集时，计算初始 Anchor Box 的值是通过单独的程序运行的。但 YOLOv5 将此功能嵌入代码中，每次训练时都会自适应地计算不同训练集中的最佳 Anchor Box。

自适应计算 Anchor Box 的流程如下。

（1）载入数据集，得到数据集中所有数据的 $w$、$h$。

（2）将每幅图像中 $w$、$h$ 的最大值等比例缩放到指定大小，较小边也相应缩放。

（3）将 bboxes 由相对坐标改成绝对坐标（乘以缩放后的 $w$、$h$）。

（4）筛选 bboxes，保留 $w$、$h$ 都大于或等于 2 的 bboxes。

（5）使用 K 均值聚类算法得到 $n$ 个 Anchor Box。

（6）使用遗传算法随机对 Anchor Box 的 $w$、$h$ 进行变异，如果变异后效果变得更好，就将变异后的结果赋给 Anchor Box；如果变异后效果变差，就跳过。

**3）自适应图像缩放**

在常用的目标检测算法中，不同图像的 $w$、$h$ 值都不相同，因此常用的方式是先将原始图像统一缩放为一个标准尺寸，再送入检测网络中。

前期 YOLO 算法中常用 416×416、608×608 等尺寸，如对 800×600 的图像进行缩放和填充。如图 2.16 所示，YOLOv5 的提出者认为，在项目实际应用时，很多图像的宽高比不同，因此在直接进行缩放和填充后，两端的灰边大小会不同，而如果填充得比较多，则存在信息冗余，也可能会影响推理速度。

图 2.16 前期 YOLO 算法中的图像缩放

YOLOv5 对 Letterbox 函数进行了修改，对原始图像自适应地添加最少的灰边。图像自适应缩放步骤如下。

（1）计算缩放比。这里的缩放比选取的是宽、高方向变化范围最小的那个：

$$\text{rate} = \min(\frac{\text{inp\_w}}{\text{img\_w}}, \frac{\text{inp\_h}}{\text{img\_h}}) \tag{2.1}$$

式中，img_w 为原始图像的宽；img_h 为原始图像的高，imp_w 为模型输入图像的宽；imp_h 为模型输入图像的高。

（2）计算缩放后图像的宽和高：

$$\begin{aligned} w &= \text{rate} \cdot \text{img\_w} \\ h &= \text{rate} \cdot \text{img\_h} \end{aligned} \tag{2.2}$$

（3）计算要填充的像素。这里其实就是在计算缩放比大的那一边需要填充的像素：

$$\text{padding\_num} = \frac{dr \cdot [1 - (s/dr - \text{int}(s/dr))]}{2} \quad (2.3)$$

式中，dr 为模型的下采样倍数，如 YOLOv5 的下采样倍数为 32；padding_num 为要填充边的填充像素的数量。

通过式（2.3）可以看出，图像自适应缩放的目的就是得到下采样倍数的整数倍，其实就是使填充的尺寸除以下采样倍数小于 1，这样就能实现填充最小的边，进而提高检测速度。最终的填充结果如图 2.17 所示。

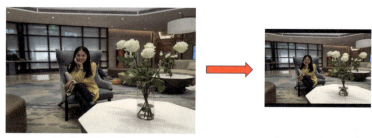

图 2.17　最终的填充结果

注意：自适应操作仅在推理时使用，训练过程中不使用，具体如图 2.18 所示。

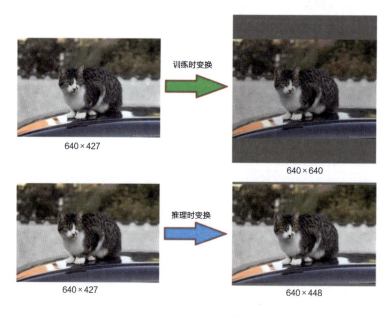

图 2.18　自适应图像缩放效果

## 2. 模型端

YOLOv5 官方代码中给出的目标检测网络中一共有 4 个版本（模型），分别是 YOLOv5s、YOLOv5m、YOLOv5l、YOLOv5x。下面以 YOLOv5s 模型为主线讲解模型架构。

如图 2.19 所示，为了方便下游任务的使用，这里 CSPDarkNet53 依然使用的是类似 ResNet 的层次结构搭建的思想。这里的 CSPDarkNet53 对每个 Stage 的配置同 DarkNet53 一样，分别是 1、2、8、8、4，对应的下采样倍数分别为 2、4、8、16、32。

关于 CSPDarkNet53 的详细内容已经在第 1 章中介绍过了。YOLOv5 当前版本的 Neck 与 YOLOv4 一样，都采用 FPN+PAN 的结构，但是对网络中的其他部分进行了调整。FPN 主要是针对图像中目标的多尺度这个特点提出的。多尺度在目标检测中非常常见，而且对应不同的问题应该设计不同的 FPN。

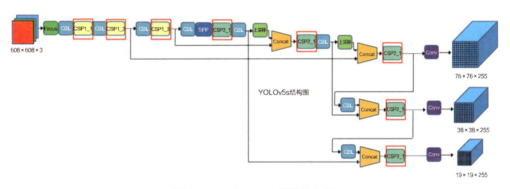

图 2.19　YOLOv5s 模型结构图

FPN 是 Facebook 于 2017 年提出的用于目标检测的模块化结构，但 FPN 在很多计算机视觉任务中都有使用，如姿态估计、语义分割等。

FPN 通过构造一种独特的特征金字塔来避免图像金字塔中计算量过大的问题，同时能够较好地处理目标检测中的多尺度变化问题。图 2.20 所示为 FPN 结构图，对 Backbone 的特征进行 1×1 卷积来改变特征图的通道数，同时对最底层的特征进行上采样，并将两个特征进行融合，得到具有更高分辨率、更强语义的特征，这样

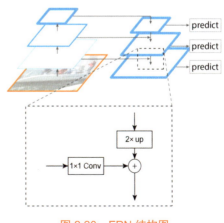

图 2.20　FPN 结构图

也有利于小目标的检测。

可以看到，FPN 自顶向下将高层的强语义特征传递下来，对整个特征金字塔进行增强，不过 FPN 结构只增强了特征的语义信息，特征的定位信息没有得到很好的传递。因此在 YOLOv5 中还添加了 PAN 结构，用来增强定位信息的传递。

FPN+PAN 借鉴的是 2018 年 CVPR 的 PANet（出自论文 *Path Aggregation Network for Instance Segmentation*），当时它主要应用于图像分割领域，如图 2.21 所示。它在 FPN 的后面添加了一个自底向上的金字塔，这样的操作是对 FPN 的补充，将底层的强定位特征传递上去，既能增强高级语义信息，又能增强特征的定位信息。

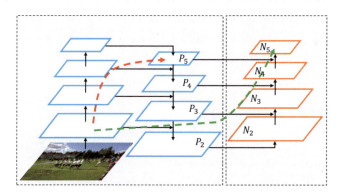

图 2.21　FPN+PAN 结构图

#### 3．正负样本匹配

首先，将 Ground Truth（标准框）与当前特征图的 3 个 Anchor Box 做比较，如果 Ground Truth 的宽与 Anchor Box 的宽的比例、Ground Truth 的高与 Anchor Box 的高的比例都处于 1/4 到 4 内，那么当前 Ground Truth 就能与当前特征图相匹配。

然后，将当前特征图的正样本分配给对应的单元格。如图 2.22 所示，YOLOv5 会将一个单元格分为 4 个象限，针对第 1 步中匹配的 Ground Truth（见图 2.22 中的蓝色点），计算其处于 4 个象限中的哪一个，并将邻近的两个特征点也作为正样本。

如图 2.22（a）所示，Ground Truth 偏向于右下象限，因此会将其所在单元格的右边、下边单元格也作为正样本。而图 2.22（b）中的 Ground Truth 偏向于左上象限，因此会将其所在单元格的左边、上边单元格也作为正样本。

相比于 YOLOv3 和 YOLOv4 的一个 Ground Truth 只会匹配一个正样本的方式，YOLOv5 能够分配更多的正样本，有助于训练加速收敛，以及正、负样本的平衡。而且由于在每个特征图中都会将所有的 Ground Truth 与当前特征图的 Anchor Box 计算能否分配正样本，说明一个 Ground Truth 可能会在多个特征图中都分配到正样本。

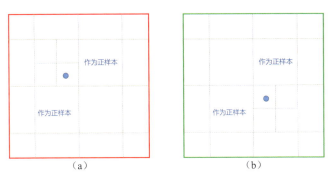

图 2.22　YOLOv5 正样本分配

**4．坐标变换**

YOLOv3 和 YOLOv4 使用的是如图 2.23 所示的坐标表示形式。

YOLOv5 使用的坐标表示形式与 YOLOv3 和 YOLOv4 是不一样的，具体如图 2.24 所示。

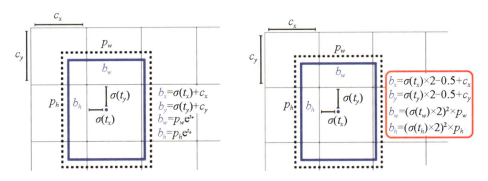

图 2.23　YOLOv3 和 YOLOv4 使用的坐标表示形式　图 2.24　YOLOv5 使用的坐标表示形式

**5．损失函数**

YOLOv5 和 YOLOv4 一样都采用 CIoU Loss 作为边界框的回归损失函数，而分类损失和目标损失都使用的是交叉熵损失。

对于回归损失，其数学表达式如下：

$$\text{CIoU}_{loss} = 1 - \text{IoU} + \frac{d^2}{c^2} + \alpha v$$

$$\alpha = \frac{v}{1 - \text{IoU} + v} \qquad (2.4)$$

$$v = \frac{4}{\pi^2}\left(\arctan\frac{w^{gt}}{h^{gt}} - \arctan\frac{w}{h}\right)^2$$

式中，$d$、$c$ 分别表示预测结果和标注结果中心点的欧氏距离与框的对角线距离。这样，$CIoU_{loss}$ 就将目标框回归函数应该考虑的 3 个重要几何因素都考虑进去了：重叠面积、中心点距离、宽高比。

对于分类损失和目标损失，其数学表达式分别如下：

$$L_{cls} = -\frac{1}{n}\sum\left(y_n \times \ln x_n + (1-y_n) \times \ln(1-x_n)\right)$$
$$L_{obj} = -\frac{1}{n}\sum\left(y_n \times \ln x_n + (1-y_n) \times \ln(1-x_n)\right)$$
(2.5)

### 2.2.3 基于YOLOv5的车辆检测项目实践

#### 1. 数据集

该项目数据集为 BDD100K 数据集的子集，从中选出具有"car""bus""truck"的图像进行车辆检测，该数据集也将随本书配套资源开源。

该数据集总共有 3 个类别，分别是"car""bus""truck"，总共有 69257 幅图像，其中验证集总共有 9904 幅图像。车辆检测数据集类别可视化结果如图 2.25 所示。

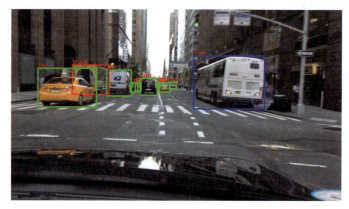

图 2.25　车辆检测数据集类别可视化结果

#### 2. 数据增强

YOLOv5 中用到的数据增强方法有 Mosaic、Blur、MedianBlur、ToGray、HSV 数据增强和水平翻转等。这里挑出几个进行代码的注释和可视化讲解。原始图像如图 2.26 所示，灰度化处理后的图像如图 2.27 所示，水平翻转后的图像如图 2.28 所示。

这里的数据增强是采用 albumentations 库中的 ToGray API 来进行的。

YOLOv5 中还使用了 Contrast Limited Adaptive Histogram Equalization（CLAHE，

限制对比度的自适应直方图均衡），如图 2.29 所示。

图 2.26　原始图像

图 2.27　灰度化处理后的图像

图 2.28　水平翻转后的图像

图 2.29　使用 CLAHE 后的图像

关于数据增强的使用，这里使用 albumentations 库来进行训练数据的增强。albumentations 是基于高度优化的 OpenCV 库来实现图像的快速数据增强的。针对不同的图像任务，如语义分割、目标检测等，它均有简单的 API 接口，并易于进行个性化定制，也可以很容易地添加到框架中，如 PyTorch。

因此，如代码 2.1 所示，这里使用 albumentations 进行 Blur、MedianBlur、ToGray、CLAHE、RandomBrightnessContrast、RandomGamma 和 ImageCompression 操作。

代码 2.1　数据增强代码

```
1.  import albumentations as A
2.  self.transform = A.Compose([
3.              A.Blur(p=0.01),
4.              A.MedianBlur(p=0.01),
5.              A.ToGray(p=0.01),
6.              A.CLAHE(p=0.01),
7.              A.RandomBrightnessContrast(p=0.0),
8.              A.RandomGamma(p=0.0),
9.              A.ImageCompression(quality_lower=75, p=0.0)],
10.             bbox_params=A.BboxParams(format='yolo', label_fields=
    ['class_labels']))
```

YOLOv5 数据增强中最重要方法的可能还是 Mosaic 数据增强。Mosaic 数据增强方法开始是在 *YOLOv4* 论文中被提出来的，主要思想是先将 4 幅图像进行随机裁剪，再拼接到一幅图像上作为训练数据。这样做的好处是丰富了图像的背景，并且 4 幅图像拼接在一起变相地提高了批次的大小。4 幅原始图像如图 2.30 所示，Mosaic 数据增强效果如图 2.31 所示。

图 2.30　4 幅原始图像　　　　　　　图 2.31　Mosaic 数据增强效果

代码 2.2 所示为 Mosaic 在 YOLOv5 中的实现，首先确定正常加载图像时的索引 index；其次随机选择另外 3 幅图像的索引 indices；然后根据第 9 行的 for 循环继续 index 的遍历，得到每幅图像；最后进行 Mosaic 的拼接和填充，填充的大小均为随机值。

代码 2.2　Mosaic 在 YOLOv5 中的实现

```
1.  def load_mosaic(self, index):
2.      # loads images in a mosaic
3.      labels4 = []
4.      s = self.img_size
5.      #随机取 mosaic 的中心点
6.      yc,xc=[int(random.uniform(-x,2*s+x)) for x in self.mosaic_border]
7.      #随机取其他 3 幅图像的索引
8.      indices=[index]+[random.randint(0,len(self.labels)-1) for _ in range(3)]
9.      for i, index in enumerate(indices):
10.         # load_image: 加载图像并根据设定的输入大小与图像原始大小的比例进行缩放
11.         img, _, (h, w) = load_image(self, index)
12.         # 初始化大图 img4
13.         if i == 0:    # top left（左上角）
```

```
14.             img4=np.full((s*2,s*2,img.shape[2]),114,dtype=np.uint8)
    # base image with 4 tiles
15.         # 设置大图上的位置（左上角）
16.         x1a,y1a,x2a,y2a=max(xc-w,0),max(yc-h,0),xc,yc   # xmin,ymin,
    xmax,ymax (large image)
17.         # 选取小图上的位置
18.         x1b,y1b,x2b,y2b=w-(x2a-x1a),h-(y2a-y1a),w,h   # xmin, ymin,
    xmax, ymax (small image)
19.     elif i == 1:  # top right
20.         x1a, y1a, x2a, y2a = xc, max(yc - h, 0), min(xc + w, s * 2), yc
21.         x1b, y1b, x2b, y2b = 0, h - (y2a - y1a), min(w, x2a - x1a), h
22.     elif i == 2:  # bottom left
23.         x1a, y1a, x2a, y2a = max(xc - w, 0), yc, xc, min(s * 2, yc + h)
24.         x1b, y1b, x2b, y2b = w - (x2a - x1a), 0, w, min(y2a - y1a, h)
25.     elif i == 3:  # bottom right
26.         x1a, y1a, x2a, y2a = xc, yc, min(xc + w, s * 2),min(s*2,yc + h)
27.         x1b, y1b, x2b, y2b = 0, 0, min(w, x2a - x1a), min(y2a - y1a, h)
28.     img4[y1a:y2a, x1a:x2a] = img[y1b:y2b, x1b:x2b]
29.     #计算小图到大图所产生的偏移，用来计算Mosaic数据增强后标签的位置
30.     padw = x1a - x1b
31.     padh = y1a - y1b
32.     # Labels
33.     x = self.labels[index]
34.     labels = x.copy()
35.     # 根据偏移量更新目标框的位置
36.     if x.size > 0:  # Normalized xywh to pixel xyxy format
37.         labels[:, 1] = w * (x[:, 1] - x[:, 3] / 2) + padw
38.         labels[:, 2] = h * (x[:, 2] - x[:, 4] / 2) + padh
39.         labels[:, 3] = w * (x[:, 1] + x[:, 3] / 2) + padw
40.         labels[:, 4] = h * (x[:, 2] + x[:, 4] / 2) + padh
41.     labels4.append(labels)
42.     # Concat/clip labels
43.     if len(labels4):
44.         labels4 = np.concatenate(labels4, 0)
45.         np.clip(labels4[:, 1:], 0, 2 * s, out=labels4[:, 1:])
46.     # 将4幅图像整合到一起之后的大小为[2*img_size,2*img_size]
47.     # 对整合后的图像进行随机旋转、平移、缩放、裁剪，并缩放为输入大小img_size
48.     img4, labels4 = random_perspective(img4, labels4,
49.                                        degrees=self.hyp['degrees'],
50.                                        translate=self.hyp['translate'],
51.                                        scale=self.hyp['scale'],
52.                                        shear=self.hyp['shear'],
```

```
53.                                    perspective=self.hyp['perspective'],
54.                                    border=self.mosaic_border)
55.      return img4, labels4
```

3. 模型

如图 2.32 所示，这里以 YOLOv5s 的网络结构为主线构建模型，官方主要是以 YAML 文件进行搭建的，故这里只对 YAML 文件进行展示，具体实现可以参见官方源代码或本书配套资源。

从图 2.32 中可看出，YOLOv5s 主要包括 Backbone、Neck、Prediction 3 部分。

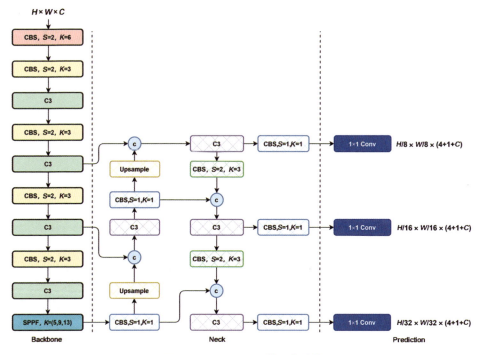

图 2.32　YOLOv5s 的网络结构

在图 2.32 中，$S$ 代表卷积步长，$K$ 代表卷积核的大小。

Backbone 主要是由 CSP 结构构建的 CSPDarkNet，Neck 主要是由 FPN+PAN（PAFPN）结构组成的。代码 2.3 所示为 YOLOv5s 的具体模块配置，其中，第 4～16 行为 Backbone 部分对应的网络配置，第 19～39 行为 PAFPN 和 Head 的网络配置。

代码 2.3　YOLOv5s 的具体模块配置

```
1.  # YOLOv5 v6.0 backbone
2.  depth_multiple: 0.33
3.  width_multiple: 0.50
```

```
4. backbone:
5.   # [from, number, module, args]
6.   [[-1, 1, Conv, [64, 6, 2, 2]],  # 0-P1/2
7.    [-1, 1, Conv, [128, 3, 2]],  # 1-P2/4
8.    [-1, 3, C3, [128]],
9.    [-1, 1, Conv, [256, 3, 2]],  # 3-P3/8
10.   [-1, 6, C3, [256]],
11.   [-1, 1, Conv, [512, 3, 2]],  # 5-P4/16
12.   [-1, 9, C3, [512]],
13.   [-1, 1, Conv, [1024, 3, 2]],  # 7-P5/32
14.   [-1, 3, C3, [1024]],
15.   [-1, 1, SPPF, [1024, 5]],  # 9
16.  ]
17.
18. # YOLOv5 v6.0 head
19. head:
20.   [[-1, 1, Conv, [512, 1, 1]],
21.    [-1, 1, nn.Upsample, [None, 2, 'nearest']],
22.    [[-1, 6], 1, Concat, [1]],  # cat backbone P4
23.    [-1, 3, C3, [512, False]],  # 13
24.
25.    [-1, 1, Conv, [256, 1, 1]],
26.    [-1, 1, nn.Upsample, [None, 2, 'nearest']],
27.    [[-1, 4], 1, Concat, [1]],  # cat backbone P3
28.    [-1, 3, C3, [256, False]],  # 17 (P3/8-small)
29.
30.    [-1, 1, Conv, [256, 3, 2]],
31.    [[-1, 14], 1, Concat, [1]],  # cat head P4
32.    [-1, 3, C3, [512, False]],  # 20 (P4/16-medium)
33.
34.    [-1, 1, Conv, [512, 3, 2]],
35.    [[-1, 10], 1, Concat, [1]],  # cat head P5
36.    [-1, 3, C3, [1024, False]],  # 23 (P5/32-large)
37.
38.    [[17, 20, 23], 1, Detect, [nc, anchors]],  # Detect(P3, P4, P5)
39.   ]
```

如表 2.1 所示，YOLOv5 的 5 个模型配置基本上都一样，这 5 种结构主要是通过表中的两个参数来控制网络的深度和宽度的。其中，depth_multiple 控制网络的深度，width_multiple 控制网络的宽度。

表 2.1 不同规模 YOLOv5 模型对应的缩放参数

| 模型 | depth_multiple | width_multiple |
| --- | --- | --- |
| YOLOv5n | 0.33 | 0.25 |
| YOLOv5s | 0.33 | 0.50 |
| YOLOv5m | 0.67 | 0.75 |
| YOLOv5l | 1.0 | 1.0 |
| YOLOv5x | 1.33 | 1.25 |

4．后处理

非极大值抑制（Non Maximum Suppression，NMS）的基本原理：首先，将所有的候选框（还没处理的矩形框称为候选框）按照不同的类别标签进行分组，组内按分数高低进行排序，将分数最高的矩形框先放入结果序列；接着，遍历剩余的矩形框，计算其与当前分数最高的矩形框的交并比 IoU，若大于预设的阈值则剔除；然后，对剩余的候选框重复上述操作，直到处理完图像内所有的候选框，即可得到最后的框序列信息。NMS 前后对比图如图 2.33 所示。

图 2.33　NMS 前后对比图

如代码 2.4 所示，使用 PyTorch 对 NMS 进行实现，其中第 3 行首先使用 torch.argsort 对矩形框的得分进行排序，然后直接通过索引第 1 个结果找到置信度得分最高的矩形框，进一步计算该矩形框与剩余矩形框之间的 IoU，进而通过设置的 IoU 阈值过滤掉其中不符合要求的部分。

代码 2.4　NMS 的实现

```
1.  def NMS(boxes, scores, iou_thres, GIoU=False, DIoU=False, CIoU=False):
2.      # 按置信度得分从高到低排序
3.      B = torch.argsort(scores, dim=-1, descending=True)
4.      keep = []
5.      while B.numel() > 0:
6.          # 取出置信度得分最高的矩形框
```

```
7.         index = B[0]
8.         keep.append(index)
9.         if B.numel() == 1: break
10.        # 计算 IoU，根据需求可选择 GIoU、DIoU、CIoU
11.        iou = bbox_iou(boxes[index, :], boxes[B[1:], :], GIoU=GIoU,
    DIoU=DIoU, CIoU=CIoU)
12.        # 找到符合阈值的索引
13.        inds = torch.nonzero(iou <= iou_thres).reshape(-1)
14.        B = B[inds + 1]
15.    return torch.tensor(keep)
```

YOLOv5 车辆检测结果如图 2.34 所示。

图 2.34　YOLOv5 车辆检测结果

## 2.3　自动驾驶中的行人检测

行人是自动驾驶路面上的高危群体。欧洲每年因交通事故受伤的行人超过 15 万人，致死的超过 6000 人。美国交通事故中有 12% 涉及行人。中国在 2004 年有 9217 人因交通事故致死，其中 1/3 是行人。为了解决这一问题，在过去的 20 年里，行人检测已经成为安全驾驶领域的研究热点和重点。

### 2.3.1　YOLOX 算法的原理

旷视科技在 *YOLOX: Exceeding YOLO Series in* 2021 中提出了第一个基于 Anchor-Free 的 YOLO 算法——YOLOX。它凭借其极具竞争优势的"性能+速度"，为工业界提供了目标检测模型的新范式。YOLOX 将 Decoupled Head、SimOTA、Mixup、NMS-Free 等策略集于一身。

YOLOX 的具体改进如下。
- 输入端：使用了 Mosaic、Mixup、RandomHorizontalFlip、ColorJitter 数据增强方法。
- Backbone：在 DarkNet53 的基础上添加了 SPP 模块。
- Neck：依旧是 FPN+PAN 的结构。
- Head：使用了 Decoupled Head、Multi Positives、IoU-Aware 分支、Anchor-Free 改进和 SimOTA。
- 训练策略：使用了余弦学习率策略、EMA。

### 1．输入端

YOLOX 在输入端主要使用了 Mosaic 和 Mixup 数据增强方法，前面已对 Mosaic 进行了讲解，这里只针对 Mixup 进行讲解。

Mixup 是 YOLOX 在 Mosaic 数据增强的基础上使用的另一种额外的增强策略。它主要来源于 2017 年的 ICLR 会议的一篇论文 *Mixup: Beyond Empirical Risk Minimization*。当时它主要应用在图像分类任务中，可以在几乎无额外计算开销的情况下稳定提升 1%的分类准确度。Mixup 的核心公式为

$$\tilde{x} = \lambda x_i + (1-\lambda)x_j$$
$$\tilde{y} = \lambda y_i + (1-\lambda)y_j \tag{2.6}$$

式中，$\lambda \in [0,1]$，其中 $\lambda \sim \text{Beta}(a,a)$，$a$ 的取值区间为 $(0, \infty)$（Beta 分布如图 2.35 所示）。这里需要注意的是，用 Mixup 不仅需要线性插值样本 $x$，还需要线性插值标签 $y$。

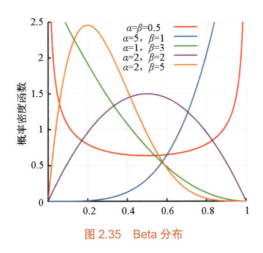

图 2.35　Beta 分布

Mixup 的使用方式很简单，下面以车辆检测图像任务为例进行讲解。如图 2.36 所示，先读取一幅图像，对图像上、下两侧进行填充，缩放到 640×640 的大小，即

Image1；再随机选取一幅图像，对图像上、下两侧进行填充，也缩放到 640×640 的大小，即 Image2；最后设置一个融合系数，在 YOLOX 里设置为 0.5，将 Image1 和 Image2 进行加权融合，最终得到图 2.36 中右面的图像。

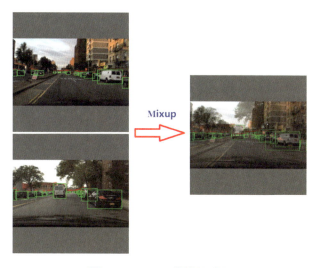

图 2.36　Mixup 的使用过程

2．Backbone

YOLOX 基于 YOLOv3 进行改进和升级，因此其 Backbone 依旧是 YOLOv3 中使用的 DarkNet53（见图 2.37）。

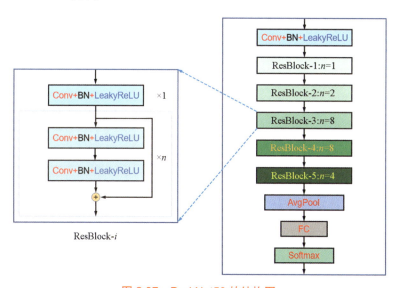

图 2.37　DarkNet53 的结构图

但是不同于 YOLOv3 的是，YOLOX 在 Backbone 网络的末尾使用了 SPP 结构。

如图 2.38 所示，SPP 的主要结构是由具有不同的卷积核尺寸的池化层组成的，池化层可以提取更高阶的特征，提升图像特征的不变性和图像的鲁棒性，也可以对卷积提取出来的信息做更进一步的降维处理。因此，SPP 可以很好地实现局部特征和全局特征的融合，扩大感受野，增强最终特征图的表达能力，进而提高平均准确率（mAP）。

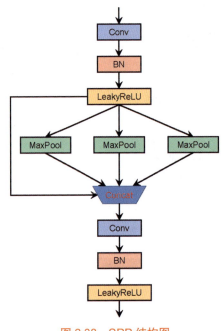

图 2.38　SPP 结构图

3．Neck

YOLOX 与 YOLOv5 一样使用了 FPN+PAN 的结构，具体结构如图 2.21 所示。

4．Head

前面提到，YOLOX 的 Head 部分使用了 Decoupled Head、Multi Positives、IoU-Aware 分支、Anchor-Free 改进和 SimOTA，接下来分别讲解各个模块的原理。

1）Decoupled Head

YOLOX 的提出者通过实验发现 Coupled Head 可能会影响目标检测最终的性能。如图 2.39 所示，YOLOX 在 Coupled Head 的基础上做了改进，将预测的 Coupled Head 分支进行了解耦，得到了 Decoupled Head，极大地改善了收敛速度，同时提升了检测的准确度。但是将 Coupled Head 解耦为 Decoupled Head 会提升运算的复杂度，降低检测速度。

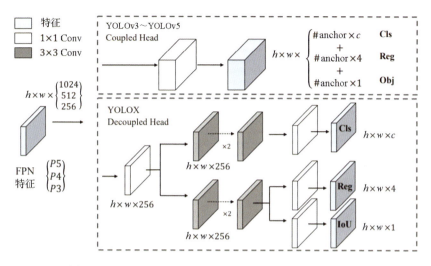

图 2.39　YOLOv3 Head 和 Decoupled Head 之间的区别

YOLOv3 针对含有 $x$ 个类别的目标检测任务，每个 Anchor Box 都会对应产生 $h×w×x$ 维度的预测结果，其中，Cls（区分是前景背景）占用 $c$ 个通道，Reg（坐标）占用 4 个通道，Obj（预测是 $x$ 个类别中的哪一个）占用 1 个通道。

而 YOLOX 首先使用 1×1 卷积将原本具有不同通道数的特征图统一到 256（主要目的是降维），然后使用两个平行分支，分别由两个 3×3 卷积层构成，同时在 Reg 分支里添加了 IoU-Aware（图 2.39 中简写为 IoU）分支。

**2）IoU-Aware 分支**

IoU-Aware 出自论文 *IoU-Aware Single-stage Object Detector for Accurate Localization*。

在目标检测问题中，模型需要输出目标分类分数及其对应的目标定位边界框，在以往的模型中，经常使用分类分数作为目标定位准不准的置信度，并基于此对大量候选目标边界框进行 NMS 处理，现在越来越多的研究工作发现，分类分数高并不能保证定位准确度高。

而 IoU-Aware 的提出者认为 IoU 是反映定位准不准的直接指标，可以在目标检测模型的分类和定位任务的基础上添加 IoU 预测任务，也可以在一定程度上反映定位置信度。

如图 2.40 所示，IoU-Aware 在 RetinaNet 的基础上做了改进，在边界框回归分支中添加了一个并行的预测 IoU 的分支，并将分类分数和预测得到的 IoU 相乘，得到的相乘结果既能反映是不是这个目标，又能反映该位置与真实目标的可能 IoU。这样便可以进一步提升整体的检测性能，YOLOX 的使用也验证了这一点。

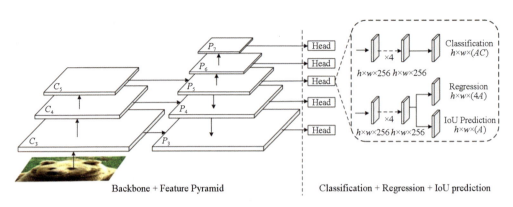

图 2.40　使用 IoU-Aware 改进 RetinaNet

### 3）Anchor-Free 与 Multi Positives

Anchor-Base 方法主要的问题是在使用 Anchor Box 时，为了调优模型，需要对数据集进行聚类分析，确定最优 Anchor Box，缺乏泛化性；同时由于 Anchor Box 机制增加了检测 Head 的复杂度，导致每幅图像的预测结果比较多，给后处理带来了一定的困难。

为了避免上述 Anchor-Base 方法的问题，YOLOX 去掉了 Anchor Box。如图 2.41 所示，这里使用下采样 32 倍的分支进行讲解，每个单元格（在 640×640 的原始图像中代表一个 32×32 的区域）只预测一个目标。

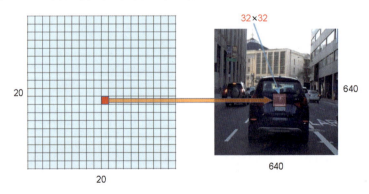

图 2.41　每个单元格只预测一个目标

为了与 YOLOv3 的分配规则保持一致，上述 Anchor-Free 为每个单元格仅仅选择了一个正样本（中心位置），而忽略其他邻近区域的高质量单元格预测。然而，优化那些高质量的预测也可能带来一定好处，这也会缓解训练过程中正、负采样极度不平衡的问题。

如图 2.42 所示，YOLOX 直接将中心邻近的 3×3 区域分配为正样本，这样便增加了样本采样的数量，进而可以加快模型训练过程的收敛，同时在一定程度上缓解了正、负样本采样极度不平衡的问题，这个过程也就是论文中所说的 Multi Positives。

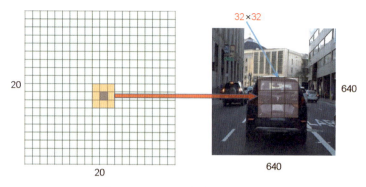

图 2.42　3×3 区域分配为正样本

那么，YOLOX 是怎么区分是否是正样本的呢？如图 2.43 所示，预测的 Anchor Box 的中心点落在标注对应的标签内即可认为是正样本，将其换为数学表达式为

$$bt, bl, br, bb \geq 0 \tag{2.7}$$

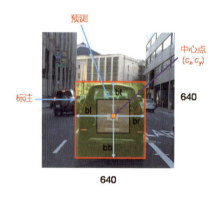

图 2.43　正样本的定义

**4）SimOTA**

为了对前面提到的正样本分配进行进一步的细化，论文作者说："我们不可能为同一场景下的西瓜和蚂蚁分配同样的正样本数，如果真是那样，那要么蚂蚁会有很多低质量的正样本，要么西瓜只有一两个正样本！"，其实作者想做的就是为不同规模的物体分配不同数量的正样本，即小目标就少分配一些，大目标就多分配一些，尽可能地提升样本分配的质量。

YOLOX 在这里引入了 SimOTA 来进行精细化正样本的分配。SimOTA 不仅能够做到自动分析每个标签要拥有多少正样本，还能自动决定每个标签要从哪个特征图来检测。同时,相较于原始的 OTA 算法,SimOTA 的运算速度更快,也不需要额外的超参数。

SimOTA 流程如下。

(1)确定正样本候选区域。

(2)计算每个样本对每个标签的位置损失和分类损失并得到 Cost:

$$\text{Cost} = L_{cls} + \lambda \cdot L_{reg}$$
$$L_{reg} = \log(\text{IoU}) \quad (2.8)$$
$$L_{cls} = \text{CrossEntropyLoss}(gt, pred)$$

(3)使用每个标签的预测样本确定它需要分配到的样本数(Dynamic $k$)。

① 获取与当前标签的 IoU 居于前 10 的样本。

② 将这 10 个样本的 IoU 求和取整,即当前标签要分配的正样本数(Dynamic $k \geq 1$)。

(4)为每个标签取 Cost 排名最低的前 Dynamic $k$ 个 Anchor Box 作为正样本,其余为负样本。

(5)人工去除同一个样本被分配给多个标签的正样本的情况(全局信息)。

为了更好地理解,这里选择 Top-5 的计算过程,粗分配后的 Anchor Box 如图 2.44 中的黄色框所示。

假设这里经过粗分配后该车的标签对应 13 个 Anchor Box,它们与当前标签的 IoU 分别是 0.65、0.64、0.61、0.60、0.59、0.57、0.53、0.35、0.33、0.31、0.30、0.22、0.15。这里让预测的 Cls 的分数与 IoU 一样,以方便计算。

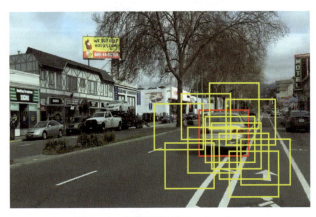

图 2.44　粗匹配后的 Anchor Box

第 1 步,通过计算位置损失和分类损失得到每个 Anchor Box 的 Cost(这里的损失),这里令 $\lambda=3$,根据式(2.8)可得以下结果。

$L_{reg}$ 为[-0.4308, -0.4463, -0.4943, -0.5108, -0.5276, -0.5621, -0.6349, -1.0498, -1.1087, -1.1712, -1.2040, -1.5141, -1.5141]。

$L_{cls}$ 为[0.4201, 0.4235, 0.4340, 0.4375, 0.4410, 0.4482, 0.4629, 0.5334, 0.5417, 0.5501, 0.5544, 0.5892, 0.5892]。

Cost 为[-0.8723, -0.9154, -1.0489, -1.0950, -1.1419, -1.2381, -1.4418, -2.6161, -2.7843, -2.9634, -3.0576, -3.9532, -3.9532]。

第 2 步，计算 Dynamic $k$，这里只取 Top-5。

Top-5 的 IoU 的和为 0.65+0.64+0.61+0.60+0.59=3.09，对其进行取整后的结果为 3，即 Dynamic $k$=3。

第 3 步，对 Cost 进行排序，并将 Dynamic $k$=3 的结果作为正样本，其他均为负样本。通过前面的 Cost 计算和排序可以知道，Top-3 的 Cost 为[-0.8723, -0.9154, -1.0489]，它们分别对应图 2.45 中的 3 个最优匹配结果。

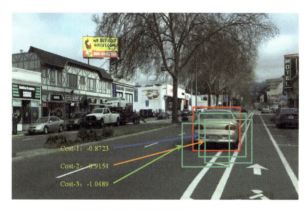

图 2.45　SimOTA 后的 Anchor Box

## 5．后处理之 NMS

NMS 就是抑制不是极大值的元素，搜索局部极大值。在最近几年常见的物体检测算法（包括 R-CNN 系列、YOLO 系列等）中，最终都会从一幅图像中找出很多个可能是物体的矩形框，并对每个矩形框进行 NMS 操作。

为了更好地理解 NMS，这里首先介绍 IoU 的概念。IoU 又叫交并比。所谓交并比，顾名思义，如图 2.46 所示，就是 $A$、$B$ 两个矩形框的交集除以 $A$、$B$ 两个矩形框的并集，即

$$IoU = \frac{A \cap B}{A \cup B} \quad (2.9)$$

即图 2.46 中紫色区域的面积除以红色区域的面积。

了解了 IoU 的计算方法后，便可以进行 NMS 后处理过程了。NMS 后处理的具

体过程如下。

（1）将所有模型预测得到的矩形框按置信度得分从高到低排序。

（2）取当前置信度得分最高的矩形框，删除与这个矩形框的 IoU 大于阈值的矩形框。

（3）重复步骤（2），直到所有的矩形框都处理完。

处理前后对比图如图 2.47 所示。

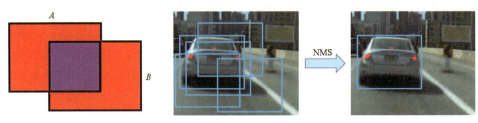

图 2.46　IoU 计算示意图　　　　　　图 2.47　处理前后对比图

## 2.3.2　基于 YOLOX 的行人检测项目实践

### 1．CityPerson 数据集简介

CityPerson 数据集是在 2016 年的 CVPR 会议上被提出的。CityPerson 数据集也是 Cityscapes 的一个子集，其中只包含行人的标注。CityPerson 数据集中有 2975 幅图像用于训练，这 2975 幅图像分别来自 18 座城市，很好地做到了场景的多样性。其中，500 幅图像用于验证，1575 幅图像用于测试。平均每幅图像中有 7 个目标，并提供了可视区域和全身标注。CityPerson 数据集标注信息如图 2.48 所示。

图 2.48　CityPerson 数据集标注信息

CityPerson 数据集标注可以分为 rider、person（other）、ignore、sitting person、person group、pedestrian 几类。其中，person（other）是一些姿态不常见的人，而 ignore 则为一些海报上的人像、镜中的人像等非实体人像。本项目数据集标注示例如图 2.49 所示。

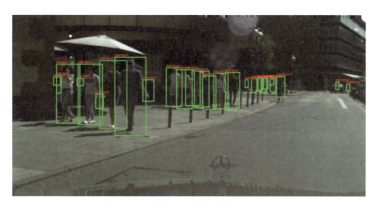

图 2.49 本项目数据集标注示例

本项目将以上类别均合并为"Person"一个类别。数据集中的训练数据为 2500 幅图像，其中验证集有 441 幅，后续读者可以根据自身的需求按照本书配套资源索引进行下载。

2．数据增强

YOLOX 中主要用到的数据增强方法有 Mosaic、Mixup 等。这里对 Mixup 进行可视化。Mixup 数据增强前后如图 2.50 所示。

 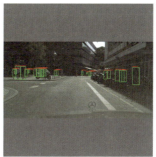

图 2.50　Mixup 数据增强前后

对于 YOLOX 中使用的 Mixup 数据增强方法，这里使用 PyTorch 进行了复现。通过图 2.50 可以知道，其实 Mixup 操作就是对两幅图像进行叠加，同时标注框在叠加后依旧保留，其核心代码便是代码 2.5 中的第 47 行。在此之前要对图像进行预处理，通过代码 2.5 中的第 15～36 行对图像进行缩放、填充和裁剪操作。同时考虑到进一步增加输入数据的多样性，这里也对图像进行了水平翻转操作。

**代码 2.5　Mixup 数据增强**

```
1.  def mixup(self, origin_img, origin_labels, input_dim):
2.         jit_factor = random.uniform(*self.mixup_scale)
3.         FLIP = random.uniform(0, 1) > 0.5
4.         cp_labels = []
5.         while len(cp_labels) == 0:
6.             cp_index = random.randint(0, self.__len__() - 1)
7.             cp_labels = self._dataset.load_anno(cp_index)
8.         img, cp_labels, _, _ = self._dataset.pull_item(cp_index)
9.
10.        if len(img.shape) == 3:
11.            cp_img=np.ones((input_dim[0],input_dim[1],3),dtype=np.uint8)*114
12.        else:
13.            cp_img = np.ones(input_dim, dtype=np.uint8) * 114
14.        cp_scale_ratio = min(input_dim[0] / img.shape[0], input_dim[1] / img.shape[1])
15.        resized_img = cv2.resize(img,(int(img.shape[1] * cp_scale_ratio), int(img.shape[0] * cp_scale_ratio)),interpolation=cv2.INTER_LINEAR,)
16.        cp_img[: int(img.shape[0] * cp_scale_ratio), : int(img.shape[1] * cp_scale_ratio)] = resized_img
17.        cp_img = cv2.resize(cp_img,(int(cp_img.shape[1] * jit_factor), int(cp_img.shape[0] * jit_factor)),)
18.        cp_scale_ratio *= jit_factor
19.        if FLIP:
20.            cp_img = cp_img[:, ::-1, :]
21.        # 获取图像原始尺寸与目标尺寸
22.        origin_h, origin_w = cp_img.shape[:2]
23.        target_h, target_w = origin_img.shape[:2]
24.        # 生成空值模板
25.        padded_img = np.zeros((max(origin_h, target_h), max(origin_w, target_w), 3), dtype=np.uint8)
26.        # 向空值模板中填充图像
27.        padded_img[:origin_h, :origin_w] = cp_img
28.        x_offset, y_offset = 0, 0
29.        if padded_img.shape[0] > target_h:
```

```
30.            y_offset = random.randint(0, padded_img.shape[0] - target_
   h - 1)
31.        if padded_img.shape[1] > target_w:
32.            x_offset = random.randint(0, padded_img.shape[1] - target_
   w - 1)
33.        padded_cropped_img = padded_img[y_offset: y_offset + target_h,
   x_offset: x_offset + target_w]
34.        cp_bboxes_origin_np = adjust_box_anns(cp_labels[:, :4].copy(),
   cp_scale_ratio, 0, 0, origin_w, origin_h)
35.        # 判断是否要进行水平翻转
36.        if FLIP:
37.            cp_bboxes_origin_np[:, 0::2] = (origin_w - cp_bboxes_origin_
   np[:, 0::2][:, ::-1])
38.        cp_bboxes_transformed_np = cp_bboxes_origin_np.copy()
39.        cp_bboxes_transformed_np[:, 0::2] = np.clip(cp_bboxes_transformed_
   np[:, 0::2] - x_offset, 0, target_w)
40.        cp_bboxes_transformed_np[:, 1::2] = np.clip(cp_bboxes_transformed_
   np[:, 1::2] - y_offset, 0, target_h)
41.        cls_labels = cp_labels[:, 4:5].copy()
42.        box_labels = cp_bboxes_transformed_np
43.        labels = np.hstack((box_labels, cls_labels))
44.        origin_labels = np.vstack((origin_labels, labels))
45.        origin_img = origin_img.astype(np.float32)
46.        # 进行 Mixup 操作
47.        origin_img=0.5*origin_img+0.5*padded_cropped_img.astype(np.float32)
48.        return origin_img.astype(np.uint8), origin_labels
```

### 3. 模型构建

YOLOX-DarkNet53 的 Backbone 为 DarkNet53，其在 YOLOX 中的构建如图 2.51 所示。

这里再回顾一下 DarkNet53 的具体结构，如图 2.37 所示，其主要是由 ResBlock 构建而成的，在 YOLOX 中由 make_group_layer 方法来完成构建。如代码 2.6 所示，ResBlock-1 为 stem、ResBlock-2 为 dark2、ResBlock-3 为 dark3、ResBlock-4 为 dark4、ResBlock-5 为 dark5，由于这里要将 Backbone 应用到下游任务，因此只保留特征提取部分。

这里不同的 DarkNet 叠加不同数量的卷积模块。由代码 2.6 第 3 行中的 depth2blocks 设置可以知道，如果是 DarkNet21，那么对应的 block 设置为 1、2、2、1；如果是 DarkNet53，那么对应的 block 设置为 2、8、8、4。

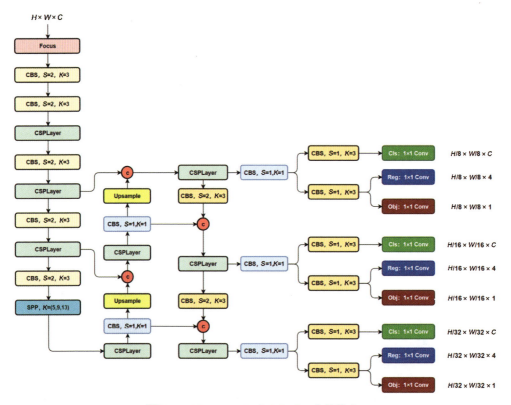

图 2.51　DarkNet53 在 YOLOX 中的构建

代码 2.6　DarkNet 的构建

```
1.  class Darknet(nn.Module):
2.      # number of blocks from dark2 to dark5.
3.      depth2blocks = {21: [1, 2, 2, 1], 53: [2, 8, 8, 4]}
4.      def __init__(self,depth,in_channels=3,stem_out_channels=32,out_
    features=("dark3", "dark4", "dark5"),):
5.          """
6.          Args:
7.              depth (int): depth of darknet used in model, usually use
    [21, 53] for this param.
8.              in_channels (int): number of input channels, for example,
    use 3 for RGB image.
9.              stem_out_channels(int):number of output channels of darknet
    stem.
10.                 It decides channels of darknet layer2 to layer5.
11.             out_features (Tuple[str]): desired output layer name.
12.         """
```

```
13.          super().__init__()
14.          assert out_features, "please provide output features of Darknet"
15.          self.out_features = out_features
16.          self.stem = nn.Sequential(
17.              BaseConv(in_channels, stem_out_channels, ksize=3, stride=1, act="lrelu"),
18.              *self.make_group_layer(stem_out_channels,num_blocks=1, stride=2),
19.          )
20.          in_channels = stem_out_channels * 2   # 64
21.          num_blocks = Darknet.depth2blocks[depth]
22.          self.dark2 = nn.Sequential(*self.make_group_layer(in_channels, num_blocks[0], stride=2))
23.          in_channels *= 2   # 128
24.          self.dark3 = nn.Sequential(*self.make_group_layer(in_channels, num_blocks[1], stride=2))
25.          in_channels *= 2   # 256
26.          self.dark4 = nn.Sequential(*self.make_group_layer(in_channels, num_blocks[2], stride=2))
27.          in_channels *= 2   # 512
28.          self.dark5 = nn.Sequential(
29.              *self.make_group_layer(in_channels, num_blocks[3], stride=2),
30.              *self.make_spp_block([in_channels,in_channels*2],in_channels*2),
31.          )
32.
33.     def make_group_layer(self,in_channels:int,num_blocks:int,stride:int=1):
34.         "starts with conv layer then has 'num_blocks' 'ResLayer'"
35.         return [
36.             BaseConv(in_channels, in_channels * 2, ksize=3, stride=stride, act="lrelu"),
37.             *[(ResLayer(in_channels * 2)) for _ in range(num_blocks)],
38.         ]
39.
40.     def make_spp_block(self, filters_list, in_filters):
41.         m = nn.Sequential(
42.             *[
43.                 BaseConv(in_filters,filters_list[0],1,stride=1,act="lrelu"),
44.                 BaseConv(filters_list[0], filters_list[1], 3, stride=1, act="lrelu"),
```

```
45.                SPPBottleneck(in_channels=filters_list[1],out_channels=
   filters_list[0],activation="lrelu",),
46.                BaseConv(filters_list[0], filters_list[1], 3, stride=1,
   act="lrelu"),
47.                BaseConv(filters_list[1], filters_list[0], 1, stride=1,
   act="lrelu"),
48.            ]
49.        )
50.        return m
51.
52.    def forward(self, x):
53.        outputs = {}
54.        x = self.stem(x)
55.        outputs["stem"] = x
56.        x = self.dark2(x)
57.        outputs["dark2"] = x
58.        x = self.dark3(x)
59.        outputs["dark3"] = x
60.        x = self.dark4(x)
61.        outputs["dark4"] = x
62.        x = self.dark5(x)
63.        outputs["dark5"] = x
64.        return {k: v for k, v in outputs.items() if k in self.out_features}
```

结合如图 2.52 所示的 SPP 结构图和代码 2.6 中对于 DarkNet 的复现可以看到，在 dark5 模块中还加入了 SPP 结构，其具体实现如代码 2.7 所示，通过 for 循环和 nn.ModuleList 一并定义 self.m，其中包含 3 个最大化池操作（MaxPool），其卷积核尺寸分别为 5、9 和 13。根据图 2.52，卷积后将特征送入具有不同池化尺寸的最大池化层，同时有一个 identity 分支直接将输出特征与具有不同卷积核尺寸的最大池化得到的结果进行拼接，并再次经过卷积模块，这也就是 forward 函数的执行过程，具体可以参见代码 2.7 中的第 17~20 行。

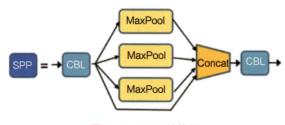

图 2.52　SPP 结构图

代码 2.7　SPP 结构

```
1.  class SPPBottleneck(nn.Module):
2.      """Spatial pyramid pooling layer used in YOLOv3-SPP"""
3.      def __init__(self, in_channels, out_channels,kernel_sizes=(5,9,13),
    activation="silu"):
4.
5.          super().__init__()
6.          hidden_channels = in_channels // 2
7.          self.conv1 = BaseConv(in_channels, hidden_channels, 1, stride=1,
    act=activation)
8.          self.m = nn.ModuleList(
9.              [
10.                 nn.MaxPool2d(kernel_size=ks, stride=1, padding=ks // 2)
11.                 for ks in kernel_sizes
12.             ]
13.         )
14.         conv2_channels = hidden_channels * (len(kernel_sizes) + 1)
15.         self.conv2 = BaseConv(conv2_channels, out_channels, 1, stride=1,
    act=activation)
16.
17.     def forward(self, x):
18.         x = self.conv1(x)
19.         x = torch.cat([x] + [m(x) for m in self.m], dim=1)
20.         x = self.conv2(x)
21.         return x
```

经过 Backbone 和 SPP 结构对输入图像进行特征编码后便进入 Neck 阶段。这里 YOLOX 依旧使用的是 PAFPN 结构。

关于 PAFPN，如代码 2.8 所示，其可以分为自下而上和自上而下两部分，首先通过代码 2.8 的第 80 行中的 self.backbone 提取特征；然后便进入 PAFPN 结构，第 81～91 行代码为自下而上的特征融合阶段，第 94～100 行代码为自上而下的特征融合阶段。

代码 2.8　Neck 的搭建

```
1.  class YOLOPAFPN(nn.Module):
2.      """
3.      YOLOv3 model. Darknet 53 is the default backbone of this model.
4.      """
5.      def __init__(
6.          self,
7.          depth=1.0,
8.          width=1.0,
```

```
9.          in_features=("dark3", "dark4", "dark5"),
10.         in_channels=[256, 512, 1024],
11.         depthwise=False,
12.         act="silu",
13.     ):
14.         super().__init__()
15.         self.backbone = CSPDarknet(depth,width,depthwise=depthwise,act=act)
16.         self.in_features = in_features
17.         self.in_channels = in_channels
18.         Conv = DWConv if depthwise else BaseConv
19.
20.         self.upsample = nn.Upsample(scale_factor=2, mode="nearest")
21.         self.lateral_conv0 = BaseConv(
22.             int(in_channels[2]*width),int(in_channels[1]*width),1,1,act=act
23.         )
24.         self.C3_p4 = CSPLayer(
25.             int(2 * in_channels[1] * width),
26.             int(in_channels[1] * width),
27.             round(3 * depth),
28.             False,
29.             depthwise=depthwise,
30.             act=act,
31.         )  # cat
32.
33.         self.reduce_conv1 = BaseConv(
34.             int(in_channels[1] * width), int(in_channels[0] * width), 1,
    1, act=act
35.         )
36.         self.C3_p3 = CSPLayer(
37.             int(2 * in_channels[0] * width),
38.             int(in_channels[0] * width),
39.             round(3 * depth),
40.             False,
41.             depthwise=depthwise,
42.             act=act,
43.         )
44.
45.         # bottom-up conv
46.         self.bu_conv2 = Conv(
47.             int(in_channels[0]*width),int(in_channels[0]*width),3,2,act=act
48.         )
49.         self.C3_n3 = CSPLayer(
```

```
50.                int(2 * in_channels[0] * width),
51.                int(in_channels[1] * width),
52.                round(3 * depth),
53.                False,
54.                depthwise=depthwise,
55.                act=act,
56.            )
57.
58.            # bottom-up conv
59.            self.bu_conv1 = Conv(
60.                int(in_channels[1]*width),int(in_channels[1]*width),3,2,act=act
61.            )
62.            self.C3_n4 = CSPLayer(
63.                int(2 * in_channels[1] * width),
64.                int(in_channels[2] * width),
65.                round(3 * depth),
66.                False,
67.                depthwise=depthwise,
68.                act=act,
69.            )
70.
71.        def forward(self, input):
72.            """
73.            Args:
74.                inputs: input images.
75.            Returns:
76.                Tuple[Tensor]: FPN feature.
77.            """
78.
79.            #  backbone
80.            out_features = self.backbone(input)
81.            features = [out_features[f] for f in self.in_features]
82.            [x2, x1, x0] = features
83.
84.            fpn_out0 = self.lateral_conv0(x0)    # 1024->512/32
85.            f_out0 = self.upsample(fpn_out0)     # 512/16
86.            f_out0 = torch.cat([f_out0, x1], 1)  # 512->1024/16
87.            f_out0 = self.C3_p4(f_out0)          # 1024->512/16
88.
89.            fpn_out1 = self.reduce_conv1(f_out0) # 512->256/16
90.            f_out1 = self.upsample(fpn_out1)     # 256/8
91.            f_out1 = torch.cat([f_out1, x2], 1)  # 256->512/8
```

```
92.         pan_out2 = self.C3_p3(f_out1)          # 512->256/8
93.
94.         p_out1 = self.bu_conv2(pan_out2)   # 256->256/16
95.         p_out1 = torch.cat([p_out1, fpn_out1], 1)   # 256->512/16
96.         pan_out1 = self.C3_n3(p_out1)    # 512->512/16
97.
98.         p_out0 = self.bu_conv1(pan_out1)   # 512->512/32
99.         p_out0 = torch.cat([p_out0, fpn_out0], 1)   # 512->1024/32
100.        pan_out0 = self.C3_n4(p_out0)   # 1024->1024/32
101.
102.        outputs = (pan_out2, pan_out1, pan_out0)
103.        return outputs
```

此外,YOLOX 和 YOLOv5 一样有不同的模型配置,分别是 YOLOXn、YOLOXs、YOLOXm、YOLOXl、YOLOXx。它们的 Neck 和 Head 部分都是相同的配置,主要区别就在于 Backbone 的配置不同,主要由 depth 和 width 两个参数来控制。

如代码 2.9 所示,YOLOX 整体架构的搭建也通过第 7、8 行代码的缩放参数来进行。这里 depth=0.67、width=0.75 对应的是 YOLOXm 模型。

**代码 2.9  YOLOX 整体架构的搭建**

```
1.  # 如果其余参数不需要修改,那么可以只修改 depth 和 width
2.  # yolox_m
3.  class Exp(MyExp):
4.      def __init__(self):
5.          super(Exp, self).__init__()
6.          self.num_classes = 7
7.          self.depth = 0.67 # 修改这个参数
8.          self.width = 0.75 # 修改这个参数
9.  # yolox_m
10. class Exp(MyExp):
11.     def __init__(self):
12.         super(Exp, self).__init__()
13.         self.num_classes = 7
14.         self.depth = 1 # 修改这个参数
15.         self.width = 1 # 修改这个参数
16. # yolox_x
17. class Exp(MyExp):
18.     def __init__(self):
19.         super(Exp, self).__init__()
20.         self.num_classes = 7
21.         self.depth = 1.33 # 修改这个参数
22.         self.width = 1.25 # 修改这个参数
```

### 4. 正、负样本匹配

YOLOX 所使用的 SimOTA 流程的伪代码如下。

（1）确定正样本候选区域。

（2）计算每个样本对每个标签的位置损失和分类损失并得到 Cost：

$$Cost = L_{cls} + \lambda \cdot L_{reg}$$

$$L_{reg} = \log(IoU) \tag{2.10}$$

$$L_{cls} = CrossEntropyLoss(gt, pred)$$

（3）使用每个标签的预测样本确定它需要分配到的样本数（Dynamic $k$）。

① 获取与当前标签的 IoU 居于前 5~15 的样本。

② 将这 5~15 个样本的 IoU 求和取整即当前标签要分配的正样本数（Dynamic $k \geq 1$）。

（4）为每个标签取 Cost 排名最低的前 Dynamic $k$ 个 Anchor Box 作为正样本，其余为负样本。

（5）人工去除同一个样本被分配到多个标签的正样本的情况（全局信息）。

如代码 2.10 所示，结合 SimOTA 流程的伪代码，YOLOX 中的 SimOTA 的 PyTorch 具体实现为：首先通过第 4~19 行代码进行 Anchor Box 的筛选，筛选出位于标注框内的 Anchor Box 中心；然后通过第 24~41 行代码计算标准框与第一步筛选出来的 Anchor Box 的 IoU；最后通过第 43~63 行代码计算 Cost 与 dynamic_k_matching 匹配的结果。

代码 2.10　SimOTA 样本匹配

```
1.    # 引入 SimOTA 将 OTA 简化为动态 top-k 策略以得到一个近似解
2.    # SimOTA 不仅可以缩短训练时间，还可以避免额外的超参数问题
3.    # 1. 筛选 Anchor Box 的中心在标注框区域内的 Anchor Box
4.    fg_mask, is_in_boxes_and_center = self.get_in_boxes_info(
5.        gt_bboxes_per_image,
6.        expanded_strides,
7.        x_shifts,
8.        y_shifts,
9.        total_num_anchors,
10.       num_gt,
11.   )
12.   bboxes_preds_per_image = bboxes_preds_per_image[fg_mask]
13.   cls_preds_ = cls_preds[batch_idx][fg_mask]
14.   obj_preds_ = obj_preds[batch_idx][fg_mask]
15.   num_in_boxes_anchor = bboxes_preds_per_image.shape[0]
16.   if mode == "cpu":
```

```
17.              gt_bboxes_per_image = gt_bboxes_per_image.cpu()
18.              bboxes_preds_per_image = bboxes_preds_per_image.cpu()
19.          #bboxes_iou
20.          # 计算标准框与第 1 步筛选出来的 Anchor Box 索引对应的网络预测结果的 IoU, 取
    log 作为 pair_wise_ious_loss
21.          # 计算 pair_wise_cls_loss 和 pair_wise_ious_loss, 并将 pair_wise_
    cls_loss 和 pair_wise_ious_loss 作为 Cost, 计算 dynamic_k
22.          pair_wise_ious = bboxes_iou(gt_bboxes_per_image, bboxes_preds_
    per_image, False)
23.          gt_cls_per_image = (
24.              F.one_hot(gt_classes.to(torch.int64), self.num_classes)
25.              .float()
26.              .unsqueeze(1)
27.              .repeat(1, num_in_boxes_anchor, 1)
28.          )
29.          pair_wise_ious_loss = -torch.log(pair_wise_ious + 1e-8)
30.          if mode == "cpu":
31.              cls_preds_, obj_preds_ = cls_preds_.cpu(), obj_preds_.cpu()
32.          with torch.cuda.amp.autocast(enabled=False):
33.              cls_preds_ = (
34.                  cls_preds_.float().unsqueeze(0).repeat(num_gt,1,1).sigmoid_()
35.                  * obj_preds_.unsqueeze(0).repeat(num_gt, 1, 1).sigmoid_()
36.              )
37.              pair_wise_cls_loss = F.binary_cross_entropy(cls_preds_.sqrt_(),
    gt_cls_per_image, reduction="none").sum(-1)
38.          del cls_preds_
39.          # 计算 Cost
40.          cost=(pair_wise_cls_loss+3.0*pair_wise_ious_loss+100000.0*(~is_
    in_boxes_and_center))
41.          # 2. 进行 SimOTA 标签分配
42.          #分配时, Cost 是一个 n_gt × m_anchor 矩阵
43.          (num_fg,
44.              gt_matched_classes,
45.              pred_ious_this_matching,
46.              matched_gt_inds,
47.          ) = self.dynamic_k_matching(cost, pair_wise_ious, gt_classes,
    num_gt, fg_mask)
48.          del pair_wise_cls_loss, cost, pair_wise_ious, pair_wise_ious_loss
49.          if mode == "cpu":
50.              gt_matched_classes = gt_matched_classes.cuda()
51.              fg_mask = fg_mask.cuda()
52.              pred_ious_this_matching = pred_ious_this_matching.cuda()
```

```
53.            matched_gt_inds = matched_gt_inds.cuda()
54.        return (gt_matched_classes,
55.            fg_mask,
56.            pred_ious_this_matching,
57.            matched_gt_inds,
58.            num_fg,
59.        )
60.     #使用 IoU 确定 dynamic_k, 取与每个 gt 的 IoU 最大的前 10 个
61.     #为每个 gt 取 Cost 排名最低的前 dynamic_k 个 Anchor Box 作为正样本, 其余为负样本
62.     def dynamic_k_matching(self, cost, pair_wise_ious, gt_classes, num_gt, fg_mask):
63.         # Dynamic K
64.         matching_matrix = torch.zeros_like(cost)
65.         ious_in_boxes_matrix = pair_wise_ious
66.         n_candidate_k = min(10, ious_in_boxes_matrix.size(1))
67.         topk_ious, _ = torch.topk(ious_in_boxes_matrix,n_candidate_k,dim=1)
68.         dynamic_ks = torch.clamp(topk_ious.sum(1).int(), min=1)
69.         for gt_idx in range(num_gt):
70.             _, pos_idx = torch.topk(cost[gt_idx], k=dynamic_ks[gt_idx].item(), largest=False)
71.             matching_matrix[gt_idx][pos_idx] = 1.0
72.         del topk_ious, dynamic_ks, pos_idx
73.         anchor_matching_gt = matching_matrix.sum(0)
74.         if (anchor_matching_gt > 1).sum() > 0:
75.             _, cost_argmin=torch.min(cost[:,anchor_matching_gt > 1], dim=0)
76.             matching_matrix[:, anchor_matching_gt > 1] *= 0.0
77.             matching_matrix[cost_argmin, anchor_matching_gt > 1] = 1.0
78.         fg_mask_inboxes = matching_matrix.sum(0) > 0.0
79.         num_fg = fg_mask_inboxes.sum().item()
80.         fg_mask[fg_mask.clone()] = fg_mask_inboxes
81.         matched_gt_inds = matching_matrix[:, fg_mask_inboxes].argmax(0)
82.         gt_matched_classes = gt_classes[matched_gt_inds]
83.         pred_ious_this_matching = (matching_matrix * pair_wise_ious).sum(0)[
84.             fg_mask_inboxes
85.         ]
86.         return num_fg, gt_matched_classes, pred_ious_this_matching, matched_gt_inds
```

这里不进行更多的代码讲解，具体可以参考 YOLOX 的官方论文与代码。YOLOX 的行人检测结果如图 2.53 所示。

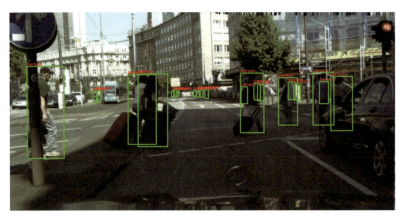

图 2.53 YOLOX 的行人检测结果

## 2.4 自动驾驶中的交通标识牌检测

交通标识牌检测与识别（TSR）的概念最早就是作为辅助驾驶工具被提出的。TSR 系统在识别交通标识牌后，对驾驶员进行语音和视频等方式的提醒，甚至可以在必要时对车辆驾驶系统直接做出控制，从而确保自动驾驶系统的安全。

### 2.4.1 NanoDet 算法的原理

基于深度学习的目标检测技术已经发展许久，在移动端目标检测算法上，YOLO 系列 Anchor-Based 模型一直占据着主导地位，但随着 Anchor-Free 模型的逐渐发展和突破，2020 年年底，NanoDet 项目"横空出世"，其在能够提供不亚于 YOLO 系列性能的情况下，对移动端和嵌入式设备非常友好，同时易于训练和部署。

NanoDet 一经发布，不仅登上了 GitHub 趋势第一，还在一年内收获了 3700 多个 star，并且引起了业界许多知名公司在轻量化目标检测领域竞相角逐，其中包括旷视科技的 YOLOX-Nano、百度的 PPYOLO 和 PicoDet 等，它们都将 NanoDet 作为超越的目标。

而在初代 NanoDet 发布一年后，提出者结合一年内涌现的新技术和自己的研究成果推出了升级版 NanoDet-Plus，在仅增加 1ms 左右延时的情况下使准确度提升了 30%，与 YOLOv5-n、YOLOX-Nano 等其他轻量化模型相比，其准确度和速度都提高了不少，同时 NanoDet 十分注重易用性。

而与 YOLO 系列的不同之处在于，NanoDet 基于 FCOS 进行改进，没有使用复杂的输入端数据增强策略，也没有单独设计新的 Backbone，所有的性能提升都来自优秀的 Neck、检测 Head 和损失函数，将学术界的一些优秀论文方法落地到轻量化模型上，通过这些技术的组合得到了一个兼顾准确度、速度和参数量的检测模型。

NanoDet 的早期版本主要参考了 FCOS，论文全名为 *FCOS: Fully Convolutional One-Stage Object Detection*。FCOS 算法是 Anchor-Free 算法中比较成熟、结构简单、性能优异的一种。FCOS 模型架构如图 2.54 所示。

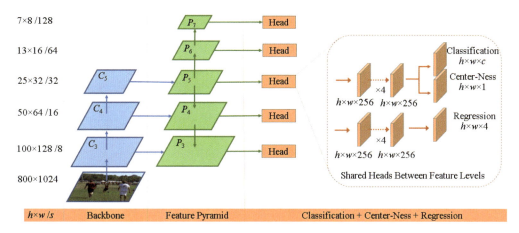

图 2.54　FCOS 模型架构图

FCOS 指出基于 Anchor Box 的目标检测模型有如下缺点。

（1）Anchor Box 相关的超参数太多，如 Anchor Box 的大小、宽高比、数量等，这些超参数对算法的性能影响很大，但它们又非常敏感，调校起来很麻烦。

（2）Anchor Box 的尺寸和宽高比固定，导致形变较大的目标检测效果不好，如一些小目标或一个细长的目标。

（3）为了降低召回率，需要大量的 Anchor Box 防止漏检，但这些大多都会成为负样本，导致训练时正、负样本不平衡。

（4）在进行正、负样本判断时所使用的 IoU 计算起来很复杂。

而 FCOS 与基于 Anchor Box 的模型的不同之处在于以下几方面。

（1）直接限定不同级别特征的边界框的回归范围来分配。

（2）在不同特征层之间共享参数，使得检测器的计算效率更高，性能也更好。

（3）如图 2.54 所示，FCOS 在 Neck 后的每个特征层上都接一个检测 Head，且共享参数信息，分别在该特征图的每像素上预测目标分类、存在性、边界框回归值。

NanoDet 的整体架构如图 2.55 所示，主要包括主干网络、Neck（这里选择使用了轻量化的 PAN，即 GhostPAN）、预测 Head 和训练辅助模块。

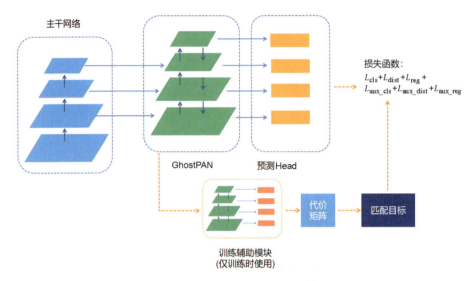

图 2.55　NanoDet 的整体架构

NanoDet 是一个 Anchor-Free 的单阶段目标检测模型，同样可以分为以下 5 部分。

（1）输入端。

（2）Backbone。

（3）Neck。

（4）损失函数。

（5）Head。

### 1．输入端

NanoDet 在输入端使用的数据增强策略非常简单，只应用了基础的形状和颜色数据增强。

- 形状变换：缩放、拉伸、移动、翻转。
- 颜色变换：亮度、对比度、饱和度。

除此以外，开发者也可以根据自身需求添加视角变换、旋转、剪切变换、Mosaic 等数据增强操作。

### 2．Backbone

随着各大算法公司在轻量化检测模型领域的研发力度加大，依托神经网络结构搜索（Neural Architecture Search，NAS）技术的强大能力，在约束了计算量、参数量和准确度的搜索空间内搜索出了非常强的 Backbone，如百度在 PicoDet 中使用的 ESNet 等。

在这方面，NanoDet 选择使用 ShuffleNet v2 作为基础 Backbone。虽然 Backbone 是整个模型中最重要的部分，但 NanoDet 依然取得了与花费几千个 GPU 搜索得到的模型相媲美的检测性能，同时，使用者在实际使用时，可以根据项目需求很容易地将 NAS 搜索到的 Backbone 替换到 NanoDet 中使用。NanoDet ShuffleNet v2 Backbone 如图 2.56 所示。

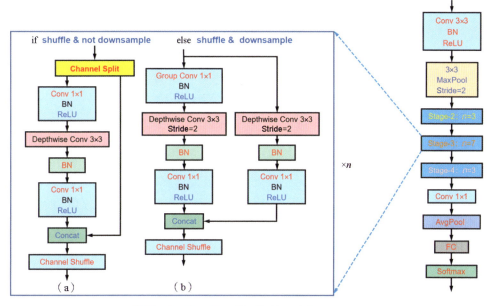

图 2.56　NanoDet ShuffleNet v2 Backbone

3．Neck

目前针对 FPN 层的改进方案有很多，如 EfficientDet 使用了 BiFPN，YOLOX、PicoDet 和 YOLOv5 使用了 PAN 作为特征金字塔模块。NanoDet 将 PAN 与 Ghost 模块相结合，设计了一个轻量且性能优异的 PAN（GhostPAN）。

原版的 PAN 和 YOLO 中的 PAN 都使用了步长为 2 的卷积，进行大尺度特征图到小尺度特征图的下采样，而 GhostPAN 则使用 GhostNet 中提出的 Ghost Block 作为处理多层之间特征融合的模块，其基本结构单元由一组 1×1 卷积和 3×3 的深度卷积组成，参数量和计算量都非常少，因此最终整个 GhostPAN 的参数量只有 $190×10^3$ 个。

如图 2.57 所示，Ghost Block 是由堆叠的 Ghost BottleNeck 组成的，而 Ghost BottleNeck 则以 Ghost Module 为基本单元。

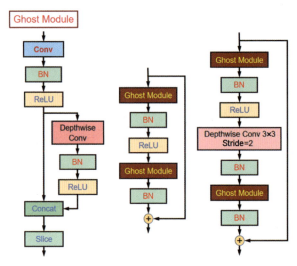

图 2.57 Ghost Block

### 4．损失函数

由于网络检测 Head 的设计直接与损失函数的选择相关，因此在介绍检测 Head 之前需要先介绍损失函数。NanoDet 的损失函数选择了 Generalized Focal Loss（GFL）。*Generalized Focal Loss* 论文中提出的 GFL 完美地去掉了过去 FCOS 系列算法的 Center-Ness 分支，并获得显著的性能提升，这一设计既提升了准确度，又省去了大量的计算，减少了检测 Head 的计算开销，非常适合移动端的轻量化部署。

具体而言，GFL 分为两部分，分别为 Quality Focal Loss（QFL）和 Distribution Focal Loss（DFL）。

*Generalized Focal Loss* 论文指出，FCOS 这样的设计存在以下两个问题。

**问题一：Classification Score 和 Center-Ness Score 训练与测试不一致。**

FCOS 在训练过程中，分类 Head 和 CenterHead 是各自独立监督训练的，但是在测试阶段，将两个 Head 相乘的结果作为 NMS 分数来进行排序。这样便会导致一种情况的发生：一个分类置信度得分很低的负样本由于错误预测出 Center-Ness Score 很高，导致相乘得到的分数较高，最终使得将它判断为一个真正的正样本。

**问题二：边界框回归直接采用数值回归的形式，无法建模复杂场景的不确定度。**

在模糊、遮挡等复杂场景中，边界框的位置有很强的不确定性，直接采用数值回归方式的鲁棒性很差。

针对上述两个问题，GFL 分别用 QFL 和 DFL 两个方案来解决。

对于问题一，将单独预测的分类和质量得分进行了联合，让 0-1 离散形式的分类标签能监督连续值，同时保留 Focal Loss 损失函数平衡正负、难易样本的特性，从而提出了 QFL：

$$\mathrm{QFL}(\sigma) = -|y-\sigma|\left[(1-y)\log(1-\sigma) + y\log(\sigma)\right] \quad (2.11)$$

对于问题二，使用一维概率分布的形式来建模边界框的位置，通过计算概率分布的期望的形式来计算回归值。考虑到监督信息只是针对期望值的，而一个期望值可能对应无数种概率分布，因此提出了 DFL 来监督概率分布：

$$\mathrm{DFL}(S_i, S_{i+1}) = -\left[y(y_{i+1}-y)\log(S_i) + (y-y_i)\log(S_{i+1})\right] \quad (2.12)$$

最终，QFL 和 DFL 可以统一地表示为 GFL：

$$\mathrm{GFL}(p_{y_l}, p_{y_r}) = -\left|y-(y_l p_{y_l} + y_r p_{y_r})\right|^{\beta}\left[(y_r-y)\log(p_{y_l}) + (y-y_l)\log(p_{y_r})\right]$$

$$(2.13)$$

### 5. Head

由于 GFL 的加入，成功地去掉了 FCOS 的 Center-Ness 分支，因此 NanoDet 的检测 Head 也变得非常轻量，非常适用于移动端设备部署。同时，NanoDet 在此基础上又提出了一个训练辅助模块（Assign Guidance Module，AGM），只在训练阶段参与计算，当模型训练完成后即可去除，不影响模型推理速度，配合动态软标签匹配（Dynamic Soft Label Assigner，DSLA）策略进一步提升了检测网络的性能。

**1）动态匹配**

所谓动态匹配，简单来说就是指直接使用模型检测 Head 的输出，与所有 Ground Truth 计算一个匹配得分，这个得分由分类损失和回归损失相加得到。由特征图上 $N$ 个点的预测值与 $M$ 个 Ground Truth 计算得到一个 $N \times M$ 的矩阵，称为代价矩阵（Cost Matrix），基于这个矩阵可以让当前预测结果动态地寻找最优标签。匹配的策略有二分图匹配、传输优化、Top-$K$ 等，NanoDet 中直接采取了 Top-$K$ 策略来进行匹配。

这种策略的一个问题在于，在网络训练的初期，预测效果是很差的，可能根本预测不出结果。因此在动态匹配时还会加上一些位置约束。例如，使用一个 5×5 的中心区域限制匹配的自由程度，并依赖神经网络天生的抗噪声能力，只需在 Ground Truth 内随机分配一些点，网络就能学习到一些基础的特征。

**2）AGM**

在理解了动态匹配机制后，在小模型上还有一个问题：由于小模型的检测 Head 的参数量极少，所以模型在初期可能学习不到有意义的特征来计算代价矩阵。因此，NanoDet 设计了一个 AGM，其实就是一个多参数量的检测 Head，由它来完成代价矩阵的计算，并用这个结果来完成匹配，指导原本模型的检测 Head 进行学习。随着训练的结束，小模型的检测 Head 完成了训练后，大模型的检测 Head 也就完成了它的使命。在推理阶段可以把大模型的检测 Head 扔掉，从而做到不影响推理速度。

图 2.58 所示的 AGM 模块是由 4 个 3×3 的卷积组成的,并使用 LeakyReLU 作为归一化层,在不同尺度的特征图间共享参数。由于共享参数,并且没有用到深度可分离卷积,因此 AGM 所消耗的计算资源非常少,几乎不影响训练速度。

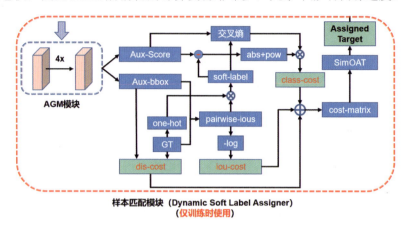

图 2.58 Nanodet 的样本匹配

基于以上改进,NanoDet 最终匹配的代价函数由 3 部分组成,分别为分类代价、回归代价、分布代价:

$$L_{cls} = CE(P, Y_{soft}) \times (Y_{soft} - P)^2$$
$$L_{reg} = -\log(IoU) \quad (2.14)$$
$$L_{dis} = \alpha^{|x_{pred} - x_{gt}| - \beta}$$

最终的代价函数为

$$L = L_{cls} + \lambda L_{reg} + L_{dis} \quad (2.15)$$

由于 AGM 的加入,每一项又都同时包含了小模型的检测 Head 和大模型的检测 Head 的损失。

## 2.4.2 基于 NanoDet 的交通标识牌检测项目实践

### 1. TT100K 数据集简介

Tsinghua-Tencent 100K(TT100K)是腾讯和清华合作制作的交通标识牌数据集(100K 就是 10 万幅图像的意思)。但是,该数据集中的 1 万多幅图像包含交通标识牌,其中训练数据集里有 6105 幅图像,测试数据集里有 3071 幅图像,每幅图像都包含多个实例。

根据 *Traffic-Sign Detection and Classification in the Wild* 论文中提到的"一个典型

的交通标识牌的尺寸可能是 80×80，在 2000×2000 的图像中，或者只是图像的 0.16%"。这意味着交通标识牌等小物体在输入图像中所占的比例很小。对于该实践部分，将所有的 TT100K 类别合并为 3 个类别：指示类、禁止类、警告类。TT100K 数据集举例如图 2.59 所示。

图 2.59　TT100K 数据集举例

### 2．数据预处理

在介绍 NanoDet 的数据增强之前，这里先介绍一下仿射变换矩阵，因为在 NanoDet 中，很多变换都是使用仿射变换矩阵的形式完成的。

仿射变换（Affine Transformation）其实是线性变换和平移变换的叠加。

如图 2.60 所示，仿射变换包括缩放（Scale，尺度变换）、平移（Transform）、翻转（Flip）等，原来的直线仿射变换后还是直线，原来的平行线仿射变换后还是平行线。

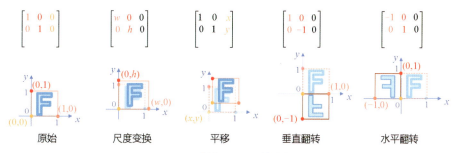

图 2.60　数据预处理基本操作

仿射变换中的一些性质保持不变。

（1）凸性。

（2）共线性：若几个点变换前在一条线上，则仿射变换后它们仍然在一条线上。

（3）平行性：若两条线变换前平行，则变换后它们仍然平行。

（4）共线比例不变性：变换前一条线上两条线段的比例在变换后不变。

仿射变换是二维平面中一种重要的变换，在图像图形领域有广泛的应用。在二维图像变换中，仿射变换的一般表达为

$$\begin{bmatrix} x' \\ y' \\ 1 \end{bmatrix} = \begin{bmatrix} r_{00} & r_{01} & t_x \\ r_{10} & r_{11} & t_y \\ 0 & 0 & 1 \end{bmatrix} \begin{bmatrix} x \\ y \\ 1 \end{bmatrix} \quad (2.16)$$

式中，$r_{**}$ 代表线性变换；$t_*$ 代表平移变换。因此仿射变换可以看作线性变换与平移变换的叠加。

根据配置文件可以知道，NanoDet 预处理中的数据增强使用了随机对比度、随机饱和度、随机水平翻转和随机明亮度等。

如代码 2.11 所示，该部分为 NanoDet 的数据增强，其中包括透视变换、尺度变换、拉伸、旋转、修剪、移位、水平翻转、明亮度、对比度和饱和度的数据增强操作。

**代码 2.11　NanoDet 的数据增强**

```
1.  pipeline:
2.      # 透视变换
3.      perspective: 0.0
4.      # 尺度变换
5.      scale: [0.6, 1.4]
6.      # 拉伸
7.      stretch: [[0.8, 1.2], [0.8, 1.2]]
8.      # 旋转
9.      rotation: 0
10.     # 修剪
11.     shear: 0
12.     # 移位
13.     translate: 0.2
14.     # 水平翻转
15.     flip: 0.5
16.     # 明亮度
17.     brightness: 0.2
18.     # 对比度
19.     contrast: [0.6, 1.4]
20.     # 饱和度
21.     saturation: [0.5, 1.2]
```

下面以图 2.61 为例比较进行各种数据增强操作后的效果。

尺度变换的仿射变换矩阵如下：

$$\begin{bmatrix} 1.274 & 0 & -137.689 \\ 0 & 1.274 & -96.862 \\ 0 & 0 & 1 \end{bmatrix} \quad (2.17)$$

尺度变换后的图像如图 2.62 所示。

图 2.61  原始图像

图 2.62  尺度变换后的图像

拉伸数据的仿射变换矩阵如下：

$$\begin{bmatrix} 1.481 & 0 & -241.835 \\ 0 & 1.474 & -167.489 \\ 0 & 0 & 1 \end{bmatrix} \quad (2.18)$$

拉伸变换后的图像如图 2.63 所示。

图 2.63  拉伸变换后的图像

移位数据的仿射变换矩阵如下：

$$\begin{bmatrix} 1 & 0 & -60.310 \\ 0 & 1 & 71.660 \\ 0 & 0 & 1 \end{bmatrix} \quad (2.19)$$

移位变换后的图像如图 2.64 所示。

水平翻转的仿射变换矩阵如下：

$$\begin{bmatrix} -1 & 0 & 1005 \\ 0 & 1 & 0 \\ 0 & 0 & 1 \end{bmatrix} \quad (2.20)$$

水平翻转后的图像如图 2.65 所示。

图 2.64　移位变换后的图像

图 2.65　水平翻转后的图像

随机明亮度变换后、随机对比度变换后、随机饱和度变换后的图像分别如图 2.66～图 2.68 所示。

图 2.66　随机明亮度变换后的图像

图 2.67　随机对比度变换后的图像

图 2.68　随机饱和度变换后的图像

### 3. Backbone

如代码 2.12 所示，NanoDet 的 Backbone 选择的是 ShuffleNet v2，配置中的 model_size 代表 ShuffleNet v2 的模型规模，ShuffleNet v2 有 4 种模型规模，分别是 0.5×、1.0×、1.5×和 2.0×，这在 NanoDet 的开源项目中有所体现；out_stages 代表输出的特征图。

代码 2.12　NanoDet 的 Backbone 配置

```
1. backbone:
2.         name: ShuffleNetv2
3.         model_size: 1.5x
4.         out_stages: [2,3,4]
5.         activation: LeakyReLU
```

Shufflev2Block 主要有两个分支，首先通过 x.chunk(2,dim=1) 将输入的 Tensor 进行切分；然后将切分的 Tensor 分别经过两个卷积分支，一个分支是 self.branch1，另一个分支是 self.branch2；最后将两个分支所提取的结果通过 Channel_shuffle 进行特征融合。Shufflev2Block 的 PyTorch 实现如代码 2.13 所示。

代码 2.13　Shufflev2Block 的 PyTorch 实现

```
1. def channel_shuffle(x, groups):
2.     # type: (torch.Tensor, int) -> torch.Tensor
3.     batchsize, num_channels, height, width = x.data.size()
4.     channels_per_group = num_channels // groups
5.     # reshape
6.     x = x.view(batchsize, groups, channels_per_group, height, width)
7.     x = torch.transpose(x, 1, 2).contiguous()
8.
9.     # flatten
10.    x = x.view(batchsize, -1, height, width)
11.    return x
```

```python
12.
13. class ShuffleV2Block(nn.Module):
14.     def __init__(self, inp, oup, stride, activation="ReLU"):
15.         super(ShuffleV2Block, self).__init__()
16.
17.         if not (1 <= stride <= 3):
18.             raise ValueError("illegal stride value")
19.         self.stride = stride
20.
21.         branch_features = oup // 2
22.         assert (self.stride != 1) or (inp == branch_features << 1)
23.
24.         if self.stride > 1:
25.             self.branch1 = nn.Sequential(
26.                 # 使用3×3 深度卷积
27.                 self.depthwise_conv(inp, inp, kernel_size=3, stride=self.stride, padding=1),
28.                 nn.BatchNorm2d(inp),
29.                 # 使用1×1 卷积
30.                 nn.Conv2d(inp, branch_features, kernel_size=1,stride=1, padding=0, bias=False),
31.                 nn.BatchNorm2d(branch_features),
32.                 act_layers(activation),
33.             )
34.
35.         else:
36.             self.branch1 = nn.Sequential()
37.
38.         self.branch2 = nn.Sequential(
39.             nn.Conv2d(
40.                 inp if (self.stride > 1) else branch_features,
41.                 branch_features,
42.                 kernel_size=1,
43.                 stride=1,
44.                 padding=0,
45.                 bias=False,
46.             ),
47.             nn.BatchNorm2d(branch_features),
48.             act_layers(activation),
49.             self.depthwise_conv(
50.                 branch_features,
51.                 branch_features,
```

```
52.                kernel_size=3,
53.                stride=self.stride,
54.                padding=1,
55.            ),
56.            nn.BatchNorm2d(branch_features),
57.            nn.Conv2d(
58.                branch_features,
59.                branch_features,
60.                kernel_size=1,
61.                stride=1,
62.                padding=0,
63.                bias=False,
64.            ),
65.            nn.BatchNorm2d(branch_features),
66.            act_layers(activation),
67.        )
68.
69.    # 深度卷积的实现
70.    @staticmethod
71.    def depthwise_conv(i, o, kernel_size, stride=1, padding=0, bias=False):
72.        return nn.Conv2d(i,o,kernel_size,stride,padding,bias=bias,groups=i)
73.
74.    def forward(self, x):
75.        if self.stride == 1:
76.            # 切分特征 == Channel split
77.            x1, x2 = x.chunk(2, dim=1)
78.            out = torch.cat((x1, self.branch2(x2)), dim=1)
79.        else:
80.            out = torch.cat((self.branch1(x), self.branch2(x)), dim=1)
81.        # 进行通道 Shufflle
82.        out = channel_shuffle(out, 2)
83.        return out
```

### 4. Neck

通过 YAML 文件可以看出，NanoDet 的 Neck 层使用的是由 Ghost Module 改进的 PAN，进一步实现了多尺度特征融合层的轻量化设计。

如代码 2.14 所示，NanoDet 的 PAFPN 使用 Ghost 模块进行了轻量化，因此名为 GhostPAN，如第 7、8 行代码所示。另外，GhostPAN 还使用了深度卷积，同时 GhostPAN 中使用的激活函数为 LeakyReLU。

## 代码 2.14　NanoDet 的 Neck 层的配置

```
1.  fpn:
2.        name: GhostPAN
3.        in_channels: [176, 352, 704]
4.        out_channels: 128
5.        kernel_size: 5
6.        num_extra_level: 1
7.        use_depthwise: True
8.        activation: LeakyReLU
```

NanoDet 推理时的架构图如图 2.69 所示。

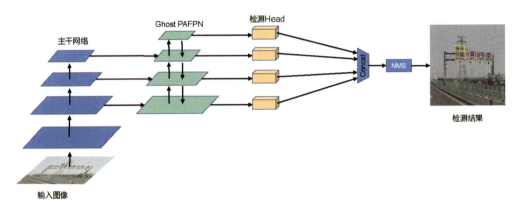

图 2.69　NanoDet 推理时的架构图

关于 GhostPAN，如代码 2.15 所示，其也可以分为自下而上和自上而下两部分，在 GhostPAN 的模型定义阶段，第 15～29 行代码定义了自上而下的卷积模块，其中便使用了 GhostModule 轻量化卷积模块；而第 31～44 行代码则定义了自下而上的卷积模块，其中也使用了 GhostModule 轻量化卷积模块。同时，为了进一步增强 GhostPAN 对特征的提取能力，如代码 2.15 的第 46～56 行所示，NanoDet 的提出者另外设计了 extra_lvl_in_conv 卷积来增强特征表达能力。

代码 2.15 的第 67～75 行为自下而上的特征融合阶段，而第 77～84 行则为自上而下的特征融合阶段。

## 代码 2.15　NanoDet 的 Neck 层的实现

```
1.  class GhostPAN(nn.Module):
2.      """Path Aggregation Network with Ghost block.
3.      """
4.      def __init__(self, in_channels, out_channels, use_depthwise=False, kernel_size=5,
5.          expand=1, num_blocks=1, use_res=False, num_extra_level=0,
```

```
6.            upsample_cfg=dict(scale_factor=2, mode="bilinear"),
7.            norm_cfg=dict(type="BN"), activation="LeakyReLU",):
8.            super(GhostPAN, self).__init__()
9.            assert num_extra_level >= 0
10.           assert num_blocks >= 1
11.           self.in_channels = in_channels
12.           self.out_channels = out_channels
13.           conv = DepthwiseConvModule if use_depthwise else ConvModule
14.
15.           # build top-down blocks
16.           self.upsample = nn.Upsample(**upsample_cfg)
17.           self.reduce_layers = nn.ModuleList()
18.           for idx in range(len(in_channels)):
19.               self.reduce_layers.append(
20.                   ConvModule(in_channels[idx], out_channels, 1,
21.                       norm_cfg=norm_cfg, activation=activation,
22.                   )
23.               )
24.           self.top_down_blocks = nn.ModuleList()
25.           for idx in range(len(in_channels) - 1, 0, -1):
26.               self.top_down_blocks.append(
27.                   GhostBlocks(out_channels * 2, out_channels, expand, kernel_size=kernel_size, num_blocks=num_blocks,use_res=use_res,activation=activation,
28.                   )
29.               )
30.
31.           # build bottom-up blocks
32.           self.downsamples = nn.ModuleList()
33.           self.bottom_up_blocks = nn.ModuleList()
34.           for idx in range(len(in_channels) - 1):
35.               self.downsamples.append(
36.                   conv(out_channels, out_channels, kernel_size,
37.                       stride=2, padding=kernel_size // 2,
38.                       norm_cfg=norm_cfg, activation=activation,
39.                   )
40.               )
41.               self.bottom_up_blocks.append(
42.                   GhostBlocks(out_channels * 2, out_channels, expand, kernel_size=kernel_size, num_blocks=num_blocks,use_res=use_res,activation=activation,
43.                   )
```

```
44.            )
45.
46.         # extra layers
47.         self.extra_lvl_in_conv = nn.ModuleList()
48.         self.extra_lvl_out_conv = nn.ModuleList()
49.         for i in range(num_extra_level):
50.             self.extra_lvl_in_conv.append(
51.                 conv(out_channels,out_channels, kernel_size,stride=2, padding=kernel_size // 2,
52.                      norm_cfg=norm_cfg, activation=activation,
53.                 )
54.             )
55.             self.extra_lvl_out_conv.append(
56.                 conv(out_channels, out_channels,kernel_size,stride=2, padding=kernel_size // 2, norm_cfg=norm_cfg, activation=activation,))
57.
58.     def forward(self, inputs):
59.         """
60.         Args:
61.             inputs (tuple[Tensor]): input features.
62.         Returns:
63.             tuple[Tensor]: multi level features.
64.         """
65.         assert len(inputs) == len(self.in_channels)
66.         inputs = [reduce(input_x) for input_x, reduce in zip(inputs, self.reduce_layers)]
67.         # top-down path
68.         inner_outs = [inputs[-1]]
69.         for idx in range(len(self.in_channels) - 1, 0, -1):
70.             feat_heigh = inner_outs[0]
71.             feat_low = inputs[idx - 1]
72.             inner_outs[0] = feat_heigh
73.             upsample_feat = self.upsample(feat_heigh)
74.             inner_out = self.top_down_blocks[len(self.in_channels) - 1 - idx](torch.cat([upsample_feat, feat_low], 1))
75.             inner_outs.insert(0, inner_out)
76.
77.         # bottom-up path
78.         outs = [inner_outs[0]]
79.         for idx in range(len(self.in_channels) - 1):
80.             feat_low = outs[-1]
81.             feat_height = inner_outs[idx + 1]
```

```
82.             downsample_feat = self.downsamples[idx](feat_low)
83.             out = self.bottom_up_blocks[idx](torch.cat([downsample_feat, feat_height], 1))
84.             outs.append(out)
85.
86.         # extra layers
87.         for extra_in_layer,extra_out_layer in zip(self.extra_lvl_in_conv, self.extra_lvl_out_conv):
88.             outs.append(extra_in_layer(inputs[-1])+extra_out_layer(outs[-1]))
89.         return tuple(outs)
```

### 5．动态软标签匹配（DSLA）

代码 2.16 所示为 NanoDet 的标签匹配策略，DSLA 根据 pred 和 Ground Truth 的 IoU 进行软标签匹配，假如一个预测结果与标签的 IoU 越大，则最终匹配给它的标签值会越接近 1，反之会变小。

DSLA 的具体流程如下。

首先，如代码 2.16 中的第 13～34 行所示，初始化方法和匹配所需的参数。

其次，如代码 2.16 中的第 35～58 行所示，筛除不在 Ground Truth 中的 priors；FCOS 范式的网络把特征图上的每个网格点当作参考点，预测得到的数值是距离该参考点的 4 个数值（上、下、左、右），其做法是将每个落在 Ground Truth 范围内的 priors 都当作正样本，这同样是一种先验固定的规则。显然，将那些处于 Ground Truth 范围内和背景边缘的 priors 直接作为正样本是不太合适的。这里，NanoDet 先将在 Ground Truth 范围内的 priors 筛选出来，然后根据这些 priors 输出的预测类别和位置算出代价矩阵，进一步确定是否要将其当作正样本；同时，即使将其作为正样本，也会有软标签的衰减，这么做比原始的直接硬划分方法会更加合理。

然后，通过代码 2.16 中的第 60～88 行计算匹配的代价矩阵，主要是把落在 Ground Truth 范围内的 priors 筛选出来后就可以计算 IoU 损失、分类损失、距离损失了。

最后，通过 dynamic_k matching 方法并结合上一步得到的 Cost 矩阵进行动态匹配，决定哪些 priors 最终会得到正样本的监督训练，并在最后获得标签匹配的结果。

**代码 2.16　NanoDet 的标签匹配策略**

```
1. class DynamicSoftLabelAssigner(BaseAssigner):
2.     """Computes matching between predictions and ground truth with
3.     dynamic soft label assignment.
4.     Args:
5.         topk (int): Select top-k predictions to calculate dynamic k
6.             best matchs for each gt. Default 13.
7.         iou_factor (float): The scale factor of iou cost. Default 3.0.
```

```
8.      """
9.      def __init__(self, topk=13, iou_factor=3.0):
10.         self.topk = topk
11.         self.iou_factor = iou_factor
12.
13.     def assign(self, pred_scores, priors, decoded_bboxes, gt_bboxes, gt_labels,):
14.         """Assign gt to priors with dynamic soft label assignment.
15.         Args:
16.             pred_scores (Tensor): Classification scores of one image,
17.                 a 2D-Tensor with shape [num_priors, num_classes]
18.             priors (Tensor): All priors of one image, a 2D-Tensor with shape
19.                 [num_priors, 4] in [cx, xy, stride_w, stride_y] format.
20.             decoded_bboxes (Tensor): Predicted bboxes, a 2D-Tensor with shape
21.                 [num_priors, 4] in [tl_x, tl_y, br_x, br_y] format.
22.             gt_bboxes (Tensor): Ground truth bboxes of one image, a 2D-Tensor
23.                 with shape [num_gts, 4] in [tl_x, tl_y, br_x, br_y] format.
24.             gt_labels (Tensor): Ground truth labels of one image, a Tensor
25.                 with shape [num_gts].
26.         Returns:
27.             :obj:`AssignResult`: The assigned result.
28.         """
29.         INF = 100000000
30.         num_gt = gt_bboxes.size(0)
31.         num_bboxes = decoded_bboxes.size(0)
32.
33.         # assign 0 by default
34.         assigned_gt_inds = decoded_bboxes.new_full((num_bboxes,), 0, dtype=torch.long)
35.         prior_center = priors[:, :2]
36.         lt_ = prior_center[:, None] - gt_bboxes[:, :2]
37.         rb_ = gt_bboxes[:, 2:] - prior_center[:, None]
38.         deltas = torch.cat([lt_, rb_], dim=-1)
39.         is_in_gts = deltas.min(dim=-1).values > 0
40.         valid_mask = is_in_gts.sum(dim=1) > 0
41.         valid_decoded_bbox = decoded_bboxes[valid_mask]
42.         valid_pred_scores = pred_scores[valid_mask]
43.         num_valid = valid_decoded_bbox.size(0)
44.         if num_gt == 0 or num_bboxes == 0 or num_valid == 0:
45.             # No ground truth or boxes, return empty assignment
```

```
46.            max_overlaps = decoded_bboxes.new_zeros((num_bboxes,))
47.            if num_gt == 0:
48.                # No truth, assign everything to background
49.                assigned_gt_inds[:] = 0
50.            if gt_labels is None:
51.                assigned_labels = None
52.            else:
53.                assigned_labels = decoded_bboxes.new_full((num_bboxes,), -1, dtype=torch.long)
54.            return AssignResult(num_gt, assigned_gt_inds, max_overlaps, labels=assigned_labels)
55.        pairwise_ious = bbox_overlaps(valid_decoded_bbox, gt_bboxes)
56.        iou_cost = -torch.log(pairwise_ious + 1e-7)
57.
58.        gt_onehot_label = (
59.            F.one_hot(gt_labels.to(torch.int64), pred_scores.shape[-1])
60.            .float()
61.            .unsqueeze(0)
62.            .repeat(num_valid, 1, 1)
63.        )
64.        valid_pred_scores=valid_pred_scores.unsqueeze(1).repeat(1,num_gt,1)
65.        soft_label = gt_onehot_label * pairwise_ious[..., None]
66.        scale_factor = soft_label - valid_pred_scores
67.
68.        cls_cost = F.binary_cross_entropy(valid_pred_scores, soft_label,
69.                    reduction="none") * scale_factor.abs().pow(2.0)
70.        cls_cost = cls_cost.sum(dim=-1)
71.        cost_matrix = cls_cost + iou_cost * self.iou_factor
72.
73.        matched_pred_ious, matched_gt_inds = self.dynamic_k_matching(
74.            cost_matrix, pairwise_ious, num_gt, valid_mask
75.        )
76.        # convert to AssignResult format
77.        assigned_gt_inds[valid_mask] = matched_gt_inds + 1
78.        assigned_labels = assigned_gt_inds.new_full((num_bboxes,), -1)
79.        assigned_labels[valid_mask] = gt_labels[matched_gt_inds].long()
80.        max_overlaps = assigned_gt_inds.new_full((num_bboxes,), -INF, dtype=torch.float32)
81.        max_overlaps[valid_mask] = matched_pred_ious
82.        return AssignResult(num_gt, assigned_gt_inds, max_overlaps, labels=assigned_labels)
83.
84.    def dynamic_k_matching(self, cost, pairwise_ious, num_gt, valid_mask):
85.        """Use sum of topk pred iou as dynamic k. Refer from OTA and YOLOX.
```

```
86.        Args:
87.            cost (Tensor): Cost matrix.
88.            pairwise_ious (Tensor): Pairwise iou matrix.
89.            num_gt (int): Number of gt.
90.            valid_mask (Tensor): Mask for valid bboxes.
91.        """
92.        matching_matrix = torch.zeros_like(cost)
93.        # select candidate topk ious for dynamic-k calculation
94.        candidate_topk = min(self.topk, pairwise_ious.size(0))
95.        topk_ious, _ = torch.topk(pairwise_ious, candidate_topk, dim=0)
96.        # calculate dynamic k for each gt
97.        dynamic_ks = torch.clamp(topk_ious.sum(0).int(), min=1)
98.        for gt_idx in range(num_gt):
99.            _, pos_idx=torch.topk(cost[:,gt_idx],k=dynamic_ks[gt_idx]
    .item(),largest=False)
100.            matching_matrix[:, gt_idx][pos_idx] = 1.0
101.      del topk_ious, dynamic_ks, pos_idx
102.
103.      prior_match_gt_mask = matching_matrix.sum(1) > 1
104.      if prior_match_gt_mask.sum() > 0:
105.          cost_min, cost_argmin = torch.min(cost[prior_match_gt_
    mask, :], dim=1)
106.          matching_matrix[prior_match_gt_mask, :] *= 0.0
107.          matching_matrix[prior_match_gt_mask, cost_argmin] = 1.0
108.      # get foreground mask inside box and center prior
109.      fg_mask_inboxes = matching_matrix.sum(1) > 0.0
110.      valid_mask[valid_mask.clone()] = fg_mask_inboxes
111.      matched_gt_inds = matching_matrix[fg_mask_inboxes, :].argmax(1)
112.      matched_pred_ious = (matching_matrix * pairwise_ious).sum(1)
    [fg_mask_inboxes]
113.      return matched_pred_ious, matched_gt_inds
```

NanoDet 的检测结果如图 2.70 所示。

图 2.70　NanoDet 的检测结果

## 2.5 自动驾驶中的交通信号灯的检测与识别

交通信号灯的检测与识别是无人驾驶与辅助驾驶必不可少的一部分，其识别准确度直接关乎智能驾驶的安全。一般而言，在实际的道路场景中采集的交通信号灯图像具有复杂的背景，且感兴趣的交通信号灯区域只占很少的一部分。针对这些难点，国内外的众多研究者提出了相应的解决方案。但目前更多的是使用具有强学习能力的卷积神经网络进行检测与识别，这里选择使用具有轻量化性能的 YOLOv5-Lite 进行该项目的实施与落地。

### 2.5.1 YOLOv5-Lite 算法的原理

YOLOv5-Lite 在 YOLOv5 的基础上进行了轻量化改进，让模型在速度和准确度间做到了进一步的平衡，可以在保证拥有比较不错的准确度的情况下在移动端进行实时检测与识别。

YOLOv5-Lite 同 YOLOv5 一样，是一个基于 Anchor Box 的单阶段目标检测架构，其主要分为以下 5 部分。

- 输入端：Mosaic 数据增强、自适应 Anchor Box 计算、自适应图像缩放。
- Backbone：提取出高、中、低层特征，使用 CSP 结构、SiLU 等操作。
- Neck：使用 FPN+PAN 结构将各层次的特征进行融合并提取出大、中、小特征图。
- Head：进行最终检测，在特征图上应用 Anchor Box，并生成带有类别概率、类别得分和目标框的最终输出向量。
- 损失函数：计算预测结果与 Ground Truth 之间的损失。

由于前面已经非常详细地讲解了 YOLOv5 的原理和改进的细节，因此对于 YOLOv5-Lite，这里只针对其相对于 YOLOv5 改进的部分进行原理讲解和说明。

通过图 2.71 可以看出，相较于 YOLOv5，YOLOv5-Lite 的主要改进如下。

- Backbone：使用 ShuffleNet v2 作为 Backbone，使得整个模型变得更加轻量化。
- Neck：依旧使用 FPN+PAN 结构，但是其组成不再是 CSPBlock，而是更加轻量化的 Ghost Module 结构。

1. Backbone

YOLOv5-Lite 的 Backbone 选择的是 ShuffleNet v2。为什么是 ShuffleNet 呢？这里先给出 *ShuffleNet v2* 论文中关于轻量化模型设计的 4 条准则。

（1）同等通道大小可以最小化内存访问量。

（2）过量使用组卷积会增加 MAC。

（3）网络过于碎片化（特别是多路）会降低并行度。

（4）不能忽略元素级操作（如 Shortcut 和 Add）。

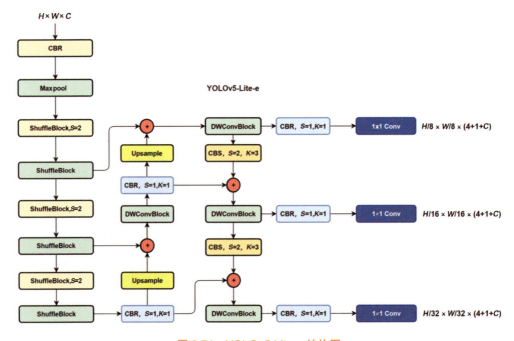

图 2.71　YOLOv5 Lite-e 结构图

YOLOv5-Lite 的 Backbone 如图 2.72 所示，在实际使用时，考虑到下游任务，这里摘除了用于分类的 Avg-Pooling、FC 和 Softmax，同时摘除了 Shufflenet v2 的 1×1 卷积。

2．Neck

如图 2.73 所示，YOLOv5-Lite 还避免了多次使用 C3 Layer，C3 Layer 是 YOLOv5 中被频繁使用的模块。但 C3 Layer 采用多路卷积，试验测试证明，频繁使用 C3 Layer 或使用通道数较多的 C3 Layer 会占用较多的缓存空间，这对于计算能力和存储有限的边缘计算设备是很不友好的，因此这里选择使用 DW Block 来代替 C3 Layer。DW Block 主要是由深度卷积和 BN、ReLU 构成的，不涉及 Shortcut，对内存比较友好。

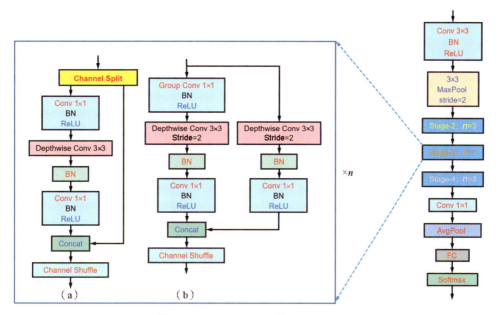

图 2.72　YOLOv5-Lite 的 Backbone

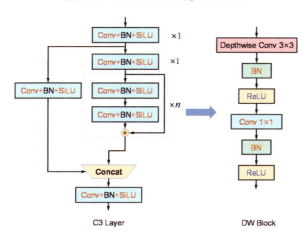

图 2.73　YOLOv5-Lite Neck 中 C3 Layer 的改进

关于 Neck 的设计，YOLOv5-Lite 也不约而同地使用了 FPN+PAN 结构，但是 YOLOv5-Lite 对 YOLOv5 的检测 Head 进行了通道剪枝。剪枝细则参考了 ShuffleNet v2 的设计准则，同时改进了 YOLOv4 中的 FPN+PAN 结构。具体来说，就是为了最优化内存的访问和使用，YOLOv5-Lite 选择使用相同的通道数（e 模型的 Neck 通道数为 96）。

如图 2.74 所示，YOLOv5-Lite 为了进一步优化内存的使用，选择在 FPN+PAN 中将 C3 Layer 用深度卷积替代，同时将 PAN 阶段的 Concat 操作和 3×3 卷积分别替换为 Add 操作与深度卷积，这样便可以做到信息的损失最小。

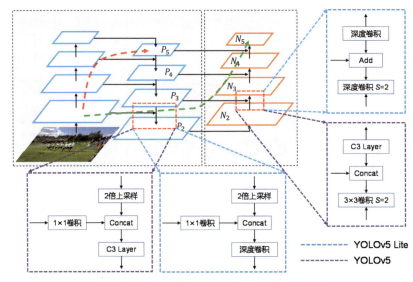

图 2.74　YOLOv5-Lite Neck 的轻量化改进

## 2.5.2　基于 YOLOv5-Lite 的交通信号灯检测项目实践

### 1. 数据集

该项目数据集为 BDD100K 数据集的子集，其标签分别是 "tl_green" "tl_red" "tl_yellow"，分别代表绿灯、红灯和黄灯，该数据集也将随本书配套资源开源。其中，训练集总共有 36728 幅图像，验证集总共有 5283 幅图像。交通信号灯检测数据集展示如图 2.75 所示。

图 2.75　交通信号灯检测数据集展示

## 2. YOLOv5-Lite 模型

图 2.76 所示的架构以 YOLOv5s 的网络结构为主线进行构建，官方主要是以 YAML 文件进行的，这里只对 YAML 文件进行展示，具体实现可以参见官方源代码或本书配套资源。

通过图 2.76 可看出，YOLOv5-Lite-e 模型主要包括 Backbone、Neck、Prediction 这 3 部分。其中，Backbone 主要是由 ShuffleNetBlock 构建的 CSPDarkNet。YOLOv5-Lite 框架还有其他几个版本的模型，分别是 Lite-c、Lite-g 和 Lite-s。

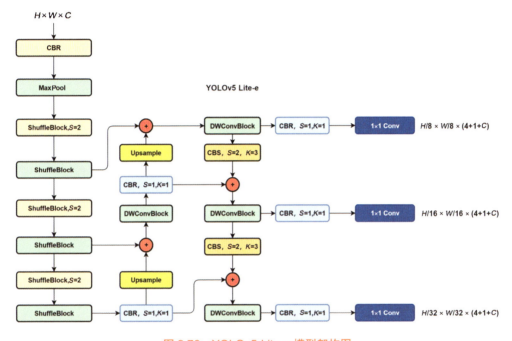

图 2.76　YOLOv5-Lite-e 模型架构图

YOLOv5-Lite-e 的 Neck 主要是由 FPN+PAN 结构组成的，同时针对其 C3 Layer 进行了轻量化改进，替换为了 DW Block。具体配置可以参见下面的 YAML 文件，即代码 2.17。

如代码 2.17 所示，考虑到轻量化设计，第 11~20 行代码表明 YOLOv5-Lite-e 选择的是 ShuffleNet v2 Backbone 网络。为了使模型更加轻量化，YOLOv5-Lite-e 对 FPN+PAN 也进行了改进，如代码 2.17 中的第 26、31、33、35、37 行所示，作者将 YOLOv5 中堆叠的卷积模块替换为了 DW Block，即深度可分离卷积模块。这样便可以实现 Neck 部分的轻量化改进。

**代码 2.17　YOLOv5-Lite-e 的整体网络结构**

```
1.  # parameters
2.  nc: 3    # 总共有 3 种交通信号灯，因此这里的类别数量为 3
3.  depth_multiple: 1.0  # model depth multiple
4.  width_multiple: 1.0  # layer channel multiple
5.  # anchors
6.  anchors:
7.    - [ 10,13, 16,30, 33,23 ]    # P3/8
8.    - [ 30,61, 62,45, 59,119 ]   # P4/16
9.    - [ 116,90, 156,198, 373,326 ]  # P5/32
10. # ShuffleNet v2 Backbone
11. backbone:
12.   # [from, number, module, args]
13.   [ [ -1, 1, conv_bn_relu_maxpool, [ 32 ] ],     # 0-P2/4
14.     [ -1, 1, Shuffle_Block, [ 116, 2 ] ], # 1-P3/8
15.     [ -1, 3, Shuffle_Block, [ 116, 1 ] ], # 2
16.     [ -1, 1, Shuffle_Block, [ 232, 2 ] ], # 3-P4/16
17.     [ -1, 7, Shuffle_Block, [ 232, 1 ] ], # 4
18.     [  1, 1, Shuffle_Block, [ 464, 2 ] ], # 5-P5/32
19.     [ -1, 1, Shuffle_Block, [ 464, 1 ] ], # 6
20.   ]
21. # YOLOv5-Lite-e head ==> FPN+PAN
22. head:
23.   [ [ -1, 1, Conv, [ 96, 1, 1 ] ],
24.     [ -1, 1, nn.Upsample, [ None, 2, 'nearest' ] ],
25.     [ [ -1, 4 ], 1, Concat, [ 1 ] ],   # cat backbone P4
26.     [ -1, 1, DWConvblock, [96, 3, 1] ],  # 10
27.
28.     [ -1, 1, Conv, [ 96, 1, 1 ] ],
29.     [ -1, 1, nn.Upsample, [ None, 2, 'nearest' ] ],
30.     [ [ -1, 2 ], 1, Concat, [ 1 ] ],   # cat backbone P3
31.     [ -1, 1, DWConvblock, [96, 3, 1] ],  # 14 (P3/8-small)
32.
33.     [-1, 1, DWConvblock, [96, 3, 2]],
34.     [ [ -1, 11 ], 1, ADD, [ 1 ] ],   # cat head P4
35.     [ -1, 1, DWConvblock, [96, 3, 1] ],  # 17 (P4/16-medium)
36.
37.     [ -1, 1, DWConvblock, [ 96, 3, 2 ] ],
38.     [ [ -1, 7 ], 1, ADD, [ 1 ] ],   # cat head P5
39.     [ -1, 1, DWConvblock, [96, 3, 1] ],  # 20 (P5/32-large)
40.     [ [ 14, 17, 20 ], 1, Detect, [ nc, anchors ] ],   # Detect(P3, P4, P5)
41.   ]
```

如果读者只进行模型训练而不涉及模型的改进，那么参考代码 2.18，只需修改第 1、2 行代码的数据集路径、数据集类别数量和数据集类别名称，并形成一个训练数据集的 YAML 文件配置即可。

代码 2.18　训练的 coco128.yaml

```
1. train: ../traffic_light/images/train/    # 交通信号灯数据集训练图像位置
2. val: ../traffic_light/images/val/        # 交通信号灯数据集验证图像位置
3. # 交通信号灯数据集类别数量
4. nc: 3
5. # 交通信号灯数据集类别名称
6. names: [ 'tl_green', 'tl_red', 'tl_yellow']
7. # 直接执行下面的指令即可开启训练
8. python train.py --data traffic_light.yaml --cfg v5lite-e.yaml --weights
   v5lite-e.pt --batch-size 128
```

训练结束后进行检测，结果如图 2.77 所示。

图 2.77　YOLOv5-Lite 的检测结果

## 2.6　3D 目标检测

随着 CNN 的快速发展，它在二维图像领域已经取得了非常优秀的成果，但是扩展到 3D 领域，不管是网络参数的数量还是模型的计算复杂度，或者是数据的存储量，都影响着 CNN 在 3D 领域的应用落地和发展。与 2D 图像上的目标检测不同，3D 目标检测的主要任务是确定可以表示某一类目标姿态的 3D 检测框。该 3D 检测框不仅包含该目标在真实世界的空间位置信息，还包含该目标的朝向、旋转状态等信息。

点云数据是一个由无序的数据点构成的集合，因此在点云数据上进行深度学习一直是一个比较困难的任务。在使用深度学习模型处理点云数据之前，往往需要对点云数据进行处理。目前基于点云数据的深度学习方法主要可以分为以下 4 类。

（1）Voxel-Based 方法：将点云数据划分到具有空间依赖关系的体素中。该方法通过分割将目标物体表达成体素，并对其进行与二维卷积类似的三维卷积，但是类似的方法因为引入了三维卷积，所以模型的计算量也在成倍地增加，运算复杂度也很高，对于实际的落地应用具有比较大的挑战。

（2）Multi-View Based 方法：为了充分利用卷积在二维图像上的优秀表现，该方法首先将点云数据投影到特定视角下的二维平面上，如鸟瞰图（Bird-View，BEV）和前视图（Front-View），然后通过多视角下的二维图像组合为三维图像。这种方法还可以融合 RGB 图像来提取特征，但缺点是在投影的过程中往往会丢失一些点云信息。

（3）Point-Based 方法：直接在点云数据上进行深度学习模型的开发。

（4）Image+Point-Based 方法：如 Lahoud 等人提出的在 RGB 图像上的三维检测方法，它充分利用了 CNN 在二维图像上的优势，又尽可能减少对三维数据的空间搜索；此外，F-PointNet 也使用了类似的方法。

Voxel-Based 方法的主要代表算法有 VoxelNet、SECOND、PointPillars 等。

Multi-View Based 方法的主要代表算法有 DETR3D、BEVDet、BEVFormer 等。

Point-Based 方法的主要代表算法有 PointRCNN、3DSSD、SASSD 等。

Image+Point-Based 方法的主要代表算法有 F-PointNet、F-ConvNet、Pyramid R-CNN 等。

鉴于篇幅，不能对每个算法都进行详细的讲解，这里只针对 Voxel-Based 方法的经典算法 PointPillars 和 Multi-View Based 的算法 BEVFormer 进行讲解。

### 2.6.1 PointPillars

*PointPillars: Fast Encoders for Object Detection from Point Clouds*（以下简称 *PointPillars*）论文中提出了 PointPillars 算法，其最大的贡献是在 VoxelNet 中 Voxel 的基础上提出了一种改进版本的点云表征方法 Pillar，可以将点云转换成伪图像（Pseudo Image），进而通过 2D 卷积实现目标检测。

如图 2.78 所示，PointPillars 整个网络架构分为以下 3 部分。

（1）Pillar Feature Net：将输入的点云数据转换为稀疏的伪图像特征。

（2）Backbone（2D CNN）：处理伪图像特征并得到具有高层语义信息的特征。

（3）Detection Head（SSD）：检测和回归 3D 目标框。

# 第 2 章 目标检测在自动驾驶中的应用

图 2.78　PointPillars 的网络架构

## 1．Pillar Feature Net

如图 2.79 所示，VoxelNet 在进行体素划分时，是在 $D$、$H$、$W$ 这 3 个维度上进行的，生成 4D 张量进行后续的检测工作，但是由于 4D 张量导致 VoxelNet 必须使用 3D 卷积进行后面的特征提取和检测操作，导致 VoxelNet 的速度成为其落地的瓶颈。

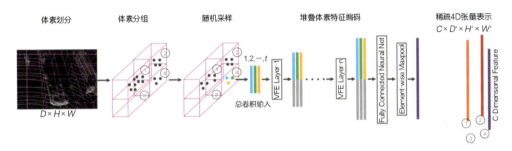

图 2.79　VoxelNet 体素到 4D 特征的过程

如图 2.80 所示，PointPillars 在进行体素划分时，是仅仅在 $H$、$W$ 维度上进行的，直接从俯视的视角划分 Pillar，利用 PointNet 来学习以 Pillar 组织的点云的表示，进而构成类似图像的伪图像特征数据。

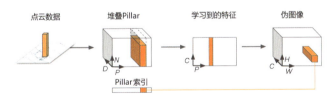

图 2.80　PointPillars 体素到伪图像特征的过程

PointPillars 设计的这一套编码方式将激光雷达输出的三维坐标转换为伪图像的具体流程如下。

（1）通常从激光雷达中获取的点云表示形式一般是 $x$、$y$、$z$ 和反射强度 $r$。

（2）将点云离散到 $x$-$y$ 平面的均匀间隔的网格中，从而创建一组 Pillar 集 $P$，且有 $|P|=B$，$z$ 轴不需要参数进行控制。

（3）将每个 Pillar 中的点增加 $x_c$、$y_c$、$z_c$、$x_p$ 和 $y_p$（其中，$c$ 表示 Pillar 中心到

Pillar 中所有点的算术平均值的距离，p 表示到 Pillar x 和 y 中心的偏移量）。这样，激光雷达中的每个点就具有了 9 维的特征。

（4）对每个样本的非空 Pillar 数（P）和每个 Pillar 中的点数（N）施加限制，以此来创建大小为(D,P,N)的张量。如果 Pillar 中的数据太多，则进行随机采样；如果 Pillar 中的数据太少，则使用 0 填充。

（5）使用简化版本的 PointNet 对张量化的点云数据进行处理和特征提取（对每个点都运用 FC 层+BN+ReLU），以此来生成一个 $C\times P\times N$ 的张量，对于在通道上进行最大池化操作，输出一个 $C\times P$ 的张量。

（6）编码后的特征通过索引变回原始的 Pillar 位置，创建形状为 $C\times H\times W$ 的伪图像。

这样得到的伪图像编码特征就可以与任何标准的 2D 卷积检测架构一起使用了。同时，PointPillars 进一步提出了一个精简的下游网络，在速度和准确度方面都大大优于以前的编码器。

2．Backbone

PointPillars 使用了与 VoxelNet 类似的 Backbone 网络，如图 2.81 所示。Backbone 网络有两个子网络：第一个自上而下的网络用来生成具有不同分辨率的特征，第二个网络对第一个网络所产生的具有不同分辨率的特征进行上采样并进行特征的拼接（Concat），最终的输出特征的大小为 $6C\times H/2\times W/2$。

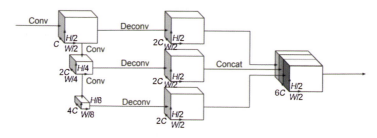

图 2.81 PointPillars 的 Backbone 网络

3．Detection Head

在 PointPillars 中，使用 Single Shot Detector（SSD）来进行 3D 目标检测。

对于 SSD 的先验框与真实框的匹配原则主要有以下两点。

（1）对于图像中的每个真实框，找到与其 IoU 最大的先验框，该先验框与该真实框匹配并表示为正样本。

（2）对于剩余未匹配的先验框，若它与某个真实框的 IoU 大于某个阈值（一般是 0.5），那么该先验框也与这个真实框匹配并表示为正样本。

PointPillasr 在样本匹配方面与 SSD 类似，在先验框与真实框匹配的过程中，使用的是 2D IoU 匹配方式，直接从生成的特征图，即 BEV 视角进行匹配，不需要考虑高度信息。

这里不考虑高度信息的原因有两个：①在 KITTI 数据集中，所有的物体都是在三维空间的同一个平面中的，不存在物体在物体上面的情况；②所有类别物体之间的高度差别不是很大，直接使用 Smooth L1Los 回归就可以得到很好的结果。

同时要注意一点，PointPillars 针对不同的类别，对于先验框与真实框的 IoU 匹配的阈值也是不同的，对于车、行人、自行车，其对应的 IoU 阈值分别是 0.45、0.35 和 0.35。

### 4．损失函数

如图 2.82 所示，在 PointPillars 的损失函数的计算中，使用了与 SECOND 相同的损失函数计算方式，分别包括回归损失、分类损失、方向损失。

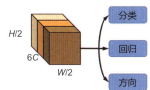

图 2.82　PointPillars 的 Detection Head

这里每个矩形框都包含 $x$、$y$、$z$、$w$、$l$、$h$、$\theta$ 这 7 个参数，矩形框回归任务的回归残差定义如下：

$$\Delta x = \frac{x^{gt} - x^a}{d^a}, \quad \Delta y = \frac{y^{gt} - y^a}{d^a}, \quad \Delta z = \frac{z^{gt} - z^a}{h^a}$$

$$\Delta w = \log \frac{w^{gt}}{w^a}, \quad \Delta l = \log \frac{l^{gt}}{l^a}, \quad \Delta h = \log \frac{h^{gt}}{h^a} \qquad (2.21)$$

$$\Delta \theta = \sin\left(\theta^{gt} - \theta^a\right)$$

式中，$x^{gt}$ 代表标注框的 $x$ 长度；$x^a$ 代表先验框的长度信息；$d^a$ 代表先验框的长度和宽度的对角线距离，定义为 $d^a = \sqrt{\left(w^a\right)^2 + \left(l^a\right)^2}$。定位损失函数如下：

$$L_{loc} = \sum_{b \in (x,y,z,w,l,h,\theta)} \mathrm{Smooth} L_1 (\Delta b) \qquad (2.22)$$

对于分类损失，PointPillars 使用了 Focal Loss 来实现正/负样本的均衡、困难样本挖掘。分类损失定义如下：

$$L_{cls} = -\alpha_a \left(1 - p^a\right)^\gamma \log p^a \qquad (2.23)$$

式中，$\alpha$ 和 $\gamma$ 都与 RetinaNet 中的设置一样，分别为 0.25 和 2。

对于方向损失，由于 PointPillars 在进行角度回归时，不可以完全区分两个方向完全相反的预测框，所以在实现时，PointPillars 加入了对预测框的方向分类，使用 Softmax 函数预测方向的类别：

$$L_{dir} = \sum \theta_t \log \left(\mathrm{Softmax}\left(\theta_p\right)\right) \qquad (2.24)$$

式中，$\theta_p$ 为预测结果；$\theta_t$ 为实际值。因此最终的损失函数如下：

$$L = \frac{1}{N_{\text{pos}}}(\beta_{\text{loc}}L_{\text{loc}} + \beta_{\text{cls}}L_{\text{cls}} + \beta_{\text{dir}}L_{\text{dir}}) \qquad (2.25)$$

式中，$\beta_{\text{loc}}$、$\beta_{\text{cls}}$、$\beta_{\text{dir}}$ 分别为回归损失、分类损失和方向损失的调节系数。

### 2.6.2 BEVFormer

在自动驾驶中，根据多个摄像头的 2D 线索预测 3D 矩形框或语义图的最直接的解决方案是基于单目框架和跨摄像头后处理。该框架的缺点是它仅仅能够单独处理不同的视图，无法跨摄像头捕获信息，导致性能和效率低下。

作为单目框架的替代方案，更统一的框架是从多摄像头图像中提取整体表示。鸟瞰图（BEV）是一种常用的场景表示，因为它清楚地显示了物体的位置和尺度，并且适用于各种自主驾驶任务，如感知和规划。

尽管之前的地图分割方法证明了 BEV 的有效性，但基于 BEV 的方法在 3D 目标检测方面没有显示出比其他范式显著的优势，根本原因是 3D 目标检测任务需要强大的 BEV 特征来支持准确的 3D 边界框预测，但从 2D 平面生成 BEV 特征并不具有适应性，而不准确的 BEV 特征又会严重影响 3D 目标检测的最终性能。

*BEVFormer: Learning Bird's-Eye-View Representation from Multi-Camera Images via Spatiotemporal Transformers* 论文中提出的方法 BEVFormer 使得 BEV 特征的生成不再依赖深度信息和严格的 3D 先验知识便可以自适应地生成。BEVFormer 通过预定义的网格状 BEV 查询与空域和时域进行交互，从而利用空间和时间信息。

如图 2.83 所示，BEVFormer 同时应用 Transformer 和 Temporal 结构从多摄像头输入生成 BEV 特征，并利用查询来查找时空空间，聚合相应的时空信息，从而获取更有利于感知任务的强表示。

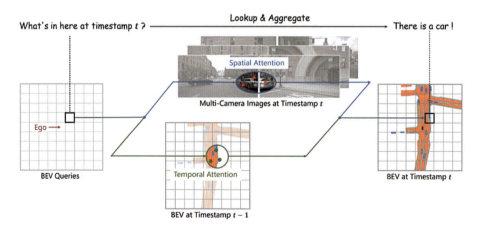

图 2.83　BEVFormer 示意图

BEVFormer 设计包含以下 3 个关键点。

（1）**网格形状的 BEV 查询**：通过注意力机制灵活地融合空间和时间特征。

（2）**空间交叉注意力模块**：从多摄像头图像中聚合空间特征。

（3）**时间自注意力模块**：从历史 BEV 特征中提取时间信息，解决运动对象的速度估计和严重遮挡的检测问题，同时带来的计算开销可以忽略不计。

图 2.84 是 BEVFormer 的整体架构。BEVFormer 有 6 个编码层，除了前面提到的 3 种定制设计，即 BEV 查询、空间交叉注意力模块和时间自注意力模块，每个编码层都遵循 Transformer 的传统结构。

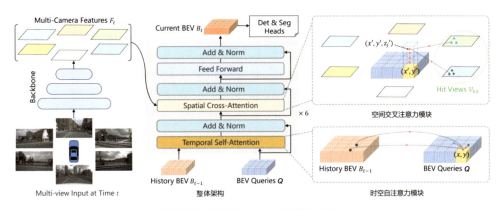

图 2.84　BEVFormer 的整体架构

具体来说，BEV 查询是网格状的可学习参数，旨在通过注意力机制从多摄像头视图中查询 BEV 空间特征。空间交叉注意力和时间自注意力是用于 BEV 查询的注意力模块，根据 BEV 查询，查找和聚合多摄像头图像空间特征和历史 BEV 时空特征。

在空间交叉注意力模块中，每个 BEV 查询只与感兴趣区域的图像特征进行交互。空间交叉注意力的数学表达式如下：

$$\text{SCA}(Q_p, F_t) = \frac{1}{|\mathcal{V}_{\text{hit}}|} \sum_{i \in \mathcal{V}_{\text{hit}}} \sum_{j=1}^{N_{\text{def}}} \text{DeformAttn}\left(Q_p, P(p,i,j), F_t^i\right)$$

$$\text{DeformAttn}(q, p, x) = \sum_{i=1}^{N_{\text{head}}} \sum_{j=1}^{N_{\text{key}}} A_{ij} \cdot w_i' x\left(p + \Delta p_{ij}\right)$$

（2.26）

在时间自注意力模块中，每个 BEV 查询与两个特征进行交互，即当前时间戳的 BEV 查询和前一时间戳的 BEV 特征。时间自注意力的数学表达式如下：

$$\text{TSA}(Q_p, F_t) = \sum_{v \in \{Q, B'_{t-1}\}} \text{DeformAttn}(Q_p, p, V)$$

$$\text{DeformAttn}(q, p, x) = \sum_{i=1}^{N_{\text{head}}} \sum_{j=1}^{N_{\text{key}}} A_{ij} \cdot w'_i x (p + \Delta p_{ij})$$

（2.27）

由于 BEV 特征是一种通用的 2D 特征图，所以可以基于 2D 目标检测方法开发 3D 目标检测的 Detection Head。

因此，对于 3D 目标检测，BEVFormer 设计了一种基于 2D 检测器 Deformable DETR 的端到端 3D 检测 Head。BEVFormer 使用单尺度 BEV 特征作为解码器的输入，预测 3D 边界框和速度，而不是 2D 边界框，仅使用 L1 损失来监督 3D 边界框回归。

在推理阶段，BEVFormer 在时间戳 t 处把多摄像头图像送给 Backbone 网络进行各个视角图像的特征提取（ResNet101），以获得不同摄像头视野的特征 $F_t = \left[ F_t^i \right]_{i=1}^{N_{\text{view}}}$，其中，$F_t^i$ 是第 i 个视野的特征，$N_{\text{view}}$ 是所有视野的数量；与此同时，提取前一个时间戳 t−1 的 BEV 特征。

在每个编码器层，首先，时间自注意力模块通过 BEV Queries $Q$ 查询前一个时间戳 t−1 的 BEV 特征的时间信息。

其次，BEV Queries 通过空间交叉注意力模块从多摄像头特征 $F_t$ 中查询空间特征。

然后，经过前馈网络和编码器层得到细化的 BEV 特征，作为下一个编码器层的输入，经过 6 个叠加的编码器层后得到统一的 BEV 特征。

最后，将 BEV 特征送入 3D 矩形框 Detection Head 进行目标检测。图 2.85 所示为 BEVFormer 的检测结果。

图 2.85　BEVFormer 的检测结果

## 2.6.3 基于 OpenPCDet 的 3D 目标检测项目实践

### 1. OpenPCDet 简介

随着自动驾驶与机器人技术的不断发展，基于点云表征的 3D 目标检测在近年来得到了不断的发展。然而，层出不穷的点云数据集（KITTI、NuScene、Lyft、Waymo、PandaSet 等）在数据格式与 3D 坐标系上往往定义各不相同，各式各样的点云感知算法（Point-Based、Voxel-Based、One-Stage、Two-Stage 等）也形态各异，使得相关研究者难以在一个统一的框架内进行各种组合实验。

为此，商汤科技开源了一套基于 PyTorch 实现的点云 3D 目标检测代码库 OpenPCDet。不同于图像处理，在点云 3D 目标检测中，不同数据集的繁多 3D 坐标定义与转换往往使研究者迷失其中。为此，OpenPCDet 定义了统一的标准化 3D 坐标表示，贯穿整个数据处理与模型计算，从而将数据模块与模型处理模块完全分离，其优势体现在以下几方面。

（1）研究者在研发不同的结构模型时，统一使用标准化的 3D 坐标系进行各种相关处理（如计算损失、RoI 池化和模型后处理等），而无须理会不同数据集的坐标表示差异性。

（2）研究者在添加新数据集时，只需写少量代码将原始数据转化到标准化坐标定义下，OpenPCDet 将自动进行数据增强并适配到各种模型中。

OpenPCDet 是一个通用的基于 PyTorch 的代码库，用于对 3D 点云进行目标检测。它目前支持多种先进的 3D 目标检测方法，并为一阶段和两阶段 3D 检测框架提供高度重构的代码。如图 2.86 所示，OpenPCDet 能够将点云坐标的数据与模型分离开来，可轻松扩展到自定义数据集，同时可以支持各种 3D 检测模型。

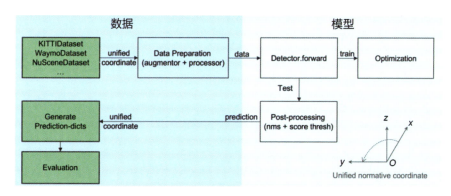

图 2.86　OpenPCDet 数据模型分类

基于如图 2.87 所示的灵活且全面的模块化设计在 OpenPCDet 中搭建 3D 目标框架：首先只需写 config 文件将所需模块定义清晰，然后 OpenPCDet 将自动根据模块间的拓扑顺序组合 3D 目标框架来进行训练和测试。

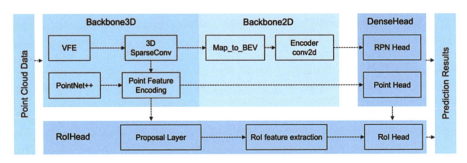

图 2.87　OpenPCDet 模块化设计

### 2．KITTI 数据集简介

KITTI 数据集是一个用于自动驾驶场景下的计算机视觉算法测评数据集，由德国卡尔斯鲁厄理工学院（KIT）和丰田工业大学芝加哥分校（TTIC）共同创立。图 2.88 即 KITTI 数据集的可视化结果。

图 2.88　KITTI 数据集的可视化结果

KITTI 数据集主要包含的场景有市区、乡村和高速公路，数据集组成如下。
- 立体图像和光流图：389 对。
- 视觉测距序列：39.2 km。
- 3D 标注物体的图像组成：超过 $200×10^3$ 幅。
- 采样频率：10Hz。
- 3D 物体检测类别：car、van、truck、pedestrian、pedestrian(sitting)、cyclist、tram、misc。

下面介绍 PointPillars 网络结构和数据预处理的相关内容。

**PointPillars** 的处理过程是将 3D 点云数据直接以俯视图的形式进行获取，在点云中假设有 $N×3$ 个点的信息，这些点均在 KITTI Lidar 坐标系 $x$、$y$、$z$ 中。如图 2.89 所示，其中的所有点都会被分配到均等大小的 $x$-$y$ 平面的立方柱中，这个立方柱就称为 Pillar。

图 2.89　Pillar 的划分

如代码 2.19 所示，KITTI 的点云数据是 4 维数据 $(x,y,z,r)$，其中，$x$、$y$、$z$ 是该点在点云中的坐标，$r$ 是该点的反射强度（与物体材质和激光入射角度等有关）；并且在将所有点放入每个 Pillar 中时，不需要像 Voxel 那样考虑高度，可以将一个 Pillar 理解为一个 $z$ 轴上的所有 Voxel 组在一起。

在进行 PointPillars 数据增强时，需要对 Pillar 中的数据进行增强操作，需要将每个 Pillar 中的点增加 5 个维度的数据，包含 $x_c$、$y_c$、$z_c$、$x_p$ 和 $y_p$，其中，下标 $c$ 代表每个点云到该点所对应 Pillar 中所有点平均值的偏移量，$p$ 代表该点距离所在 Pillar 中心点 $(x,y)$ 的偏移量。经过数据增强后，每个点的维度是 9，包含 $x$、$y$、$z$、$r$、$x_c$、$y_c$、$z_c$、$x_p$ 和 $y_p$。

经过上述操作后，就可以把原始 $N \times 3$ 的点云结构变换成 $D \times P \times N$，其中，$D$ 代表每个点云的特征维度，即每个点云的 9 个特征；$P$ 代表所有非空的 Pillar；$N$ 代表每个 Pillar 中点云数据的个数。

**代码 2.19　将点云转化为 Voxel**

```
1.  def transform_points_to_voxels(self, data_dict=None, config=None):
2.          #将初始化点云转换成 Pillar 需要的参数
3.          if data_dict is None:
4.              # KITTI 截取的点云范围是[0, -39.68, -3, 69.12, 39.68, 1]
5.              # 得到[69.12, 79.36, 4]/[0.16, 0.16, 4] = [432, 496, 1]
6.              grid_size=(self.point_cloud_range[3:6]-
    self.point_cloud_range[0:3])/np.array(config.VOXEL_SIZE)
7.              self.grid_size = np.round(grid_size).astype(np.int64)
8.              self.voxel_size = config.VOXEL_SIZE
9.              # just bind the config, we will create the VoxelGeneratorWrapper
    later,
10.             # to avoid pickling issues in multiprocess spawn
```

```
11.            return partial(self.transform_points_to_voxels, config=config)
12.        if self.voxel_generator is None:
13.            self.voxel_generator = VoxelGeneratorWrapper(
14.                #给定每个Pillar的大小:[0.16, 0.16, 4]
15.                vsize_xyz=config.VOXEL_SIZE,
16.                #给定点云的范围:[0, -39.68, -3, 69.12, 39.68, 1]
17.                coors_range_xyz=self.point_cloud_range,
18.                #给定每个点云的特征维度,这里是x、y、z、r
19.                num_point_features=self.num_point_features,
20.                #给定每个Pillar中最多能有多少个点,这里是32
21.                max_num_points_per_voxel=config.MAX_POINTS_PER_VOXEL,
22.                #最多选取多少个Pillar,因为生成的Pillar中很多是里面没有点的
23.                # 从可视化图像中查看到这里只需得到非空的Pillar即可
24.                max_num_voxels=config.MAX_NUMBER_OF_VOXELS[self.mode],
25.            )
26.        points = data_dict['points']
27.        # 生成Pillar输出
28.        voxel_output = self.voxel_generator.generate(points)
29.        # 假设1份点云数据是N×4,那么经过Pillar生成后会得到3份数据
30.        # voxels 代表每个生成的Pillar数据,维度是(M,32,4)
31.        # coordinates 代表每个Pillar所在的x轴、y轴、z轴坐标,维度是(M,3),其中z恒为0
32.        # num_points 代表每个生成的Pillar中有多少个有效的点维度是(M,),因为不满
    32会被0填充
33.        voxels, coordinates, num_points = voxel_output
34.        if not data_dict['use_lead_xyz']:
35.            voxels = voxels[..., 3:]  # remove xyz in voxels(N, 3)
36.        data_dict['voxels'] = voxels
37.        data_dict['voxel_coords'] = coordinates
38.        data_dict['voxel_num_points'] = num_points
39.        return data_dict
```

如代码2.20所示,在经过如代码2.19所示的预处理之后,就获得了一个($D,P,N$)张量;接下来这里使用了一个简化版的 PointNet 对点云数据进行特征提取(如 PFNLayer 先将这些点通过 MLP 升维,然后接 BN 层和 ReLU 激活层),便可以得到一个($C,P,N$)形状的张量;之后使用最大池化操作提取每个 Pillar 中最能代表该 Pillar 的点。那么输出张量的形状由($C,P,N$)变为($C,P$);经过上述操作编码后的点需要重新被放回原来对应 Pillar 的($x,y$)位置上,生成伪图像数据。

代码2.20  Pillar Feature Network

```
1. class PFNLayer(nn.Module):
2.     def __init__(self, in_channels, out_channels, use_norm=True, last_
   layer=False):
```

```
3.          super().__init__()
4.          self.last_vfe = last_layer
5.          self.use_norm = use_norm
6.          if not self.last_vfe:
7.              out_channels = out_channels // 2
8.          if self.use_norm:
9.              # 根据 PointPillars 论文,这是简化版 PointNet 网络层的初始化
10.             self.linear = nn.Linear(in_channels, out_channels, bias=False)
11.             self.norm = nn.BatchNorm1d(out_channels,eps=1e-3,momentum=0.01)
12.         else:
13.             self.linear = nn.Linear(in_channels, out_channels, bias=True)
14.         self.part = 50000
15.
16.     def forward(self, inputs):
17.         if inputs.shape[0] > self.part:
18.             # nn.Linear performs randomly when batch size is too large
19.             num_parts = inputs.shape[0] // self.part
20.             part_linear_out=[self.linear(inputs[num_part*self.part:
    (num_part + 1) * self.part]) for num_part in range(num_parts + 1)]
21.             x = torch.cat(part_linear_out, dim=0)
22.         else:
23.             # x 的维度由 (M, 32, 10) 升维成了 (M, 32, 64)
24.             x = self.linear(inputs)
25.         torch.backends.cudnn.enabled = False
26.         # BatchNorm1d 层:(M, 64, 32) --> (M, 32, 64)
27.         x=self.norm(x.permute(0,2,1)).permute(0,2,1) if self.use_norm
    else x
28.         torch.backends.cudnn.enabled = True
29.         x = F.relu(x)
30.         # 完成 PointNet 的最大池化操作,找出每个 Pillar 中最能代表该 Pillar 的点
31.         x_max = torch.max(x, dim=1, keepdim=True)[0]
32.         if self.last_vfe:
33.             # 返回经过简化版 PointNet 处理的 Pillar 的结果
34.             return x_max
35.         else:
36.             x_repeat = x_max.repeat(1, inputs.shape[1], 1)
37.             x_concatenated = torch.cat([x, x_repeat], dim=2)
38.             return x_concatenated
39.
40. class PillarVFE(VFETemplate):
41.     def __init__(self, model_cfg, num_point_features, voxel_size, point_
    cloud_range, **kwargs):
```

```python
42.        super().__init__(model_cfg=model_cfg)
43.        self.use_norm = self.model_cfg.USE_NORM
44.        self.with_distance = self.model_cfg.WITH_DISTANCE
45.        self.use_absolute_xyz = self.model_cfg.USE_ABSLOTE_XYZ
46.        num_point_features += 6 if self.use_absolute_xyz else 3
47.        if self.with_distance:
48.            num_point_features += 1
49.        self.num_filters = self.model_cfg.NUM_FILTERS
50.        assert len(self.num_filters) > 0
51.        num_filters = [num_point_features] + list(self.num_filters)
52.        pfn_layers = []
53.        for i in range(len(num_filters) - 1):
54.            in_filters = num_filters[i]
55.            out_filters = num_filters[i + 1]
56.            pfn_layers.append(PFNLayer(in_filters, out_filters, self.use_norm, last_layer=(i >= len(num_filters) - 2)))
57.        # 加入线性层，将10维特征变为64维特征
58.        self.pfn_layers = nn.ModuleList(pfn_layers)
59.        self.voxel_x = voxel_size[0]
60.        self.voxel_y = voxel_size[1]
61.        self.voxel_z = voxel_size[2]
62.        self.x_offset = self.voxel_x / 2 + point_cloud_range[0]
63.        self.y_offset = self.voxel_y / 2 + point_cloud_range[1]
64.        self.z_offset = self.voxel_z / 2 + point_cloud_range[2]
65.
66.    def get_output_feature_dim(self):
67.        return self.num_filters[-1]
68.
69.    def get_paddings_indicator(self, actual_num, max_num, axis=0):
70.        """
71.        计算padding
72.        Args:
73.            actual_num:每个voxel实际点的数量(M,)
74.            max_num:voxel最大点的数量(32,)
75.        Returns:
76.            paddings_indicator:表明pillar中哪些是真实数据，哪些是填充的0数据
77.        """
78.        # 扩展维度变为(M,1)
79.        actual_num = torch.unsqueeze(actual_num, axis + 1)
80.        max_num_shape = [1] * len(actual_num.shape)
81.        max_num_shape[axis + 1] = -1
```

```python
82.          max_num = torch.arange(max_num, dtype=torch.int, device=
    actual_num.device).view(max_num_shape)
83.          paddings_indicator = actual_num.int() > max_num
84.          return paddings_indicator
85.
86.      def forward(self, batch_dict, **kwargs):
87.          voxel_features,voxel_num_points,coords=batch_dict['voxels'],
88.                                      batch_dict['voxel_num_points'],
89.                                      batch_dict['voxel_coords']
90.          # 求每个Pillar中所有点云的和(M,32,3)->(M,1,3)，设置keepdim=True，保
    留原来的维度信息
91.          # 使用求和信息除以每个点云中有多少个点来求每个Pillar中所有点云的平均值
    points_mean shape: (M, 1, 3)
92.          points_mean = voxel_features[:, :, :3].sum(dim=1, keepdim=
    True) / voxel_num_points.type_as(voxel_features).view(-1, 1, 1)
93.          # 每个点云数据减去该点对应Pillar的平均值得到差值 xc、yc、zc
94.          f_cluster = voxel_features[:, :, :3] - points_mean
95.          # 创建每个点云到该Pillar的坐标中心点偏移量空数据 xp、yp、zp
96.          f_center = torch.zeros_like(voxel_features[:, :, :3])
97.          # 每个点的x、y、z减去对应Pillar的坐标中心点，得到每个点到该点中心点的偏
    移量
98.          f_center[:, :, 0] = voxel_features[:, :, 0] - (coords[:, 3]
    .to(voxel_features.dtype).unsqueeze(1) * self.voxel_x + self.x_offset)
99.          f_center[:, :, 1] = voxel_features[:, :, 1] - (coords[:, 2]
    .to(voxel_features.dtype).unsqueeze(1) * self.voxel_y + self.y_offset)
100.         f_center[:, :, 2] = voxel_features[:, :, 2] - (coords[:, 1].to
    (voxel_features.dtype).unsqueeze(1) * self.voxel_z + self.z_offset)
101.         # 如果使用绝对坐标，就直接组合
102.         if self.use_absolute_xyz:
103.             features = [voxel_features, f_cluster, f_center]
104.         # 否则，取voxel_features的3维后组合
105.         else:
106.             features = [voxel_features[..., 3:], f_cluster, f_center]
107.
108.         # 如果使用距离信息
109.         if self.with_distance:
110.             points_dist=torch.norm(voxel_features[:,:,:3],2,2,keepdim=True)
111.             features.append(points_dist)
112.         # 就将特征在最后一维拼接得到维度为(M,32,10)的张量
113.         features = torch.cat(features, dim=-1)
114.         # 每个Pillar中点云的最大数量
115.         voxel_count = features.shape[1]
```

```
116.        # 得到mask的维度是(M,32)
117.        # mask中指明了每个Pillar中哪些是需要被保留的数据
118.        mask = self.get_paddings_indicator(voxel_num_points, voxel_count,
    axis=0)
119.        # (M, 32) ->(M, 32, 1)
120.        mask = torch.unsqueeze(mask, -1).type_as(voxel_features)
121.        # 将features中被填充数据的所有特征置0
122.        features *= mask
123.        for pfn in self.pfn_layers:
124.            features = pfn(features)
125.        # (M, 64)，每个Pillar抽象出一个64维特征
126.        features = features.squeeze()
127.        batch_dict['pillar_features'] = features
128.        return batch_dict
```

如代码 2.21 所示，经过上面的映射操作，将原来的 Pillar 提取最大的数值并放回相应的坐标后，就可以得到伪图像数据；只有在 Pillar 非空的坐标处有提取的点云数据，其余地方数据都是 0，因此得到的张量还是稀疏的。

**代码 2.21　BEVBackbone**

```
1.  class BaseBEVBackbone(nn.Module):
2.      def __init__(self, model_cfg, input_channels):
3.          super().__init__()
4.          self.model_cfg = model_cfg
5.          # 读取下采样层参数
6.          if self.model_cfg.get('LAYER_NUMS', None) is not None:
7.              assert len(self.model_cfg.LAYER_NUMS) == len(self.model_
    cfg.LAYER_STRIDES) == len(self.model_cfg.NUM_FILTERS)
8.              layer_nums = self.model_cfg.LAYER_NUMS
9.              layer_strides = self.model_cfg.LAYER_STRIDES
10.             num_filters = self.model_cfg.NUM_FILTERS
11.         else:
12.             layer_nums = layer_strides = num_filters = []
13.         # 读取上采样层参数
14.         if self.model_cfg.get('UPSAMPLE_STRIDES', None) is not None:
15.             assert len(self.model_cfg.UPSAMPLE_STRIDES) == len(self
    .model_cfg.NUM_UPSAMPLE_FILTERS)
16.             num_upsample_filters = self.model_cfg.NUM_UPSAMPLE_FILTERS
17.             upsample_strides = self.model_cfg.UPSAMPLE_STRIDES
18.         else:
19.             upsample_strides = num_upsample_filters = []
20.         num_levels = len(layer_nums)  # 2
```

```python
21.         c_in_list = [input_channels, *num_filters[:-1]]    # (256, 128)
   input_channels:256, num_filters[:-1]: 64,128
22.         self.blocks = nn.ModuleList()
23.         self.deblocks = nn.ModuleList()
24.         for idx in range(num_levels):    # (64,64)-->(64,128)-->(128,256)
   # 这里为 cur_layers 的第一层且 stride=2
25.             cur_layers = [
26.                 nn.ZeroPad2d(1),
27.                 nn.Conv2d(c_in_list[idx], num_filters[idx], kernel_size=3,
   stride=layer_strides[idx], padding=0, bias=False),
28.                 nn.BatchNorm2d(num_filters[idx], eps=1e-3, momentum=0.01),
29.                 nn.ReLU()
30.             ]
31.             for k in range(layer_nums[idx]):    # 根据 layer_nums 堆叠卷积层
32.                 cur_layers.extend([
33.                     nn.Conv2d(num_filters[idx],num_filters[idx],kernel_size=3,padding=1,bias=False),
34.                     nn.BatchNorm2d(num_filters[idx],eps=1e-3,momentum=0.01),
35.                     nn.ReLU()
36.                 ])
37.             # 在 blocks 中添加该层
38.             # *作用是将列表解开成几个独立的参数，传入函数。类似的运算符还有两个星号 (**)，是将字典解开成独立的元素作为形参
39.             self.blocks.append(nn.Sequential(*cur_layers))
40.             if len(upsample_strides) > 0:    # 构造上采样层    # (1, 2, 4)
41.                 stride = upsample_strides[idx]
42.                 if stride >= 1:
43.                     self.deblocks.append(nn.Sequential(
44.                         nn.ConvTranspose2d(num_filters[idx], num_upsample_filters[idx], upsample_strides[idx], stride=upsample_strides[idx], bias=False),
45.                         nn.BatchNorm2d(num_upsample_filters[idx], eps=1e-3, momentum=0.01),
46.                         nn.ReLU()
47.                     ))
48.                 else:
49.                     stride = np.round(1 / stride).astype(np.int)
50.                     self.deblocks.append(nn.Sequential(
51.                         nn.Conv2d(num_filters[idx], num_upsample_filters[idx],stride, stride=stride, bias=False),
52.                         nn.BatchNorm2d(num_upsample_filters[idx], eps=1e-3, momentum=0.01),
```

```
53.                    nn.ReLU()
54.                ))
55.         c_in = sum(num_upsample_filters)   # 512
56.         if len(upsample_strides) > num_levels:
57.             self.deblocks.append(nn.Sequential(
58.                 nn.ConvTranspose2d(c_in, c_in, upsample_strides[-1], stride=upsample_strides[-1], bias=False),
59.                 nn.BatchNorm2d(c_in, eps=1e-3, momentum=0.01),
60.                 nn.ReLU(),
61.             ))
62.         self.num_bev_features = c_in
63.
64.     def forward(self, data_dict):
65.         """
66.         Args:
67.             data_dict:
68.                 spatial_features : (4, 64, 496, 432)
69.         Returns:
70.         """
71.         spatial_features = data_dict['spatial_features']
72.         ups = []
73.         ret_dict = {}
74.         x = spatial_features
75.         for i in range(len(self.blocks)):
76.             x = self.blocks[i](x)
77.             stride = int(spatial_features.shape[2] / x.shape[2])
78.             ret_dict['spatial_features_%dx' % stride] = x
79.             if len(self.deblocks) > 0:
80.                 ups.append(self.deblocks[i](x))
81.             else:
82.                 ups.append(x)
83.
84.         # 如果存在上采样层，就将上采样结果连接
85.         if len(ups) > 1:
86.             """
87.             最终经过所有上采样层得到 3 个尺度的信息
88.             每个尺度的形状都是 (batch_size, 128, 248, 216)
89.             在第一个维度上进行拼接得到 x 的维度是 (batch_size, 384, 248, 216)
90.             """
91.             x = torch.cat(ups, dim=1)
92.         elif len(ups) == 1:
93.             x = ups[0]
```

```
94.      if len(self.deblocks) > len(self.blocks):
95.          x = self.deblocks[-1](x)
96.      # 将结果存储在 spatial_features_2d 中并返回
97.      data_dict['spatial_features_2d'] = x
98.      return data_dic
```

PiontPillars 中的 Detection Head 采用了类似 SSD 的 Detection Head 配置，在 OpenPCDet 的实现中，直接使用一个网络来训练车、人、自行车 3 个类别，而没有像原论文中那样对车、人使用两种不同的网络结构。因此，在 Detection Head 的先验框设置上，一共有 3 个类别的先验框，每个先验框都有两个方向，分别是 BEV 视角下的 0°和 90°，每个类别的先验框只有一种尺度信息，分别是车 [3.9, 1.6, 1.56]、人 [0.8, 0.6, 1.73]、自行车[1.76, 0.6, 1.73]（单位：m）。

在 Anchor Box 匹配 Ground Truth 的过程中，使用的是 2D IoU 匹配方式，直接从生成的特征图即 BEV 视角进行匹配。每个 Anchor Box 被设置为正、负样本的 IoU 阈值分别如下。

（1）车匹配 IoU 阈值大于或等于 0.65 为正样本，小于 0.45 为负样本，中间的不计算损失。

（2）人匹配 IoU 阈值大于或等于 0.5 为正样本，小于 0.35 为负样本，中间的不计算损失。

（3）自行车匹配 IoU 阈值大于或等于 0.5 为正样本，小于 0.35 为负样本，中间的不计算损失。

每个 Anchor Box 都需要预测 7 个参数，分别是 $x$、$y$、$z$、$w$、$l$、$h$、$\theta$，其中，$x$、$y$、$z$ 预测一个 Anchor Box 的中心坐标在点云中的位置，$w$、$l$、$h$ 分别预测一个 Anchor 的长、宽、高数据，$\theta$ 预测 3D 矩形框的旋转角度。

同时，在进行角度预测时，不可以区分两个完全相反的 box，因此 PiontPillars 的 Detection Head 中还添加了对 Anchor Box 的方向预测。

如代码 2.22 所示，检测 Head 被定义为 AnchorHeadSingle 类，其初始化了 3 个任务的 Head，分别为 self.conv_cls、self.conv_box 和 self.conv_dir_cls，分别表示分类头、回归头和方向预测头。

代码 2.22　检测 Head 代码

```
1.  class AnchorHeadSingle(AnchorHeadTemplate):
2.      """
3.      Args:
4.          model_cfg: AnchorHeadSingle 的配置
5.          input_channels: 384 输入通道数
6.          num_class: 3
7.          class_names: ['Car','Pedestrian','Cyclist']
```

```
8.         grid_size: (432, 496, 1)
9.         point_cloud_range: (0, -39.68, -3, 69.12, 39.68, 1)
10.         predict_boxes_when_training: False
11.     """
12.     def __init__(self, model_cfg, input_channels, num_class, class_names, grid_size, point_cloud_range,predict_boxes_when_training=True, **kwargs):
13.         super().__init__(
14.             model_cfg=model_cfg, num_class=num_class, class_names=class_names, grid_size=grid_size,
15.             point_cloud_range=point_cloud_range,
16.             predict_boxes_when_training=predict_boxes_when_training)
17.         # 每个点有3个尺度的先验框,每个先验框都有两个方向(0°,90°) num_anchors_per_location:[2, 2, 2]
18.         self.num_anchors_per_location = sum(self.num_anchors_per_location) # sum([2, 2, 2])
19.         self.conv_cls = nn.Conv2d(
20.             input_channels, self.num_anchors_per_location * self.num_class,
21.             kernel_size=1)
22.         self.conv_box = nn.Conv2d(
23.             input_channels, self.num_anchors_per_location * self.box_coder.code_size, kernel_size=1)
24.         # 如果存在方向损失,则添加方向卷积层 Conv2d(512,12,kernel_size=(1,1),stride=(1,1))
25.         if self.model_cfg.get('USE_DIRECTION_CLASSIFIER', None) is not None:
26.             self.conv_dir_cls = nn.Conv2d(input_channels,
27.                 self.num_anchors_per_location * self.model_cfg.NUM_DIR_BINS,
28.                 kernel_size=1)
29.         else:
30.             self.conv_dir_cls = None
31.         self.init_weights()
32.     # 初始化参数
33.     def init_weights(self):
34.         pi = 0.01
35.         # 初始化分类卷积偏置
36.         nn.init.constant_(self.conv_cls.bias, -np.log((1 - pi) / pi))
37.         # 初始化分类卷积权重
38.         nn.init.normal_(self.conv_box.weight, mean=0, std=0.001)
39.     def forward(self, data_dict):
40.         # 从字典中取出经过Backbone处理的信息
41.         # spatial_features_2d 的维度为 (batch_size, 384, 248, 216)
42.         spatial_features_2d = data_dict['spatial_features_2d']
```

```
43.            # 每个坐标点上面 6 个先验框的类别预测 --> (batch_size, 18, 200, 176)
44.            cls_preds = self.conv_cls(spatial_features_2d)
45.            # 每个坐标点上面 6 个先验框的参数预测 --> (batch_size, 42, 200, 176)
               # 其中每个先验框需要预测 7 个参数，分别是 x、y、z、w、l、h、θ
46.            box_preds = self.conv_box(spatial_features_2d)
47.            # 维度调整，将类别放置在最后一维上[N,H,W,C]-->(batch_size,200,176,18)
48.            cls_preds = cls_preds.permute(0, 2, 3, 1).contiguous()
49.        #维度调整，将先验框调整参数放置在最后一维上[N,H,W,C]-->(batch_size,200,176,42)
50.            box_preds = box_preds.permute(0, 2, 3, 1).contiguous()
51.            # 将类别和先验框调整预测结果放入前向传播字典中
52.            self.forward_ret_dict['cls_preds'] = cls_preds
53.            self.forward_ret_dict['box_preds'] = box_preds
54.            # 进行方向分类预测
55.            if self.conv_dir_cls is not None:
56.                #每个先验框都要预测为两个方向中的其中一个-->(batch_size,12,200,176)
57.                dir_cls_preds = self.conv_dir_cls(spatial_features_2d)
58.                # 将类别和先验框方向预测结果放到最后一维上[N, H, W, C] -->
    (batch_size, 248, 216, 12)
59.                dir_cls_preds = dir_cls_preds.permute(0, 2, 3, 1).contiguous()
60.                # 将方向预测结果放入前向传播字典中
61.                self.forward_ret_dict['dir_cls_preds'] = dir_cls_preds
62.            else:
63.                dir_cls_preds = None
64.            """
65.            如果是在训练模式下，则需要为每个先验框分配 Ground Truth 来计算损失
66.            """
67.            if self.training:
68.                targets_dict=self.assign_targets(gt_boxes=data_dict['gt_boxes'])
69.                # 将 Ground Truth 分配结果放入前向传播字典中
70.                self.forward_ret_dict.update(targets_dict)
71.            # 如果不是训练模式，则直接进行 3D 矩形框的预测
72.            if not self.training or self.predict_boxes_when_training:
73.                # 根据预测结果，解码生成最终结果
74.                batch_cls_preds, batch_box_preds=self.generate_predicted_boxes(
75.                    batch_size=data_dict['batch_size'],
76.                    cls_preds=cls_preds, box_preds=box_preds, dir_cls_preds=
    dir_cls_preds)
77.                data_dict['batch_cls_preds'] = batch_cls_preds
    # (1, 211200, 3)
78.                data_dict['batch_box_preds'] = batch_box_preds
    # (1, 211200, 7)
79.                data_dict['cls_preds_normalized'] = False
80.            return data_dict
```

通过前面 3D 检测器的检测 Head 输出的结果给出 main 函数,并进行最终 3D 目标检测的可视化,如代码 2.23 所示。

代码 2.23　main 函数

```
1.  def main():
2.      args, cfg = parse_config()
3.      logger = common_utils.create_logger()
4.      demo_dataset = DemoDataset(
5.        dataset_cfg=cfg.DATA_CONFIG,class_names=cfg.CLASS_NAMES,training=False,
6.          root_path=Path(args.data_path), ext=args.ext, logger=logger)
7.      logger.info(f'Total number of samples: \t{len(demo_dataset)}')
8.      model=build_network(model_cfg=cfg.MODEL,num_class=len(cfg.CLASS_NAMES),
    dataset=demo_dataset)
9.      model.load_params_from_file(filename=args.ckpt,logger=logger,to_cpu=True)
10.     model.cuda()
11.     model.eval()
12.     with torch.no_grad():
13.         for idx, data_dict in enumerate(demo_dataset):
14.             logger.info(f'Visualized sample index: \t{idx + 1}')
15.             data_dict = demo_dataset.collate_batch([data_dict])
16.             load_data_to_gpu(data_dict)
17.             pred_dicts, _ = model.forward(data_dict)
18.             V.draw_scenes(points=data_dict['points'][:,1:],ref_boxes=
    pred_dicts[0]['pred_boxes'],ref_scores=pred_dicts[0]['pred_scores'],
    ref_labels=pred_dicts[0]['pred_labels'])
19.             if not OPEN3D_FLAG:
20.                 mlab.show(stop=True)
```

PointPillars 的检测结果如图 2.90 所示。

图 2.90　PointPillars 的检测结果

## 2.7 本章小结

本章主要介绍了自动驾驶常用的 2D 目标检测与 3D 目标检测的相关算法，首先对目标检测的基本发展状况，以及目标检测算法的演进过程进行了简单介绍。

关于 2D 目标检测，本章不仅介绍了两阶段目标检测算法，如 R-CNN、Fast R-CNN、Faster R-CNN，还对单阶段目标检测算法进行了介绍，如 YOLOv3、YOLOv4、YOLOv5、YOLOX 等。同时，考虑到落地的轻量化设计，本章也详细介绍了轻量化目标检测算法 YOLOv5-Lite 和 NanoDet。针对 2D 目标检测的实践项目，主要是基于 BDD100K 数据集、CityPerson 数据集、交通标识牌数据集，以及交通信号灯数据集分别使用 YOLOv5、YOLOX、NanoDet 和 YOLOv5-Lite 进行实践与讲解。

对于 3D 目标检测，本章不仅介绍了基于激光的 3D 目标检测算法 PointPillars；还介绍了类似特斯拉纯视觉方案的 BVEFormer，它主要是基于环视图像来进行 3D 目标检测的，在一定程度上解决了基于激光 3D 目标检测的成本问题。

# 第 3 章

# 语义分割在自动驾驶中的应用

车辆的可行驶区域包括结构化的路面、半结构化的路面和非结构化的路面。结构化的路面一般指有道路边缘线且路面结构单一的路面,如城市主干道、高速路、国道、省道等。半结构化的路面是指一般的非标准化路面,路面的颜色和材质差异较大,如停车场、广场、一些分支道路等。非结构化的路面没有结构层,属于天然的道路场景。自动驾驶要想实现路径规划,就必须实现对可行驶区域的划分。对于城市车辆,自动驾驶只需解决结构化路面和非结构化路面的划分与识别即可;而对于野外的无人驾驶车辆,自动驾驶需要解决非结构化路面的检测。

可行驶区域的划分主要为自动驾驶提供路径规划辅助功能,这样不仅可以实现整个路面的划分,还可以只提取出部分道路信息,如只提取前方一定区域内的道路走向或道路中点,进而结合高精度地图来实现道路路径规划和障碍物躲避。

对于可行驶区域的划分,主要有两种方法:一种是基于传统方法的可行驶区域划分,另一种是基于深度学习方法的可行驶区域划分。在此,仅针对目前比较经典的基于深度学习的语义分割方法进行阐述和实践。

语义分割是计算机视觉中的基本任务。在语义分割中,需要将视觉输入分为不同的语义可解释类别。例如,我们可能需要区分图像中属于路面的所有像素,并把这些像素涂成蓝色。

传统的分割算法,如阈值选择、超像素等利用手工制作的特征在图像中分配像素级标签。随着卷积神经网络的发展,基于 FCN 的方法在各种基准测试中取得了良好的效果。

DeepLab v3 采用了一个带有空洞卷积的空间金字塔池化模块来捕获多尺度上下文。SegNet 利用编码器-解码器结构来恢复高分辨率特征图。PSPNet 设计了一个金字塔池化层来捕获带有空洞卷积主干网络上的局部和全局上下文信息。带有空洞卷积主干网络和编码器-解码器的结构可以同时学习低级细节信息与高级语义信息。然而,由于高分辨率特征和复杂的网络连接,所以大多数方法都需要较高的计算成本。

近期，由于边缘设备的普及和落地需求，实时语义分割的应用也在快速增长。在这种情况下，有两种主流网络用于设计有效的分割方法。

（1）**轻量化骨干网络**：DFANet 采用轻量化骨干网络来降低计算成本，并设计了跨级特征聚合模块来提高性能。DFANet 通过"Partial Order Pruning"的设计获得了轻量化骨干网络和高效的解码器。

（2）**多分支网络结构**：ICNet 设计了多尺度图像级联网络，以实现良好的速度和准确度的平衡。BiSeNetV1 和 BiSeNetV2 分别提出了 Low-Level 细节信息与 High-Level 上下文信息的双流路径。

面对当前很多流行的卷积算法，以及 Vision Transformer 的大行其道，这里选择较流行的两个语义分割算法进行介绍，分别为轻量化模型 STDC 和基于 Transformer 设计的 TopFormer。

## 3.1 STDC 算法的原理

为了减少语义分割算法的耗时，DFANet、BiSeNet 等语义分割算法使用轻量化骨干网络来进行特征编码，并且均直接使用分类任务设计的骨干网络；而 STDC 算法的提出者认为，专为分类任务设计的骨干网络并不能在语义分割领域充分发挥它们的性能。同时，BiSeNet 使用了多分支网络结构融合低层特征和高层特征，而多分支网络结构会增加网络的运行时间。因此，STDC 做了以下设计和改进。

（1）设计了 Short-Term Dense Concatenate（STDC）模块。
（2）重新设计了语义分割网络架构。

### 3.1.1 STDC 模块

下面首先给出 STDC 模块的结构，如图 3.1 所示。

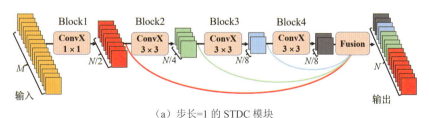

(a) 步长=1 的 STDC 模块

图 3.1 STDC 模块的结构

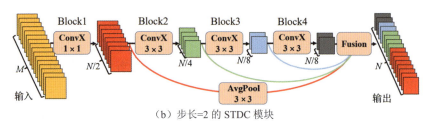

（b）步长=2 的 STDC 模块

图 3.1　STDC 模块的结构（续）

图 3.1（a）所示为步长=1 的 STDC 模块，其中，ConvX 表示"卷积+BN+ReLU"操作，$M$ 表示输入特征通道数，$N$ 表示输出特征通道数。

在 STDC 模块中，第 1 个 Block 的卷积核尺寸为 1×1，其余 Block 的卷积核尺寸均为 3×3。若 STDC 模块的最终输出特征通道数为 $N$，则除最后一个 Block 外，该模块内第 $i$ 个 Block 的输出特征通道数为 $N/2^i$，最后一个 Block 的输出特征通道数与倒数第 2 个 Block 保持一致。

不同于传统的骨干网络，STDC 模块中的深层特征通道数少，浅层特征通道数多。STDC 的提出者认为，浅层需要更多通道的特征编码细节信息，而深层则更加关注高层语义信息，过多的特征通道数会导致信息冗余。

STDC 模块最终的输出为各 Block 输出特征的融合，即

$$x_{\text{output}} = F(x_1, x_2, \cdots, x_n) \tag{3.1}$$

式中，$F$ 表示融合函数；$x_1, x_2, \cdots, x_n$ 表示 $n$ 个 Block 的输出。这里 STDC 模块的作用是使用 Concat 操作来融合 $n$ 个 Block 的特征。

图 3.1（b）所示为步长=2 的 STDC 模块。对于该模块，在 Block2 中进行下采样操作。为了在融合时保证特征图的尺寸一致，对大尺寸的特征图使用步长=2、卷积核尺寸为 3×3 的平均池化操作进行下采样，并进行特征融合。

通过上述描述可看出 STDC 模块主要有以下几个特点。

（1）随着网络的加深，逐渐减少特征通道数，从而减少计算量。

（2）STDC 的输出融合了多个 Block 的输出特征图，包含了多尺度信息。

STDC 骨干网络如图 3.2 所示。

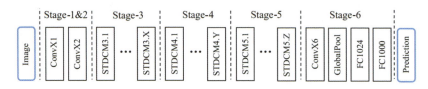

图 3.2　STDC 骨干网络

## 3.1.2　STDC 语义分割网络

如图 3.3 所示，STDC 语义分割网络架构依旧借鉴了 BiSeNet 架构的思想，使用 Context Path 来提取上下文信息，但是去除了 BiSeNet 中的 Spatial Path，添加了只在训练阶段使用的 Detail Guidance 模块，同时把骨干网络修改为专为语义分割设计的 STDC 骨干网络，进而构建 STDC 语义分割网络。

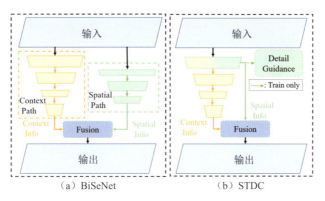

（a）BiSeNet　　　（b）STDC

图 3.3　BiSeNet 与 STDC 的对比

STDC 语义分割网络如图 3.4 所示。

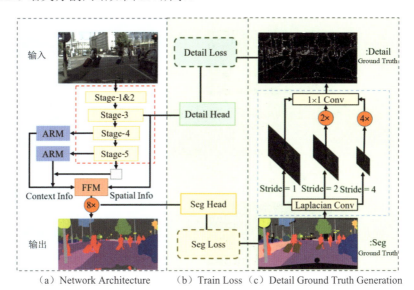

（a）Network Architecture　　（b）Train Loss　（c）Detail Ground Truth Generation

图 3.4　STDC 语义分割网络

网络中的 Stage-3、Stage-4 和 Stage-5 均对特征图进行了下采样操作，并使用全局平均池化操作提取全局上下文信息。使用 U 型结构上采样特征，并与 Stage-4、

Stage-5 后面的 ARM（Attention Refine Module，借鉴自 BiSeNet）输出进行融合，将融合的结果作为 FFM（Feature Fusion Module，借鉴自 BiSeNet）的输入，为 FFM 提供高层语义信息。FFM 的另外一个输入为 Stage-3 输出的特征，该特征为 FFM 提供低层细节信息。

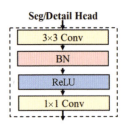

图 3.5 Seg/Detail Head 的结构

FFM 的输出特征通过 8 倍上采样进入 Seg/Detail Head，如图 3.5 所示，Seg Head 包括 1 个 3×3 卷积、BN 和 ReLU 操作，以及 1 个 1×1 卷积，最终输出 $N$ 维特征，其中 $N$ 为语义分割的类别数。

同时，为了弥补由于去除 BiSeNet 中的 Spatial Path 造成的细节损失，STDC 在 Stage-3 后面插入了 Detail Head，使得 Stage-3 能够学到细节信息。需要注意的是，Detail Head 只在训练时使用，目的是让 Stage-3 输出的特征图包含更多的细节信息，以便与 Context Path 的高层语义特征进行融合。

STDC 首先使用如图 3.6 所示的结构得到 Detail Head 的 Ground Truth，即对标签分别做步长为 1、2、4 与固定 Laplacian Kernel 的 Laplacian 卷积；然后分别对步长为 2 和 4 的输出结果进行 2 倍、4 倍上采样；最后使用 1×1 卷积进行融合，并通过 0.1 的阈值输出最终的二值化 Ground Truth。

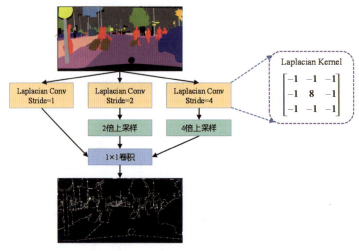

图 3.6 二值化 Ground Truth 的获取

ARM 模块和 FFM 模块都借鉴了 BiSeNet，在此简单介绍一下。如图 3.7 所示，ARM 模块借助全局平均池化来捕获全局信息，并计算注意力向量以指导特征学习。这一设计可以优化 Context Path 中每个阶段的特征，无须执行任何上采样操作即可整合全局信息，同时其计算成本几乎可忽略。

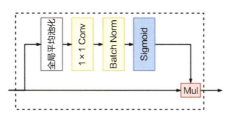

图 3.7　ARM 模块

FFM 模块如图 3.8 所示，BiSeNet 的多分支结构所产生的特征层次是不同的，因此论文作者提出了一个特征融合模块用于融合这些特征，仿照 SENet 设计了 FFM 模块来进行特征的选择和融合。

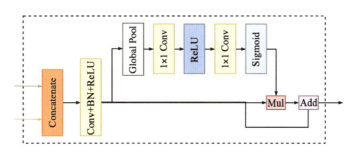

图 3.8　FFM 模块

关于损失函数，STDC 使用的是交叉熵损失与 Dice 损失的结合。之前已经介绍过交叉熵损失，这里不进行过多的描述，只进行 Dice 损失的讲解。Dice 损失的数学表达式为

$$L_{\text{dice}} = 1 - \frac{2\sum_{i}^{H\times W} p_{\text{d}}^i g_{\text{d}}^i + \varepsilon}{\sum_{i}^{H\times W}\left(p_{\text{d}}^i\right)^2 + \sum_{i}^{H\times W}\left(g_{\text{d}}^i\right)^2 + \varepsilon} \tag{3.2}$$

Dice 系数是一种集合相似度度量函数，通常用于计算两个样本点的相似度［见式（3.3）］，其范围为[0, 1]。

$$S = \frac{2|X\cap Y|}{|X| + |Y|} \tag{3.3}$$

式中，$|X\cap Y|$ 表示 $X$ 和 $Y$ 之间的交集，$|X|$ 和 $|Y|$ 分别表示 $X$ 与 $Y$ 的元素个数。其中，分子中的系数之所以为 2，是因为分母重复计算了 $X$ 和 $Y$ 之间的共同元素。为了便于理解，这里也用集合的形式绘制了 Dice 损失函数的示意图，如图 3.9 所示。

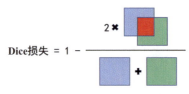

图 3.9　Dice 损失函数的示意图

在图 3.9 中，蓝色代表预测结果，绿色代表 Ground Truth，红色代表预测结果与 Ground Truth 的交集。

注意：Dice 损失和 IoU 损失很像，但是它们之间还是有区别的，在使用时需要注意区分。

## 3.2　TopFormer 算法的原理

前面讨论了 Transformer 在计算机视觉中的应用，不过更多的是对 Backbone 的介绍。虽然 Vision Transformer（ViT）在计算机视觉方面取得了巨大的成功，但较高的计算成本阻碍了其在密集预测任务中的应用，如在移动设备上进行语义分割。

为了提高效率，一些关于 ViT 的研究工作，如 Swin-Transformer、Shuffle-Transformer、Twins 和 HR-Former 都在计算局部/窗口区域的自注意力。然而，窗口分区在移动设备上依然是非常耗时的。此外，Token Slimming 和 Mobile-Former 通过减少 Token 的数量降低了计算复杂度，但牺牲了准确度。

在这些 ViT 中，MobileViT 和 Mobile-Former 是专门为移动设备设计的。它们都融合了 CNN 和 ViT 的优势。在图像分类方面，MobileViT 比与其参数量相似的 MobileNets 具有更好的性能。Mobile-Former 在比 MobileNets 具有更少的 FLOPs 的情况下取得了更好的性能。然而，与 MobileNets 相比，MobileViT 和 Mobile-Former 在移动设备的实际延迟方面并没有显示出优势。

因此，这里提出了一个问题：是否能设计出移动友好型网络，在移动语义分割任务中获得更好的性能呢？

*TopFormer*: *Token Pyramid Transformer for Mobile Semantic Segmentation* 论文作者受到 MobileViT 和 Mobile-Former 的启发，提出了 TopFormer。TopFormer 利用 CNN 和 ViT 的优势构建了一个基于 CNN 的模块，称为 Token Pyramid Module，用于处理高分辨率图像，以快速生成局部特征金字塔。考虑到移动设备非常有限的计算能力，TopFormer 使用了一些堆叠的轻量化 MobileNet V2 Block 和 Fast Down-Sampling 策略来构建一个 Token Pyramid。

为了获得丰富的语义和较大的感受野，TopFormer 中还构建了一个基于 ViT 的模块，即 Semantics Extractor，并将 Token 作为输入。为了进一步降低计算成本，它使用平均池化算子将 Token 的数量减少到非常小，如输入大小为 1/(64×64)。

与 ViT、T2T-ViT、LeViT 使用嵌入层的最后一个输出维度作为输入 Token 不同，TopFormer 将来自不同尺度（阶段）的 Token 池化到非常低的分辨率，并沿着通道维度进行拼接，新的 Token 被输入 Transformer Block 中，以产生全局语义。由于 Transformer Block 中的残差连接学习到的语义与 Token 的尺度有关，因此该模块被表示为 Scale-Aware Global Semantics。

为了获得密集预测任务的强大层次特征，首先将尺度感知的全局语义通过不同尺度的 Token 通道进行分割；然后将标度感知的全局语义与相应的 Token 融合，以增强表示；最后将增强的 Token 用作分割 Head 的输入。

如图 3.10 所示，TopFormer 设计的模块如下。

（1）Token Pyramid Module。

（2）Scale-Aware Semantics Extractor。

（3）Semantic Injection Module。

（4）Segmentation Head（Seg Head）。

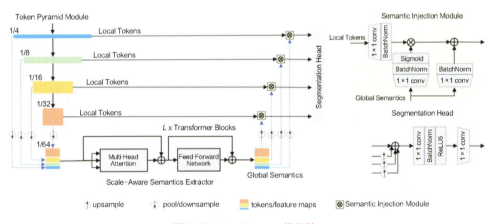

图 3.10　TopFormer 的架构

## 3.2.1　Token Pyramid Module

受 MobileNets 的启发，TopFormer 提出的 Token Pyramid Module 由堆叠的 MobileNet Block 组成。与 MobileNets 不同，Token Pyramid Module 的目的并不是获得丰富的语义和较大的感受野，而是使用更少的 Block 来构建 Token Pyramid。

如图 3.10 所示，把一幅图像 $I \in \mathbf{R}^{3 \times H \times W}$ 作为输入，其中，3、$H$、$W$ 分别表示 RGB 图像的通道数、高度和宽度。

首先，通过一些 MobileNet V2 Block 产生一系列的 Token。

然后，将 Token 平均池化到目标尺寸大小。

最后，将来自不同尺度的 Token 沿着通道维度连接起来，产生新的 Token，并将新的 Token 输入 ViT，以产生具有尺度感知功能的语义特征。

由于新的 Token 的数量较少，因此即使新的 Token 具有较多的通道，ViT 也能够以非常低的计算成本运行。

### 3.2.2 Scale-Aware Semantics Extractor

Scale-Aware Semantics Extractor 由 $L$ 个堆叠的 Transformer Block 组成。

如图 3.11 所示，Transformer Block 由 Multi-Head Self-Attention 模块、MLP Block 和残差连接组成。为了保持 Token 的空间形状和减少重塑的数量，这里将线性层替换为 1×1 的卷积层。此外，在 ViT 中，所有的非线性激活函数都是 ReLU6，而不是 GELU。

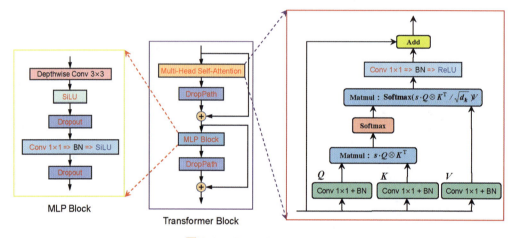

图 3.11 Transformer Block

Multi-Head Self-Attention 模块遵循 LeViT 的配置，将 Key $K$ 和 Query $Q$ 的 Head 尺寸设置为 $D=16$，将 Value $V$ 的 Head 设置为 $2D=32$。在计算 Attention Map 和输出时，减少 $K$ 和 $Q$ 的通道数将降低计算成本。另外，它还去掉了 Layer Normalization，并向每个卷积添加了 Batch Normalization。在推理过程中，Batch Normalization 可以与前面的卷积融合。

对于 FFN，通过在两个 1×1 卷积层之间插入一个深度卷积来增强 ViT 的局部连接。同时，将 FFN 的扩展系数设为 2，以降低计算成本。

### 3.2.3 Semantics Injection Module

获得尺度感知语义信息后，直接将它们与其他 Token 相加。然而，在 Token 和尺度感知语义信息之间存在着显著的语义差距。为此，引入 Semantics Injection

Module 来缓解在融合这些 Token 之前的语义信息间的差距。

如图 3.12 所示，Semantics Injection Module（SIM）以 Token Pyramid Module 的局部 Token 和 ViT 的全局语义作为输入。

局部 Token 通过 1×1 卷积层并进行批标准化生成要注入的特征。

全局语义输入 1×1 卷积层+批标准化层+H-Sigmoid 层产生语义权重，同时全局语义也通过 1×1 卷积层+批标准化层。

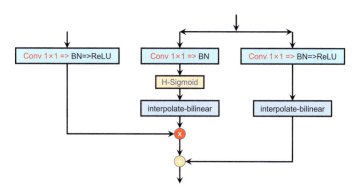

图 3.12　Semantics Injection Module

### 3.2.4　Segmentation Head

经过 Semantics Injection Module 后，来自不同尺度的增强 Token 同时捕获了丰富的空间信息和语义信息，这对语义分割至关重要。此外，Semantics Injection Module 还缓解了 Token 之间的语义差距。

TopFormer 提出的 Segmentation Head 首先将低分辨率 Token 上采样到与高分辨率 Token 相同的大小，然后按元素方式对所有尺度的 Token 进行求和，最后将该特征通过两个卷积层，生成最终的分割图。

## 3.3　基于 TopFormer 的可行驶区域分割项目实践

### 3.3.1　Cityscapes 数据集简介

Cityscapes 数据集是专门针对城市街道场景的数据集，整个数据集由 50 座城市的街景组成，包括 5000 幅精标注的图像和 20000 幅粗标注的图像。

其中，精标注的图像主要用于强监督学习，可分为训练集、验证集和测试集；而粗标注的图像则主要用于弱监督语义分割算法的训练与测试。在 Cityscapes 数据集中，通常使用 19 种常用的类别来进行类别分割准确度的评估。

Cityscapes 数据集标注信息如图 3.13 所示。

图 3.13　Cityscapes 数据集标注信息

### 3.3.2　TopFormer 模型实现

图 3.14 所示为 TopFormer 的结构示意图，主要包含以下结构。

（1）MobileNet V2 Block。

（2）Transformer Block。

（3）Injection Multi-Sum。

（4）Pyramid Pool Agg。

（5）Segmentation Head。

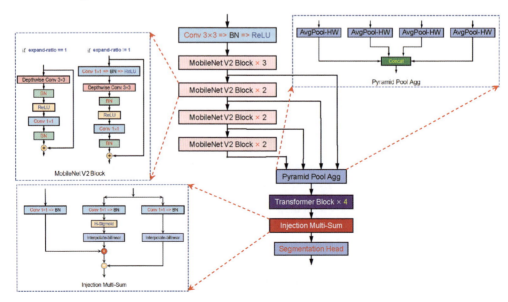

图 3.14　TopFormer 的结构示意图

这里首先看一下 MobileNet V2 Block 的实现。

通过图 3.14 可以看到，MobileNet V2 Block 基本上由 1×1 卷积、BN、ReLU 和深度卷积组成。具体的 PyTorch 实现如代码 3.1 所示：首先定义了 Conv2d_BN 基础模块，然后定义了转置残差模块 InvertedResidual，以完成 MobileNet V2 Block 的搭建。

**代码 3.1　卷积+BN 模块**

```
1.  class Conv2d_BN(nn.Sequential):
2.      def __init__(self, a, b, ks=1, stride=1, pad=0, dilation=1, groups=1,
    bn_weight_init=1,norm_cfg=dict(type='BN', requires_grad=True)):
3.          super().__init__()
4.          self.inp_channel = a
5.          self.out_channel = b
6.          self.ks = ks
7.          self.pad = pad
8.          self.stride = stride
9.          self.dilation = dilation
10.         self.groups = groups
11.         self.add_module('c', nn.Conv2d(a, b, ks, stride, pad, dilation,
    groups, bias=False))
12.         bn = build_norm_layer(norm_cfg, b)[1]
13.         nn.init.constant_(bn.weight, bn_weight_init)
14.         nn.init.constant_(bn.bias, 0)
15.         self.add_module('bn', bn)
16.
17. class InvertedResidual(nn.Module):
18.     def __init__(
19.         self,
20.         inp: int,
21.         oup: int,
22.         ks: int,
23.         stride: int,
24.         expand_ratio: int,
25.         activations = None,
26.         norm_cfg=dict(type='BN', requires_grad=True)
27.     ) -> None:
28.         super(InvertedResidual, self).__init__()
29.         self.stride = stride
30.         self.expand_ratio = expand_ratio
31.         assert stride in [1, 2]
```

```
32.         if activations is None:
33.             activations = nn.ReLU
34.         hidden_dim = int(round(inp * expand_ratio))
35.         self.use_res_connect = self.stride == 1 and inp == oup
36.         layers = []
37.         if expand_ratio != 1:
38.             # 逐点卷积
39.             layers.append(Conv2d_BN(inp,hidden_dim,ks=1,norm_cfg=norm_cfg))
40.             layers.append(activations())
41.         layers.extend([
42.             # 深度卷积
43.             Conv2d_BN(hidden_dim, hidden_dim, ks=ks, stride=stride, pad=
    ks//2, groups=hidden_dim, norm_cfg=norm_cfg),
44.             activations(),
45.             # 线性层代替激活函数
46.             Conv2d_BN(hidden_dim, oup, ks=1, norm_cfg=norm_cfg)])
47.         self.conv = nn.Sequential(*layers)
48.         self.out_channels = oup
49.         self._is_cn = stride > 1
50.
51.     def forward(self, x):
52.         if self.use_res_connect:
53.             return x + self.conv(x)
54.         else:
55.             return self.conv(x)
```

通过图 3.11 可以看到，Transformer Block 的组件有 Multi-Head Self-Attention、MLP Block、DropPath、Depthwise、BN 和 ReLU 等。具体的 PyTorch 实现如代码 3.2 所示。

通过图 3.11 可以知道，DropPath 是一个基础的模块；MLP Block 也是 Transformer Block 的重要组成部分；至于 MLP Block，其主要包含 Depthwise Conv、SiLU、Dropout 和 BN 层。

从第 41 行开始便是构建 Multi-Head Self-Attention 模块的代码。其主要先使用前面声明的 Conv2d_BN 来分别映射 to_q、to_k、to_v；然后通过 to_q 与 to_k 相乘得到结果，并经过 Softmax 得到注意力图，进而与 to_v 映射的结果相乘来得到最终的结果。

代码 3.2 最为核心的部分便是 Transformer Block 的搭建。首先分别定义了 Multi-Head Self-Attention 模块、MLP Block 和 DropPath 模块，然后在 forward 中进行一次特征传递。

**代码 3.2　DropPath 与 MLP Block 模块**

```python
1.  def drop_path(x, drop_prob: float = 0., training: bool = False):
2.      if drop_prob == 0. or not training:
3.          return x
4.      keep_prob = 1 - drop_prob
5.      shape = (x.shape[0],) + (1,) * (x.ndim - 1)
6.      random_tensor=keep_prob+torch.rand(shape,dtype=x.dtype,device=x.device)
7.      random_tensor.floor_()  # binarize
8.      output = x.div(keep_prob) * random_tensor
9.      return output
10.
11. # DropPath 模块
12. class DropPath(nn.Module):
13.     def __init__(self, drop_prob=None):
14.         super(DropPath, self).__init__()
15.         self.drop_prob = drop_prob
16.     def forward(self, x):
17.         return drop_path(x, self.drop_prob, self.training)
18.
19. # MLP Block
20. class Mlp(nn.Module):
21.     def __init__(self, in_features, hidden_features=None, out_features=None, act_layer=nn.ReLU, drop=0., norm_cfg=dict(type='BN', requires_grad=True)):
22.         super().__init__()
23.         out_features = out_features or in_features
24.         hidden_features = hidden_features or in_features
25.         self.fc1=Conv2d_BN(in_features, hidden_features, norm_cfg=norm_cfg)
26.         self.dwconv = nn.Conv2d(hidden_features, hidden_features, 3, 1, 1, bias=True, groups=hidden_features)
27.         self.act = act_layer()
28.         self.fc2 =Conv2d_BN(hidden_features,out_features,norm_cfg=norm_cfg)
29.         self.drop = nn.Dropout(drop)
30.
31.     def forward(self, x):
32.         x = self.fc1(x)
33.         x = self.dwconv(x)
34.         x = self.act(x)
35.         x = self.drop(x)
36.         x = self.fc2(x)
37.         x = self.drop(x)
38.         return x
```

```python
39.
40. # Multi-Head Self-Attention 模块
41. class Attention(torch.nn.Module):
42.     def __init__(self, dim, key_dim, num_heads, attn_ratio=4, activation=None,norm_cfg=dict(type='BN', requires_grad=True),):
43.         super().__init__()
44.         self.num_heads = num_heads
45.         self.scale = key_dim ** -0.5
46.         self.key_dim = key_dim
47.         self.nh_kd = nh_kd = key_dim * num_heads # num_head key_dim
48.         self.d = int(attn_ratio * key_dim)
49.         self.dh = int(attn_ratio * key_dim) * num_heads
50.         self.attn_ratio = attn_ratio
51.         self.to_q = Conv2d_BN(dim, nh_kd, 1, norm_cfg=norm_cfg)
52.         self.to_k = Conv2d_BN(dim, nh_kd, 1, norm_cfg=norm_cfg)
53.         self.to_v = Conv2d_BN(dim, self.dh, 1, norm_cfg=norm_cfg)
54.         self.proj = torch.nn.Sequential(activation(), Conv2d_BN(
55.             self.dh, dim, bn_weight_init=0, norm_cfg=norm_cfg))
56.
57.     def forward(self, x):  # x (B,N,C)
58.         B, C, H, W = get_shape(x)
59.         qq = self.to_q(x).reshape(B, self.num_heads, self.key_dim, H * W).permute(0, 1, 3, 2)
60.         kk=self.to_k(x).reshape(B, self.num_heads, self.key_dim, H * W)
61.         vv=self.to_v(x).reshape(B,self.num_heads,self.d,H*W).permute(0, 1, 3, 2)
62.         attn = torch.matmul(qq, kk)
63.         attn = attn.softmax(dim=-1) # dim = k
64.         xx = torch.matmul(attn, vv)
65.         xx = xx.permute(0, 1, 3, 2).reshape(B, self.dh, H, W)
66.         xx = self.proj(xx)
67.         return xx
68.
69. # Transformer Block
70. class Block(nn.Module):
71.     def __init__(self, dim, key_dim, num_heads, mlp_ratio=4., attn_ratio=2., drop=0.,drop_path=0.,act_layer=nn.ReLU,norm_cfg=dict(type='BN2d', requires_grad=True)):
72.         super().__init__()
73.         self.dim = dim
74.         self.num_heads = num_heads
75.         self.mlp_ratio = mlp_ratio
```

```
76.          # Multi-Head Self-Attention 模块
77.          self.attn = Attention(dim, key_dim=key_dim, num_heads=num_heads,
    attn_ratio=attn_ratio, activation=act_layer, norm_cfg=norm_cfg)
78.          # DropPath
79.          self.drop_path=DropPath(drop_path) if drop_path > 0. else nn
    .Identity()
80.          mlp_hidden_dim = int(dim * mlp_ratio)
81.          # MLP Block
82.          self.mlp = Mlp(in_features=dim, hidden_features=mlp_hidden_
    dim, act_layer=act_layer, drop=drop, norm_cfg=norm_cfg)
83.
84.     def forward(self, x1):
85.          # 第1个残差结构
86.          x1 = x1 + self.drop_path(self.attn(x1))
87.          # 第2个残差结构
88.          x1 = x1 + self.drop_path(self.mlp(x1))
89.          return x1
```

代码 3.3 所示为 Injection Multi-Sum 模块的 PyTorch 实现,其主要由局部嵌入 self.local_embedding、self.global_embedding 和 self.global_act 组成,如代码 3.3 中的第 17~26 行代码所示:首先通过第 18 行代码的局部嵌入来提取输入的局部特征,接着使用全局激活和插值操作对提取的局部特征进行编码,然后使用全局嵌入来提取输入的全局特征,最后使用插值操作与具有局部特征的编码结果进行统一,以进行局部特征和全局特征的融合。

代码3.3 Injection Multi-Sum 模块

```
1. class InjectionMultiSum(nn.Module):
2.     def __init__(self,inp:int,oup:int,norm_cfg=dict(type='BN',requires_grad=
   True),
3.          activations = None,) -> None:
4.          super(InjectionMultiSum, self).__init__()
5.          self.norm_cfg = norm_cfg
6.          self.local_embedding=ConvModule(inp,oup,kernel_size=1,norm_cfg=
   self.norm_cfg,act_cfg=None)
7.          self.global_embedding=ConvModule(inp,oup,kernel_size=1,norm_
   cfg=self.norm_cfg,act_cfg=None)
8.          self.global_act=ConvModule(inp,oup,kernel_size=1,norm_cfg=self
   .norm_cfg,act_cfg=None)
9.          self.act=h_sigmoid()
10.
11.    def forward(self, x_l, x_g):
12.         '''
```

```
13.        x_g: global features
14.        x_l: local features
15.        '''
16.        B, C, H, W = x_l.shape
17.        # 局部信息编码
18.        local_feat = self.local_embedding(x_l)
19.        global_act = self.global_act(x_g)
20.        sig_act = F.interpolate(self.act(global_act), size=(H, W),
    mode='bilinear', align_corners=False)
21.        # 全局信息编码
22.        global_feat = self.global_embedding(x_g)
23.        global_feat = F.interpolate(global_feat, size=(H, W), mode=
    'bilinear', align_corners=False)
24.        # 特征融合
25.        out = local_feat * sig_act + global_feat
26.        return out
```

Pyramid Pool Agg 模块的结构如图 3.15 所示。

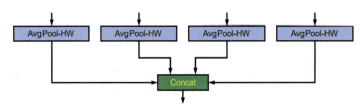

图 3.15　Pyramid Pool Agg 模块的结构

如代码 3.4 所示，Pyramid Pool Agg 模块的 PyTorch 实现主要是通过 cat 操作来融合自适应池化后的特征的，主要体现便是第 10 行代码。

代码 3.4　Pyramid Pool Agg 模块

```
1.  class PyramidPoolAgg(nn.Module):
2.      def __init__(self, stride):
3.          super().__init__()
4.          self.stride = stride
5.
6.      def forward(self, inputs):
7.          B, C, H, W = get_shape(inputs[-1])
8.          H = (H - 1) // self.stride + 1
9.          W = (W - 1) // self.stride + 1
10.         return torch.cat([nn.functional.adaptive_avg_pool2d(inp, (H,
    W)) for inp in inputs], dim=1)
```

代码 3.5 主要参考 SegFormer 算法里设计的语义分割头，具有高效的分割效率。

代码 3.5　Segmentation Head 模块

```
1.  class SimpleHead(BaseDecodeHead):
2.      def __init__(self, is_dw=False, **kwargs):
3.          super(SimpleHead, self).__init__(input_transform='multiple_select', **kwargs)
4.          embedding_dim = self.channels
5.          self.linear_fuse = ConvModule(
6.              in_channels=embedding_dim,
7.              out_channels=embedding_dim,
8.              kernel_size=1,
9.              stride=1,
10.             groups=embedding_dim if is_dw else 1,
11.             norm_cfg=self.norm_cfg,
12.             act_cfg=self.act_cfg)
13.
14.     def agg_res(self, preds):
15.         outs = preds[0]
16.         for pred in preds[1:]:
17.             pred = resize(pred, size=outs.size()[2:], mode='bilinear', align_corners=False)
18.             outs += pred
19.         return outs
20.
21.     def forward(self, inputs):
22.         xx = self._transform_inputs(inputs)   # len=4, 1/4,1/8,1/16,1/32
23.         x = self.agg_res(xx)
24.         c = self.linear_fuse(x)
25.         x = self.cls_seg(c)
26.         return x
```

TopFormer 预测输出如图 3.16 所示。

图 3.16　TopFormer 预测输出

## 3.4 本章小结

本章首先介绍了语义分割发展的基本情况，同时对常见的语义分割方法进行了划分，如多分支网络结构和轻量化单分支结构。为了进一步探索 ViT 在语义分割中的应用，本章还选择了经典的算法进行讲解。

本章主要介绍的是语义分割在自动驾驶中的应用。STDC 是一种纯卷积结构的语义分割算法。STDC 全新设计了更适合语义分割的骨干网络，解决了由于结构冗余带来的推理耗时问题。而 TopFormer 则是一种基于 Transformer 设计思想的混合模型。TopFormer 在保证速度的同时，很大程度上提升了模型的准确度。

本章最后根据实际的开源项目结合 Cityscapes 数据集，详细解读了 TopFormer 的实际应用和分割效果。

# 第 4 章

# 车道线检测与分割

车道线检测是自动驾驶中最基本、最关键的安全任务之一，可以应用在 ADAS（高级驾驶员辅助系统）中，如车道保持功能，以及其他更高级别的自主任务（如与高清地图和轨迹规划的融合等）。给定在自动驾驶车辆上收集的 RGB 图像，车道线检测算法旨在图像上提供结构化线的集合。

车道线检测是自动驾驶中的一个基础模块，也是一个由来已久的任务。早期已有很多基于传统图像处理实现的车道线检测算法。但随着研究的深入，车道线检测任务所应对的场景越来越多样化，且逐步脱离了对于"白、黄色线条"这种传统车道线样条式的理解。目前更常用的方式是寻求对于语义上车道线存在位置的检测，即使它是模糊的、被光照影响的，甚至是完全被遮挡的。

目前，车道线检测算法主要有以下两大难点。

（1）基于图像分割的车道线检测算法由于是逐像素分类的任务，所以计算量很大。

（2）No-Visual-Cue 问题，即遮挡问题。如图 4.1 所示，在实际场景中存在车道线被遮挡的情况。在这种情况下，只有靠车流走向这种全局信息才能很好地定位车道线。另外，实际场景中还存在极端光照条件影响识别结果的情况。在这种情况下，车道线检测迫切需要更高层次的车道语义信息。

图 4.1 车道线示意图

目前，基于深度学习的车道线检测算法通常分为两种类型：一种基于视觉特征进行语义分割，如 LaneNet 和 UNet 等；另一种通过视觉特征来预测车道线所在位置的点，以此来解决 No-Visual-Clue 问题，如 LaneATT。由于篇幅限制，本章仅以 UNet 和 LaneATT 为例进行介绍。

## 4.1 UNet 算法的原理

UNet（出自论文 *U-Net:Convolutional Networks for Biomedical Image Segmentation*）是在 FCN 的基础上进行修改与拓展所实现的神经网络。FCN 的思想是通过连续的卷积层来修复常用的缩放网络，其中池化层中的部分操作被上采样操作替代，从而能提升输出的分辨率。同时，为了进行定位，FCN 将压缩路径的高分辨率特征与上采样结合，使得一个连续的卷积层能够根据信息得到一个更准确的输出。

UNet 的提出者在上采样部分也有较大的修改。UNet 也有大量的特征通道，从而允许网络的上下文信息能够传播到具有更高分辨率的层上。因此扩展路径与压缩路径接近对称，产生一个 U 形结构。

由于该网络没有完全连接的层，且只使用每个卷积的有效部分，即分割映射只包含像素，这样完整的上、下两部分能够在输入图像上使用，从而实现对任意大的图像进行无缝切割。为了预测图像的边界区域中的像素，该网络通过镜像来输入图像，推断缺失的部分，这样能够保证分辨率不会受到 GPU 内存的影响。

由于实际应用中的数据量可能不会很多，所以 UNet 的提出者在其中增加了数据增强的内容，保证神经网络能够进行较好的训练。在许多细胞分割任务中，难点是如何分离同一类的触摸对象。为此，UNet 的提出者建议使用加权损失，即通过在接触单元之间增加分离背景标签，使得其能够在损失函数中获得很大的权重，从而能够实现较好的分割效果。

UNet 使用包含压缩路径和扩展路径的对称 U 形结构来进行特征的编/解码工作，且在一定程度上影响了后续语义分割网络的研究。

UNet 非常简单，其前半部分（左边）的作用是进行特征提取，后半部分（右边）的作用是进行上采样，在一些文献中也把这样的结构叫作 Encoder-Decoder 结构。因为此网络的整体结构类似大写的英文字母 U，故得名 UNet。如图 4.2 所示，其中每个蓝色竖状条对应一个多通道特征图，通道数在竖状条顶部标出，$x$ 和 $y$ 的大小位于竖状条的左下方；灰色箭头表示复制和拼接特征图。

该网络由压缩路径和扩展路径组成。其中，压缩路径用于获取上下文（Context）信息，扩展路径用于精确定位（Localization），且两条路径相互对称。

UNet 能从极少的训练图像中依靠数据增强手段将有效标注数据更为有效地利用起来。与其他常见的分割网络（如 FCN）相比，UNet 主要有以下不同点。

（1）采用完全不同的特征融合方式：拼接（Concat）。

（2）UNet 把特征在通道维度上进行拼接，形成通道更深的特征图；而 FCN 融合时使用的是逐点相加方式，并不形成通道更深的特征图。

可见，语义分割网络在进行特征融合时有以下两种方法。

（1）FCN 式的逐点相加。

（2）UNet 式的通道维度拼接融合。

除了上述新颖的特征融合方式，UNet 还有以下几个优点。

（1）5 个池化层实现了对图像特征的多尺度特征生成。

（2）上采样部分会融合特征提取部分输出，这样做实际上将多尺度特征融合在了一起。以最后一个上采样为例，它的特征既来自第一个卷积 Block 的输出（同尺度特征），又来自上采样的输出（大尺度特征），这样的连接是贯穿整个网络的。如图 4.2 所示，网络中有 4 次融合过程，而 FCN 只在最后一层进行融合。

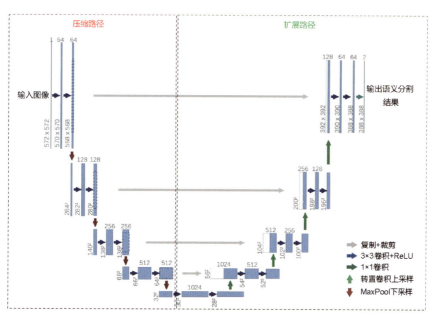

图 4.2　UNet 架构图

U-Net 也有两点明显的不足。

（1）运行效率很慢。因为 UNet 中存在大量的重复计算。

（2）需要在精确地定位和获取上下文信息之间权衡。

## 4.2 LaneATT 算法的原理

现有车道线检测算法在实际应用中已取得了不错的性能，但是诸如 UNet 之类的语义分割的方法普遍存在运行实时效率问题，这对自动驾驶落地来说是不可取的。

因此，LaneATT（出自论文 *Keep your Eyes on the Lane: Real-time Attention-guided Lane Detection*，以下简称 LaneATT）的提出者受传统基于 Anchor 的目标检测方法的启发，设计了一个基于 Anchor 的车道线检测模型。类似其他通用的目标检测器，LaneATT 将 Anchor 用于特征池化。

因为车道线遵循规则的模式高度相关，所以 LaneATT 假设在某些情况下，全局信息对推断其位置可能至关重要，尤其在诸如遮挡、缺少车道标记等情况下。因此，LaneATT 中还设计了一种新颖的基于 Anchor 的注意力机制，这在一定程度上可聚集全局信息，进而提升模型性能。

LaneATT 主要做了以下设计。

（1）Lane 的 Anchor 表征。
（2）基于 Anchor 的特征图池化。
（3）局部注意力机制。
（4）Proposal 预测。

如图 4.3 所示，使用从安装在车辆上的前置摄像头拍摄的 RGB 图像作为输入，输出是车道线。为了得到这些输出，Backbone 会生成一个特征图，并将其池化，以提取每个 Anchor 的特征。这些特征与注意力模块生成的一组全局特征结合在一起。

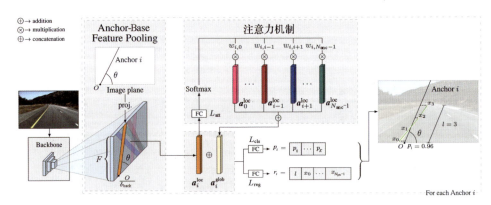

图 4.3　LaneATT 架构图

通过组合局部特征和全局特征，该模型可以更轻松地使用来自其他车道的信息，这在有遮挡或没有可见车道标记的情况下可能是必需的。

最后将合并的特征传递到全连接层，以预测最终的输出通道。

## 4.2.1 Lane 的 Anchor 表征

Lane 的 Anchor 表征方式与 Line-CNN 一致。如图 4.4 所示，将特征图均分为固定大小的网格。一条 Lane 由起始点 s 和结束点 e，以及方向 a 组成。也就是说，一条 Lane 的 Anchor 是由起始点按照一定的方向到达结束点的所有 2D 坐标组成的。

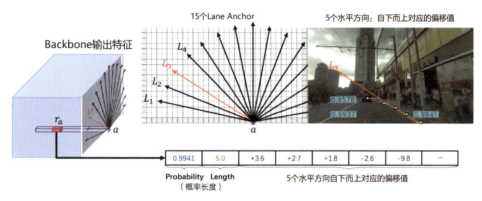

图 4.4 Lane 的 Anchor 表征

## 4.2.2 基于 Anchor 的特征图池化

两阶段目标检测算法会把一定矩形区域的 Anchor 特征池化为固定长度的特征，以用于后面的卷积或全连接层的预测。对车道线而言，因为 Lane 的 Anchor 表征不再是矩形区域，而是一条线，所以 LaneATT 给出了公式（4.1）：

$$x_j = \left\lfloor \frac{1}{\tan\theta}\left(y_j - y_{\text{orig}} / \delta_{\text{back}}\right) + x_{\text{orig}} / \delta_{\text{back}} \right\rfloor \quad (4.1)$$

式中，$(x_{\text{orig}}, y_{\text{orig}})$是起始点的坐标；$\theta$是线的角度方向。具体理解就是按照网格的 $y$ 坐标找出车道线上对应的 $x$ 坐标，这样就可以挑出固定长度的特征，即特征图 $F$ 的高度。如果出现了 $y$ 对应的 $x$ 坐标在特征图外的情况，就采用填充的方式补齐。

基于 Anchor 的特征图池化如图 4.5 所示。

请注意，LaneATT 中基于 Anchor 的特征图池化与 Fast R-CNN 的感兴趣区域投影类似，但是，考虑到 LaneATT 是单阶段目标检测器，因此使用 Anchor 本身而不是 Proposal 进行池化。

此外，RoI 池化层（用于生成固定大小的特征）对于 LaneATT 方法不是必需的。与仅利用特征图边界的 Line-CNN 相比，LaneATT 可以潜在地覆盖所有特征图，从而可以使用更轻量化的主干网络和较小的感受野范围。

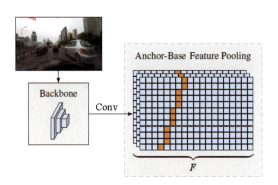

图 4.5　基于 Anchor 的特征图池化

### 4.2.3　局部注意力机制

基于 Anchor 的特征图池化所得到的特征只是车道线上的局部特征,在遇到车道线被遮挡的情况时,还需要全局特征才可以更好地进行预测。因此,LaneATT 还设计了一种注意力机制,该注意力机制作用于局部特征,以产生聚合到全局信息的附加特征。该注意力机制的数学表达式如下:

$$w_{i,j} = \begin{cases} \text{Softmax}(L_{\text{att}}(a_i^{\text{loc}}))_j, & j < i \\ 0, & j = i \\ \text{Softmax}(L_{\text{att}}(a_i^{\text{loc}}))_{j-1}, & j > i \end{cases} \quad (4.2)$$

如图 4.6 所示,对于池化后所得到的 $i$ 和 $j$ 两个 Anchor 的局部特征,使用全连接层加 Softmax 的形式预测 $i$ 和 $j$ 的关系。相当于基于当前局部特征 $i$ 预测它与其他局部特征的权重关系,聚合其他特征作为全局特征。

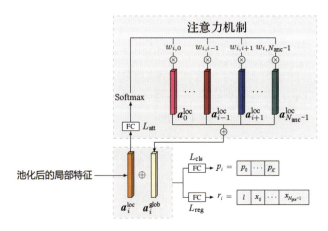

图 4.6　LaneATT 的注意力机制

## 4.2.4 Proposal 预测

如图 4.7 所示，上面提取到局部特征和全局特征有两个预测分支，分别是分类分支和回归分支。

分类分支预测 $K+1$ 个类别，包括 $K$ 个车道线类别和 1 个背景类别。

回归分支回归基于 Anchor 的起始点 $s$，预测出 $N$ 个点的坐标与对应 Anchor 的偏移，以及一个线的长度 $l$。因此，车道线的结束点就是 $e = s+l-1$。

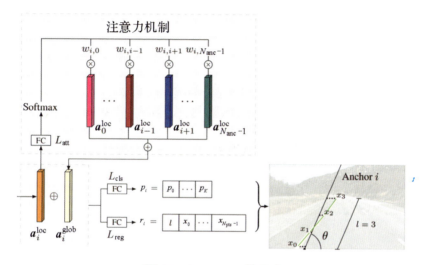

图 4.7 Proposals 的预测

## 4.2.5 后处理

与基于 Anchor 的传统目标检测一样，NMS 对于减少误检的数量至关重要。LaneATT 方法中的后处理（NMS）是通过两条车道 $X_a$ 和 $X_b$ 之间的距离来进行计算的。这里使用 $s' = \max(s_a, s_b)$ 和 $e' = \min(e_a, e_b)$ 来定义这些公共索引的范围。因此，车道距离度量定义式如下：

$$D(X_a, X_b) = \begin{cases} \dfrac{1}{e'-s'+1} \cdot \sum_{i=s'}^{e'} |x_i^a - x_i^b|, & e' \geqslant s' \\ +\infty, & 其他 \end{cases} \quad (4.3)$$

可以看出，通过以上再设计，LaneATT 在对于全局信息的具体方面的性能得以优化，可以很好地解决 No-Visual-Cue 问题，同时，由于注意力很好地聚合了全局信息，使得 LaneATT 即使在比较轻量化的主干网络中提取特征也不会有太大的准确度损失。

## 4.3 基于 LaneATT 的车道线检测实践

### 4.3.1 CULane 数据集介绍

CULane 是用于车道线检测学术研究的大规模的、具有挑战性的数据集。它是由 6 名驾驶员分别驾驶 6 辆不同的汽车，以其上的摄像头来收集的。一共收集了超过 55 小时的视频，并提取了 133235 帧。CULane 数据集标注和类别示意如图 4.8 所示。将数据集分为 88880 个训练集，9675 个验证集，剩余 34680 个作为测试集。测试集分为 1 个正常场景和 8 个挑战性场景，分别对应图 4.8 中的 9 个示例。

图 4.8 CULane 数据集标注和类别示意

对于每帧，用三次样条曲线手动注释车道线。对于车道标记被车辆遮挡或看不见的情况，仍会根据上下文注释车道线。

### 4.3.2 LaneATT 实践

由于 LaneATT 的 Backbone 使用的是 ResNet 系列中的 Backbone，其中 ResNet 已在第 1 章中介绍过，因此此处不再赘述，仅对 LaneATT 中提到的池化、注意力机制和后处理进行介绍。

**1. Anchor 的生成**

如图 4.9 所示，对于 CULanes 数据集中的车道线样条，这里的 $x$、$y$ 是用图像像素来定义的，而 Line 的 Anchor 表征均是从侧边或底边进行的。因此，在转向弧度时，对于 $y$ 方向，要进行 1-start_y 操作。同时，这里的 Line 表征是以起点和偏移点组成的，图 4.9 中红色的点即偏移

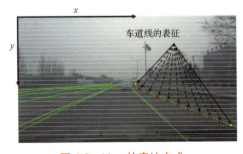

图 4.9 Line 的表达方式

点，LaneATT 默认用 72 个点来表示该车道线。

Line Anchor 的生成如代码 4.1 所示，首先通过 left_angles 和 right_angles 来确定图像左边界与右边界的角度值，然后通过 bottom_angles 来确定底边对应的角度值范围，最后通过事先定义的 generate_anchors 函数来生成 Line Anchor。

关于 generate_anchors 函数，如代码 4.1 的第 13～57 行所示，主要分为 3 步：第 1 步生成左边的 Line Anchor，第 2 步生成右边的 Line Anchor，第 3 步生成底边的 Line Anchor。

而关于如何生成单边的 Line Anchor，在代码 4.1 的第 22～56 行分别定义了 generate_side_anchors 函数和 generate_anchor 函数，两者结合来生成 Line Anchor。

代码 4.1　Line Anchor 的生成

```
1.  # 这里使用的域Line-CNN相同：Anchor的左、右两边的角度和底边的角度分布
2.  # 左边角度均小于90°，因为大于90°就是图像以外了，所以不可能有车道线
3.  left_angles = [72., 60., 49., 39., 30., 22.]
4.  # 右边角度均大于90°，因为小于90°也就是图像以外了，所以也不可能有车道线
5.  right_angles = [108., 120., 131., 141., 150., 158.]
6.  # 底边的角度可以为0°～180°
7.  bottom_angles = [165.,150.,141.,131.,120.,108.,100.,90.,80.,72.,60.,49.,
    39.,30.,15.]
8.
9.  # 生成Line Anchor
10. anchors, anchors_cut = generate_anchors(lateral_n=72, bottom_n=128)
11.
12. # 生成Line Anchor的函数
13. def generate_anchors(lateral_n, bottom_n):
14.     # 生成左边的Line Anchor
15.     left_anchors, left_cut = generate_side_anchors(left_angles, x=0.,
    nb_origins=lateral_n)
16.     # 生成右边的Line Anchor
17.     right_anchors, right_cut = generate_side_anchors(right_angles, x=1.,
    nb_origins=lateral_n)
18.     # 生成底边的Line Anchor
19.     bottom_anchors, bottom_cut = generate_side_anchors(bottom_angles,
    y=1.,nb_origins=bottom_n)
20.     return torch.cat([left_anchors, bottom_anchors, right_anchors]),
    torch.cat([left_cut, bottom_cut, right_cut])
21.
22. def generate_side_anchors(angles, nb_origins, x=None, y=None):
23.     if x is None and y is not None:
24.         starts = [(x, y) for x in np.linspace(1., 0., num=nb_origins)]
25.     elif x is not None and y is None:
26.         starts = [(x, y) for y in np.linspace(1., 0., num=nb_origins)]
```

```
27.      else:
28.          raise Exception('Please define exactly one of `x` or `y` (not
    neither nor both)')
29.      # nb_origins 表示每个边有几个起始点
30.      n_anchors = nb_origins * len(angles)
31.      # 初始化 Anchor 为全 0 矩阵，形状为(Anchor 的数量,5+偏移坐标的个数（默认为 72）)
32.      anchors = torch.zeros((n_anchors, 2 + 2 + 1 + self.n_offsets))
33.      anchors_cut = torch.zeros((n_anchors, 2 + 2 + 1 + self.fmap_h))
34.      for i, start in enumerate(starts):
35.          for j, angle in enumerate(angles):
36.              k = i * len(angles) + j
37.              # 生成 Line Anchor，并赋值给初始化后的 anchors 矩阵
38.              anchors[k] = generate_anchor(start, angle)
39.              anchors_cut[k] = generate_anchor(start, angle, cut=True)
40.      return anchors, anchors_cut
41.
42. def generate_anchor(start, angle, cut=False):
43.      if cut:
44.          anchor_ys = anchor_cut_ys
45.          anchor = torch.zeros(2 + 2 + 1 + self.fmap_h)
46.      else:
47.          anchor_ys = anchor_ys
48.          anchor = torch.zeros(2 + 2 + 1 + self.n_offsets)
49.      # 角度转为弧度
50.      angle = angle * math.pi / 180.
51.      start_x, start_y = start
52.      # 确定起始点
53.      anchor[2] = 1 - start_y
54.      anchor[3] = start_x
55.      # 填充偏移值
56.      anchor[5:]=(start_x+(1-anchor_ys-1+start_y) / math.tan(angle)) * img_w
57.      return anchor
```

Anchor 的可视化结果（简化版本）如图 4.10 所示（精简了起始点个数和偏移点个数）。

图 4.10　Anchor 的可视化结果（简化版本）

## 2. LaneATT 的整体架构

如图 4.3 所示，LaneATT 的整体框架中包含了 Anchor-Base Feature Pooling、注意力机制，其具体实现如代码 4.2 所示，预测结果如图 4.11 所示。

代码 4.2 定义了各边的 Anchor 角度，并基于此生成了 Line Anchor，同时在代码的第 34、35 行分别定义了车道线检测的 cls_layer 和 reg_layer，即车道线的分类 Head 和 Line Anchor 的回归 Head；关于注意力层的定义，在代码的第 38～42 行给出并进行了对应的初始化操作。

对于 LaneATT 的执行流程，通过第 44～78 行代码可以知道，forward 的前向传播首先通过特征编码器得到编码特征，接着根据 generate_anchors 生成的 Line Anchor 获取 Line Anchor 特征，然后通过第 49～58 行代码得到注意力矩阵并与之前得到的 Line Anchor 特征进行融合，最后通过具体的任务 Head 得到最终的结果。当然，这里也要进行具体的 NMS 操作。

代码 4.2　LaneATT 网络结构

```
1.  class LaneATT(nn.Module):
2.      def __init__(self, backbone='resnet34', pretrained_backbone=True,
3.                   S=72, img_w=640, img_h=360, anchors_freq_path=None,
4.                   topk_anchors=None, anchor_feat_channels=64):
5.          super(LaneATT, self).__init__()
6.          self.feature_extractor, backbone_nb_channels, self.stride = get_backbone(backbone, pretrained_backbone)
7.          self.img_w = img_w
8.          self.n_strips = S - 1
9.          self.n_offsets = S
10.         self.fmap_h = img_h // self.stride
11.         fmap_w = img_w // self.stride
12.         self.fmap_w = fmap_w
13.         self.anchor_ys = torch.linspace(1, 0, steps=self.n_offsets, dtype=torch.float32)
14.         self.anchor_cut_ys = torch.linspace(1, 0, steps=self.fmap_h, dtype=torch.float32)
15.         self.anchor_feat_channels = anchor_feat_channels
16.         # 对应各边的 Anchor 角度
17.         self.left_angles = [72., 60., 49., 39., 30., 22.]
18.         self.right_angles = [108., 120., 131., 141., 150., 158.]
19.         self.bottom_angles=[165.,150.,141.,131.,120.,108.,100.,90.,80.,72.,60.,49.,39.,30.,15.]
20.         # 生成 Line Anchor
21.         self.anchors, self.anchors_cut = self.generate_anchors(lateral_n=72, bottom_n=128)
```

```
22.             # 如果提供了 anchors_freq_path，则进行过滤 Mask 操作
23.             if anchors_freq_path is not None:
24.                 anchors_mask = torch.load(anchors_freq_path).cpu()
25.                 assert topk_anchors is not None
26.                 ind = torch.argsort(anchors_mask,descending=True)[:topk_anchors]
27.                 self.anchors = self.anchors[ind]
28.                 self.anchors_cut = self.anchors_cut[ind]
29.             # 预先计算 Line Anchor 池化的索引
30.             self.cut_zs, self.cut_ys, self.cut_xs, self.invalid_mask = self.compute_anchor_cut_indices(self.anchor_feat_channels, fmap_w, self.fmap_h)
31.
32.             # 设置和初始化 Layer
33.             self.conv1 = nn.Conv2d(backbone_nb_channels, self.anchor_feat_channels, kernel_size=1)
34.             self.cls_layer=nn.Linear(2*self.anchor_feat_channels*self.fmap_h,2)
35.             self.reg_layer = nn.Linear(2*self.anchor_feat_channels*self.fmap_h, self.n_offsets + 1)
36.             # 前面所提的注意力其实就是由一个链接层构建而成的
37.             self.attention_layer=nn.Linear(self.anchor_feat_channels*self.fmap_h,len(self.anchors)-1)
38.             self.initialize_layer(self.attention_layer)
39.             self.initialize_layer(self.conv1)
40.             self.initialize_layer(self.cls_layer)
41.             self.initialize_layer(self.reg_layer)
42.
43.         def forward(self, x, conf_threshold=None, nms_thres=0, nms_topk=3000):
44.             batch_features = self.feature_extractor(x)
45.             batch_features = self.conv1(batch_features)
46.             batch_anchor_features = self.cut_anchor_features(batch_features)
47.             batch_anchor_features=batch_anchor_features.view(-1,self.anchor_feat_channels*self.fmap_h)
48.             # 注意力机制部分
49.             softmax = nn.Softmax(dim=1)
50.             # 得到局部特征的注意力得分
51.             scores = self.attention_layer(batch_anchor_features)
52.             # 生成注意力图
53.             attention=softmax(scores).reshape(x.shape[0],len(self.anchors),-1)
54.             attention_matrix=torch.eye(attention.shape[1],device=x.device).repeat(x.shape[0],1, 1)
55.             non_diag_inds=torch.nonzero(attention_matrix == 0.,as_tuple=False)
56.             attention_matrix[:] = 0
```

```
57.        attention_matrix[non_diag_inds[:,0],non_diag_inds[:,1],non_
   diag_inds[:,2]]=attention.flatten()
58.        batch_anchor_features = batch_anchor_features.reshape(x.shape
   [0],len(self.anchors), -1)
59.        # 将注意力图与Line Anchor特征矩阵相乘，得到全局辅助特征
60.        attention_features = torch.bmm(torch.transpose(batch_anchor_
   features, 1, 2), torch.transpose(attention_matrix, 1, 2)).transpose(1, 2)
61.        attention_features=attention_features.reshape(-1,self.anchor_
   feat_channels*self.fmap_h)
62.        batch_anchor_features = batch_anchor_features.reshape(-1, self
   .anchor_feat_channels * self.fmap_h)
63.        # 将全局辅助特征与Line Anchor特征进行融合，让最终结果的鲁棒性更高
64.        batch_anchor_features = torch.cat((attention_features, batch_
   anchor_features), dim=1)
65.        # 预测最终结果
66.        cls_logits = self.cls_layer(batch_anchor_features)
67.        reg = self.reg_layer(batch_anchor_features)
68.        # Undo joining
69.        cls_logits=cls_logits.reshape(x.shape[0],-1, cls_logits.shape[1])
70.        reg = reg.reshape(x.shape[0], -1, reg.shape[1])
71.        # Add offsets to anchors
72.        reg_proposals = torch.zeros((*cls_logits.shape[:2], 5 + self
   .n_offsets), device=x.device)
73.        reg_proposals += self.anchors
74.        reg_proposals[:, :, :2] = cls_logits
75.        reg_proposals[:, :, 4:] += reg
76.        # 使用NMS生成最终的proposals_list
77.        proposals_list = self.nms(reg_proposals, attention_matrix,
   nms_thres, nms_topk, conf_threshold)
78.        return proposals_list
```

图 4.11　LaneATT 的预测结果

## 4.4 本章小结

本章开始阐述了目前车道线检测算法落地应用主要存在的两大难点，分别为计算量大和车道线被遮挡问题；介绍了不同范式的车道线检测算法和车道线分割算法。

首先，介绍了比较经典的分割算法 UNet。UNet 被提出的初衷是为了解决医学领域的图像分割问题，但是在其他很多与语义分割相关的领域也会用到 UNet，其中就包括自动驾驶领域。UNet 主要通过一种 U 形网络结构来获取上下文信息和位置信息。

然后，介绍了一个基于 Anchor 的车道线检测算法 LaneATT。*LaneATT* 论文中提出了一种基于 Anchor 的池化方法和局部注意力机制。LaneATT 将骨干网络的输出结果进行池化，以提取每个 Anchor 的特征，将提取到的特征与注意力模块产生的全局特征进行融合，以解决遮挡、光照等原因导致车道线检测不到的问题。

最后，通过 LaneATT 在实际项目中的应用，以及对其原理的详细讲解使读者能够更好地理解 LaneATT，同时展示了车道线检测在实际项目中的落地情况。

# 第 5 章

# 多目标跟踪在自动驾驶中的应用

在自动驾驶的感知系统中,虽然可以通过对车道线、前后方车辆、行人等目标的准确检测与识别来为更高级的行为选择、障碍物规避和路径规划等功能提供决策基础,但是基于这些方法,仍旧有一项关键技术直接影响着高阶算法的效果,那便是目标跟踪。

Tracking-by-Detection 是多目标跟踪算法的主流方式。该方式把整个处理过程看作全局优化问题,但是这种方式不适合在线任务。此外,MHT、JPDAF 基于逐帧的数据关联计算代价较大,复杂度高。

SORT 算法在传统算法的基础上使用卡尔曼滤波处理每帧的关联性,并使用匈牙利算法进行关联度量,因此其检测性能提升了几十倍。然而,SORT 算法 ID 频繁切换的问题比较明显,即 SORT 算法只适用于遮挡情况少、运动较稳定的目标。

DeepSORT 通过融合动作和外观信息来实现更准确的关联。它使用 CNN 来提取特征,提升了对缺失和遮挡的鲁棒性,更易于实现,也更高效;此外,它也适用于在线场景。

沿着多目标跟踪(MOT)中 Tracking-by-Detections 的范式,ByteTrack 进一步提出了一种简单、高效的数据关联方法 Byte。ByteTrack 利用目标框和跟踪轨迹之间的相似性,在保留高分检测结果的同时,从低分检测结果中去除背景,挖掘出真正的物体(遮挡、模糊等困难样本),从而降低漏检的概率并提高轨迹的连贯性。

## 5.1 多目标跟踪算法 SORT 的原理

SORT 是一种多目标跟踪算法,可以有效地关联目标并提升跟踪的实时性。SORT 算法的核心是卡尔曼滤波算法和匈牙利算法的结合,可以达到较好的跟踪效果。

SOTR 的跟踪速度高达 260 帧/秒。相比于同时期的其他算法，SORT 算法的速度提升了近 20 倍。

SORT 仅使用了目标框的位置和大小来进行目标的运动估计与数据关联，没有使用任何目标重识别算法，专注于帧与帧之间的匹配。具体来说，SORT 采用卡尔曼滤波算法和匈牙利算法来分别处理运动预测和数据关联这两个分量。

如图 5.1 所示，SORT 作为一个简单的多目标跟踪的框架，其核心主要包括两种算法：卡尔曼滤波算法和匈牙利算法。

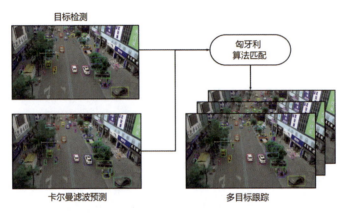

图 5.1　SORT 跟踪算法 Pipeline

如图 5.2 所示，SORT 多目标跟踪算法的核心是匈牙利算法匹配的过程与卡尔曼滤波的预测和更新过程。

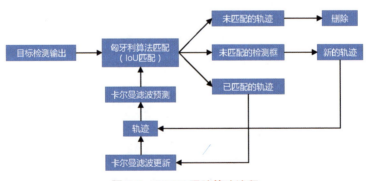

图 5.2　SORT 跟踪算法流程

首先目标检测器得到检测框 Detections，同时卡尔曼滤波器预测当前帧的轨迹；然后将目标检测器输出的检测框和轨迹进行匈牙利算法匹配（IoU 匹配），最终得到的结果可以分为以下几类。

**（1）未匹配的轨迹**。这部分被认为未能匹配，即检测框和轨迹无法匹配。如果未能匹配持续了 $T_{\text{most}}$ 次，那么该目标 ID 将从图像中删除。

**（2）未匹配的检测框**。这部分说明没有轨迹匹配检测框，因此要为这个检测框分配一个新的轨迹。

**（3）已匹配的轨迹**。这部分说明得到了匹配。

卡尔曼滤波算法分为两个过程，即预测和更新。该算法将目标的运动状态定义为 8 个正态分布向量。

**预测**：目标经过移动，可以通过上一帧的目标框位置和速度等参数预测出当前帧的目标框位置和速度等参数。

**更新**：更新预测值和测量值，将两个正态分布的状态进行线性加权，得到目前系统预测的状态。

卡尔曼滤波是一种递推算法，每次递推都包含两个重要的步骤：首先计算出一个预测值，然后对预测值和测量值进行加权求和，得到最终的最优估计值。而加权的权重则是由另外的步骤完成的。卡尔曼滤波算法的具体步骤如下。

（1）根据 $k-1$ 时刻的最优估计值 $\hat{x}_{k-1}$ 计算 $k$ 时刻的预测值 $x'_k$。

（2）根据 $k-1$ 时刻的最优估计值的误差 $p_{k-1}$ 计算 $k$ 时刻预测值的误差 $p'_k$。

（3）根据 $k$ 时刻预测值的误差 $p'_k$ 和 $k$ 时刻测量值的误差 $r$ 计算 $k$ 时刻的卡尔曼滤波增益 $K_k$。

（4）根据 $k$ 时刻的预测值 $x'_k$、$k$ 时刻的测量值 $z_k$ 和 $k$ 时刻的卡尔曼滤波增益 $K_k$ 计算 $k$ 时刻的最优估计值 $\hat{x}_k$。

（5）根据 $k$ 时刻的预测值的误差 $p'_k$ 和 $k$ 时刻的卡尔曼滤波增益 $K_k$ 计算 $k$ 时刻的最优估计值 $\hat{x}_k$ 的误差 $p_k$。

通过图 5.3 可以看出卡尔曼滤波的过程相对简单，但是其在 SORT 中的作用是非凡的。在自动驾驶领域，卡尔曼滤波也主要是作为状态估计器的形式出现的，因此这里以行人的状态估计来解释卡尔曼滤波算法。

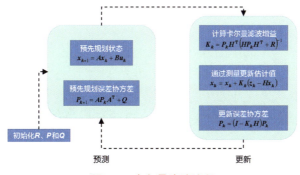

图 5.3　卡尔曼滤波流程

## 1. 状态预测（第 1 步）

如果想要估计行人的运动状态，那么首先需要建立行人运动状态方程。行人的运动状态可以用数学表达式表示为 $x=(p,v)$，其中，$p$ 为行人的位置，$v$ 为行人当前的速度。通过向量形式表达后的数学表达式如下：

$$\boldsymbol{x} = (p_x, p_y, v_x, v_y)^\mathrm{T} \tag{5.1}$$

式（5.1）表示了在 $x$、$y$ 两个方向上行人的位置和当前的速度。

确定了估计对象的运动状态方程后，这里以一个最简单的过程模型——恒定速度模型来解释卡尔曼滤波算法的应用。假设过程模型如下：

$$\boldsymbol{x}_{k+1} = A\boldsymbol{x}_k + \boldsymbol{v} \tag{5.2}$$

式（5.2）可以扩展为

$$\boldsymbol{x}_{k+1} = \begin{pmatrix} 1 & 0 & \Delta t & 0 \\ 0 & 1 & 0 & \Delta t \\ 0 & 0 & 1 & 0 \\ 0 & 0 & 0 & 1 \end{pmatrix} \cdot \begin{pmatrix} p_x \\ p_y \\ v_x \\ v_y \end{pmatrix}_k + \boldsymbol{v} \tag{5.3}$$

该模型之所以叫作恒定速度模型，是因为可以通过展开式（5.3）得到式（5.4）：

$$\begin{aligned} p_x^{k+1} &= p_x^k + v_x^k \Delta t + v \\ p_y^{k+1} &= p_y^k + v_y^k \Delta t + v \\ v_x^{k+1} &= v_x^k + v \\ v_y^{k+1} &= v_y^k + v \end{aligned} \tag{5.4}$$

通过式（5.3）可以看到，恒定速度模型假定预测目标的运动规律具有恒定速度。但在实际情况下，行人可能并不是以恒定速度前进的，中间可能会产生一些噪声。在式（5.4）中，也考虑了这个因素，因此，其中的 $v$ 表示行人在运动过程中的随机噪声，即行人在前进过程中可能会出现的加速或减速。

通过考虑噪声，式（5.3）便可转化为式（5.5）：

$$\boldsymbol{x}_{k+1} = \begin{pmatrix} 1 & 0 & \Delta t & 0 \\ 0 & 1 & 0 & \Delta t \\ 0 & 0 & 1 & 0 \\ 0 & 0 & 0 & 1 \end{pmatrix} \cdot \begin{pmatrix} p_x \\ p_y \\ v_x \\ v_y \end{pmatrix}_k + \begin{pmatrix} \frac{1}{2} a_x \Delta t^2 \\ \frac{1}{2} a_y \Delta t^2 \\ a_x \Delta t \\ a_y \Delta t \end{pmatrix} \tag{5.5}$$

## 2. 计算预测误差（第 2 步）

根据图 5.3 可知预测的第 2 步为

## 第 5 章 多目标跟踪在自动驾驶中的应用

$$P_{k+1} = AP_k A^{\mathrm{T}} + Q \tag{5.6}$$

式中，$Q$ 是过程中的噪声，其本质上是估计状态概率分布的协方差矩阵。由于过程中的噪声被看成了高斯分布，因此 $Q$ 可以展开为如下形式：

$$Q = \begin{pmatrix} \sigma_{p_x}^2 & \sigma_{p_x p_y} & \sigma_{p_x v_x} & \sigma_{p_x v_y} \\ \sigma_{p_y p_x} & \sigma_{p_y}^2 & \sigma_{p_y v_x} & \sigma_{p_y v_y} \\ \sigma_{v_x p_x} & \sigma_{v_x p_y} & \sigma_{v_x}^2 & \sigma_{v_x v_y} \\ \sigma_{v_y p_x} & \sigma_{v_y p_y} & \sigma_{v_y v_x} & \sigma_{v_y}^2 \end{pmatrix} \tag{5.7}$$

### 3．测量误差（第 3 步）

在测量中，直接测量得到的速度为 $v_x$ 和 $v_y$，因此，根据状态表达式，测量矩阵 $C$ 可以表示为

$$C = \begin{pmatrix} 0 & 0 & 1 & 0 \\ 0 & 0 & 0 & 1 \end{pmatrix} \tag{5.8}$$

测量噪声的协方差矩阵 $R$ 表示为

$$R = \begin{pmatrix} \sigma_{v_x}^2 & 0 \\ 0 & \sigma_{v_y}^2 \end{pmatrix} \tag{5.9}$$

### 4．计算卡尔曼滤波增益（第 4 步）

计算当前时刻的卡尔曼滤波增益的公式如下：

$$K_k = \frac{AP_k A^{\mathrm{T}}}{AP_k A^{\mathrm{T}} + R} \tag{5.10}$$

### 5．计算最优估计值（第 5 步）

$$\begin{aligned} \hat{x}_{k+1} &= x_{k+1} + K_k (z_k - x_{k+1}) \\ \hat{x}_{k+1} &= (1 - K_k) x_{k+1} + K_k z_k \end{aligned} \tag{5.11}$$

通过式（5.11）可以看出，卡尔曼滤波增益其实就是一个权重，用于衡量测量值与预测值的重要程度。假如卡尔曼滤波增益为 0，则意味着当前的测量值完全不可信，即把预测值当作最优估计值；假如卡尔曼滤波增益为 1，则意味着当前的预测值完全不可信，即把测量值当作最优估计值。一般情况下，卡尔曼滤波增益为 0～1 之间的数，即最优估计值不仅需要预测值，还需要测量值。

**匈牙利算法**解决的是分配问题，在多目标跟踪的主要步骤中计算相似度，得到前后两帧的相似度矩阵。匈牙利算法就是通过求解这个相似度矩阵来解决前后两帧真正匹配的目标问题的。

## 5.2 多目标跟踪算法 DeepSORT 的原理

由 5.1 节可以知道，SORT 的关键步骤：卡尔曼滤波预测→使用匈牙利算法将预测后的轨迹和当前帧中的检测框进行匹配（IoU 匹配）→卡尔曼滤波更新。对于没有匹配上的轨迹，不会马上删除，有一个 T_lost 保存时间；但 SORT 把这个时间阈值设置为 1，即对于没有匹配上的轨迹，相当于直接将其删除。

图 5.4 是 DeepSORT 多目标跟踪算法流程图。DeepSORT 相对于 SORT 多了级联匹配（Matching Cascade）和新轨迹的确认操作。

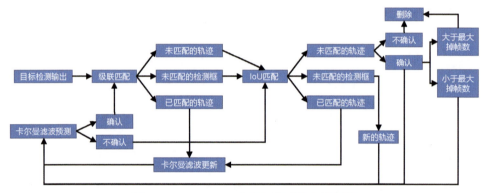

图 5.4 DeepSORT 多目标跟踪算法流程图

### 5.2.1 级联匹配

这里使用级联匹配的目的是改善目标被遮挡的情况。被遮挡目标的预测轨迹无法匹配目标框，且暂时从图像中消失，之后当被遮挡目标再次出现时，应尽量让被遮挡目标分配的 ID 不发生变化，即减少 ID 变化的情况，因此需要用到级联匹配。级联匹配的过程如下。

（1）进入级联匹配的预设条件，连续匹配 3 次，即该轨迹的状态必须为"确认"。

（2）进入该状态的轨迹要进行以下操作：如果遇到检测器级联匹配失败，同时 IoU 匹配失败的情况（缺失 1 次，掉帧数+1），那么仍然可以容忍最大掉帧数为 70。如果掉帧数超过 70，则将该轨迹删除。

（3）级联匹配的代价函数是由卡尔曼滤波的均值（目标坐标），以及协方差、目标检测器的均值的马氏距离、检测器目标框的 ReID 特征、卡尔曼滤波预测框的 ReID 特征之间的余弦相似度相加组成的。这里有一个参数可以根据摄像机运动的抖动情况进行判断，当其运动明显时，设置该参数为 0 是一个不错的选择。

（4）级联匹配的优先级：级联匹配会优先匹配丢失匹配帧最少的目标，即为没有丢失过的轨迹赋予优先匹配的权限，而丢失帧数最多的轨迹最后匹配。

（5）门矩阵（Gate Matrix）：当代价函数的某些值超出一定范围时，用来设定其上限。

### 5.2.2 ReID 特征提取

对于 DeepSORT 中所使用的 ReID 特征，其主要应用在安防领域。ReID 属于度量学习的范畴，对 ReID 任务而言，其在训练阶段和推理阶段是有所区别的。

如图 5.5 所示，在 ReID 的训练阶段，首先要做的是检测，即检测出行人或其他目标，其实这一步数据集已经帮我们做到了，剩下的就是训练一个特征提取网络，根据特征所计算的度量距离得到损失值；然后选用一个优化器，迭代找到损失最小值，图中选择的是 Triplet 损失函数，即三元组损失函数，并不断更新网络参数，从而达到学习的效果。

ReID 模型在训练阶段主要涉及的模型可以使用普通的卷积神经网络，同时使用三元组损失函数和分类损失函数对其特征进行约束训练。

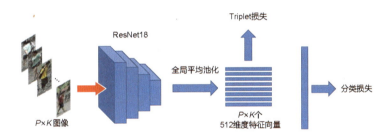

图 5.5 ReID 的训练阶段

如图 5.6 所示，ReID 模型在推理阶段仅需一个特征向量即可，该特征向量即 ReID 特征，可用于 DeepSORT 的匹配，也可用于行人检索等落地应用。

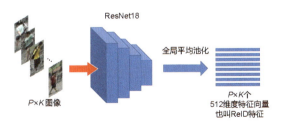

图 5.6 ReID 的推理阶段

## 5.3 多目标跟踪算法 ByteTrack 的原理

在 ByteTrack 之前，用得比较多的是 SORT 和 DeepSORT 算法，两者均为基于卡尔曼滤波器的跟踪器算法。DeepSORT 相较于 SORT 的最大改进在于 DeepSORT 中引进了 ReID 网络来解决 ID 变换的问题。SORT 和 DeepSORT 的共同思想是将上游目标检测网络的检测结果送入卡尔曼滤波器进行预测跟踪。

这里提出的问题在于上游目标检测网络一般设置的目标检测置信度阈值在 0.5 左右，即当目标框检测出来的置信度低于 0.5 时会被丢弃。这里仅对目标检测而言是没有问题的，但对图像流来说，相当于拥有了更多先验信息，仅仅凭借一个置信度阈值就丢弃目标框是不够合理的。

以图 5.7 举例，假设把阈值设置为 0.3，在第 1 帧和第 2 帧中都可以将图像中的 3 个行人正确地识别出来，但当第 3 帧中出现遮挡情况时，其中一个行人的置信度变为 0.1，如此，该行人就会在遮挡情况下失去跟踪信息，但对目标检测而言，该行人确实被检测出来了，只是置信度较低而已。

图 5.7 连续帧检测情况

因此 ByteTrack 提出了 Byte 数据关联方法来解决由于检测框置信度低带来的问题。

ByteTrack 与之前的跟踪算法的最大区别在于它不是简单地去掉低分目标检测结果，而是协助每个目标框。

相比于 DeepSORT，ByteTrack 在遮挡情况下的性能提升非常明显。但需要注意的是，由于 ByteTrack 没有使用外表特征辅助匹配，因此其跟踪效果非常依赖目标检测算法的效果。也就是说，目标检测器的效果越好，ByteTrack 的跟踪效果也就越好；如果目标检测器的效果不好，那么会严重影响 ByteTrack 的跟踪效果。

ByteTrack 的核心在于 Byte 数据关联方法，即可以直接将目标检测所得到的检测结果输入跟踪器 ByteTrack。与 DeepSORT 类似，相比于 JDE 和 FairMOT，Byte 数据关联方法在工程应用上更为简捷。

前面提到，ByteTrack 保留了具有低置信度的目标框，而直接将其当作高分目标框处理显然是不合理的,因为那样会带来很多背景,因此 ByteTrack 提出了 Byte 数据关联方法。

Byte 数据关联方法的具体流程如下。

(1)根据目标框的置信度把检测框分为高置信度目标框和低置信度目标框,分开处理。

(2)第一次使用高置信度目标框与之前的跟踪轨迹进行匹配。

(3)第二次使用低置信度目标框与第一次没有匹配上高置信度目标框的跟踪轨迹(如当前帧受到严重遮挡导致得分下降的目标)进行匹配。

(4)对于没有匹配上跟踪轨迹而置信度又足够高的目标框,为其新建一个跟踪轨迹。对于没有匹配上目标框的跟踪轨迹会保留 30 帧,在其再次出现时,再次进行匹配。

Byte 的工作原理可以理解为,遮挡往往伴随着检测得分由高到低缓慢变化,被遮挡物体在被遮挡之前是可视物体,检测分数较高,可以建立跟踪 ID;当物体被遮挡时,通过检测框与轨迹的位置重合度就能把被遮挡的物体从低分框中挖掘出来,进而保持跟踪 ID 的连贯性。

假设图 5.8 表示的是当前帧的关联策略,那么该操作的输入分别是前一帧所有跟踪框信息的卡尔曼滤波预测结果和当前帧的检测网络检测得到的置信度高于阈值的检测框,即图 5.8 中的红色框框取的部分。

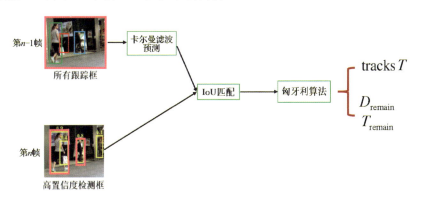

图 5.8 ByteTrack 的首次关联匹配

后续操作便是 IoU 匹配和匈牙利算法寻优,最终得到当前帧的跟踪结果。首次关联(关联 1)结束以后,得到匹配的跟踪框和检测框将保留(图 5.8 中的 $D_{remain}$ 和 $T_{remain}$),用于后续操作。

ByteTrack 的提出者还提出 Byte 的关联 1 操作具有灵活性并可用于其他多目标跟踪算法,如用在 DeepSORT 里,也可以将 ReID 特征提取结果加入关联 1 中。

ByteTrack 的提出者表示,对于低置信度的目标框,由于目标往往处于严重遮挡和严重运动模糊状态,所以外观相似度特征(如 ReID)非常不可靠,而相比较而言,IoU 匹配是更佳的选择。鉴于此,在关联 2 中,仅仅使用了 IoU 匹配,而并未像 DeepSORT 那样引入 ReID 特征相似度。对于 ByteTrack 的关联 1 操作,可以将其理解为目前 MOT 主流的跟踪策略。

如图 5.9 所示,关联 2 使用低置信度检测框与关联 1 之后没有匹配上高置信度检测框的跟踪轨迹(如当前帧受到严重遮挡导致得分下降的物体)进行匹配。

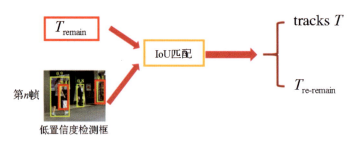

图 5.9 ByteTrack 的第二次关联匹配

事实上,对于长时目标跟踪,对跟踪框的 ID 进行保存是很有必要的(如目标 10 在第 100 帧消失后,又在第 120 帧重新出现),因此,对于关联 2 操作以后未得到匹配的跟踪框 $T_{\text{re-remain}}$(消失的目标),将其放入 $T_{\text{lost}}$ 中。

$T_{\text{lost}}$ 中的跟踪框会在保留特定帧以后被删除(如 30 帧),而在这 30 帧里面,$T_{\text{lost}}$ 将仍然被放到 tracks $T$ 里面进行下一帧的跟踪预测,只是对于当前帧的跟踪结果,$T_{\text{lost}}$ 中的目标框和 ID 并不会显示在图中。

对于关联 1 匹配输出的 $D_{\text{remain}}$,它直接用于生成新的跟踪框,表示有新目标出现。因为本身 $D_{\text{remain}}$ 中的检测框都拥有较高的置信度,所以如果其中的目标框的置信度高于设定阈值且连续两帧都被检测到,就生成新的跟踪框。

在多目标跟踪场景中,大部分被遮挡物体的检测结果都是低置信度的检测框。ByteTrack 非常简洁地从低置信度的检测框中寻找被遮挡的物体,因此对于遮挡问题具有较好的鲁棒性。

## 5.4　基于 ByteTrack 的多目标跟踪项目实践

### 5.4.1　MOT16 数据集

MOT16 是 2016 年提出的多目标跟踪 MOT Challenge 系列的一个衡量多目标检测跟踪方法标准的数据集。

## 第 5 章 多目标跟踪在自动驾驶中的应用

MOT16 的主要标注目标为移动的行人与车辆，是基于 MOT15 添加了细化的标注和更多标注框的数据集。MOT16 拥有更加丰富的画面，包含不同拍摄视角和摄像机运动，也包含不同天气状况下的视频。MOT16 是由一批专业的研究者严格遵从相应的标注准则进行标注的，并通过双重检测的方法来保证标注信息的高准确度。MOT16 标注的运动轨迹为 2D。

MOT16 数据集共有 14 个视频序列，其中 7 个为带有标注信息的训练集，另外 7 个为测试集。图 5.10 列出了部分视频序列，其中，第一行是训练集，第二行是测试集。

图 5.10　MOT16 数据集

### 5.4.2　Byte 匹配

Byte 数据关联方法的具体流程前面已经介绍了。如代码 5.1 所示，在 ByteTrack 中，将得分框按照一定的阈值划分为高置信度检测框和低置信度检测框。对高置信度检测框来说，按照正常的方法将其送入跟踪器，并使用 IoU 计算代价矩阵，利用匈牙利算法进行分配。

而对于低置信度检测框，则利用未匹配上的检测框（未匹配上就说明上一帧是匹配上的）与低置信度检测框进行 IoU 匹配，并同样利用匈牙利算法进行分配。

对高置信度检测框来说，也可以加入类似 DeepSORT 中的 ReID 网络来进行外观匹配，而不仅仅利用 IoU 进行匹配。

ByteTrack 整体的思想就是这么简单，作者认为，ByteTrack 有效的原因在于 ByteTrack 的提出者假设对视频或图像流来说，未匹配上的检测框大概率是由此帧中的这个物体被遮挡或"走出"画面导致的。因此，ByteTrack 的提出者利用低置信度检测框与未匹配上的检测框再次进行匹配，以此来减缓因遮挡而导致目标丢失的问题。

代码 5.1　ByteTrack 跟踪器

```
1.  class ByteTracker(object):
2.      def __init__(self, args, frame_rate=30):
3.          self.tracked_stracks = []  # type: list[STrack]
```

```
4.          self.lost_stracks = []        # type: list[STrack]
5.          self.removed_stracks = []     # type: list[STrack]
6.          self.frame_id = 0
7.          self.args = args
8.          self.det_thresh = args.track_thresh + 0.1
9.          self.buffer_size = int(frame_rate / 30.0 * args.track_buffer)
10.         self.max_time_lost = self.buffer_size
11.         self.kalman_filter = KalmanFilter()
12.
13.     def update(self, output_results, img_info, img_size):
14.         self.frame_id   += 1
15.         activated_starcks = []
16.         refind_stracks    = []
17.         lost_stracks      = []
18.         removed_stracks   = []
19.
20.         if output_results.shape[1] == 5:
21.             scores = output_results[:, 4]
22.             bboxes = output_results[:, :4]
23.         else:
24.             output_results = output_results.cpu().numpy()
25.             scores = output_results[:, 4] * output_results[:, 5]
26.             bboxes = output_results[:, :4]  # x1、y1、x2、y2
27.         img_h, img_w = img_info[0], img_info[1]
28.         scale = min(img_size[0] / float(img_h), img_size[1] / float(img_w))
29.         bboxes /= scale
30.         # 第1步：划分高/低置信度检测框
31.         # 高置信度检测框
32.         remain_inds = scores > self.args.track_thresh
33.         dets = bboxes[remain_inds]
34.         scores_keep = scores[remain_inds]
35.
36.         # 低置信度检测框
37.         inds_low = scores > 0.1
38.         inds_high = scores < self.args.track_thresh
39.         inds_second = np.logical_and(inds_low, inds_high)
40.         dets_second = bboxes[inds_second]
41.         scores_second = scores[inds_second]
42.
43.         # 获取关联1匹配所需的高置信度检测框
44.         if len(dets) > 0:
```

```
45.            detections = [STrack(STrack.tlbr_to_tlwh(tlbr), s) for
   (tlbr, s) in zip(dets, scores_keep)]
46.        else:
47.            detections = []
48.        unconfirmed = []
49.        tracked_stracks = []  # type: list[STrack]
50.        for track in self.tracked_stracks:
51.            if not track.is_activated:
52.                unconfirmed.append(track)
53.            else:
54.                tracked_stracks.append(track)
55.        # 第 2 步：首次关联匹配，即高置信度检测框关联匹配
56.        strack_pool = joint_stracks(tracked_stracks, self.lost_stracks)
57.        # 使用卡尔曼滤波进行预测
58.        STrack.multi_predict(strack_pool)
59.        # 计算预测框与检测框之间的 IoU
60.        dists = matching.iou_distance(strack_pool, detections)
61.        if not self.args.mot20:
62.            dists = matching.fuse_score(dists, detections)
63.        # 线性匹配
64.        matches, u_track, u_detection = matching.linear_assignment
   (dists, thresh=self.args.match_thresh)
65.
66.        for itracked, idet in matches:
67.            track = strack_pool[itracked]
68.            det = detections[idet]
69.            # 如果为跟踪的 ID，则进行更新并扩充 activated_starcks
70.            if track.state == TrackState.Tracked:
71.                track.update(detections[idet], self.frame_id)
72.                activated_starcks.append(track)
73.            else:
74.                track.re_activate(det, self.frame_id, new_id=False)
75.                refind_stracks.append(track)
76.        # 第 3 步：关联 2 匹配，即低置信度检测框关联匹配
77.        # 获取第二次关联匹配所需的低置信度检测框
78.        if len(dets_second) > 0:
79.            detections_second = [STrack(STrack.tlbr_to_tlwh(tlbr), s)
   for (tlbr, s) in zip(dets_second, scores_second)]
80.        else:
81.            detections_second = []
82.        r_tracked_stracks = [strack_pool[i] for i in u_track if
   strack_pool[i].state == TrackState.Tracked]
```

```
83.
84.            # 计算预测框与检测框之间的 IoU
85.            dists = matching.iou_distance(r_tracked_stracks, detections_second)
86.            # 线性匹配
87.            matches, u_track, u_detection_second = matching.linear_assignment
     (dists, thresh=0.5)
88.            for itracked, idet in matches:
89.                track = r_tracked_stracks[itracked]
90.                det = detections_second[idet]
91.                # 如果匹配到轨迹，则更新状态并扩充 activated_starcks
92.                if track.state == TrackState.Tracked:
93.                    track.update(det, self.frame_id)
94.                    activated_starcks.append(track)
95.                else:
96.                    track.re_activate(det, self.frame_id, new_id=False)
97.                    refind_stracks.append(track)
98.
99.            for it in u_track:
100.               track = r_tracked_stracks[it]
101.               if not track.state == TrackState.Lost:
102.                   track.mark_lost()
103.                   lost_stracks.append(track)
104.
105.           # 处理未经确认的轨迹，通常只有一个起始帧的轨迹
106.           detections = [detections[i] for i in u_detection]
107.           # 计算未经确认的预测框与检测框之间的 IoU
108.           dists = matching.iou_distance(unconfirmed, detections)
109.           if not self.args.mot20:
110.               dists = matching.fuse_score(dists, detections)
111.           # 线性匹配
112.           matches, u_unconfirmed, u_detection = matching.linear_assignment
     (dists, thresh=0.7)
113.           for itracked, idet in matches:
114.               unconfirmed[itracked].update(detections[idet], self.frame_id)
115.               activated_starcks.append(unconfirmed[itracked])
116.           for it in u_unconfirmed:
117.               track = unconfirmed[it]
118.               track.mark_removed()
119.               removed_stracks.append(track)
120.
121.           # 第 4 步：初始化新的轨迹
122.           # 对于没有匹配上跟踪轨迹而置信度又足够高的目标框，为其新建一个跟踪轨迹
123.           for inew in u_detection:
124.               track = detections[inew]
```

```
125.            if track.score < self.det_thresh:
126.                continue
127.            track.activate(self.kalman_filter, self.frame_id)
128.            activated_starcks.append(track)
129.        # 第5步：更新状态
130.        for track in self.lost_stracks:
131.            # 若超过最大容忍值，则删除
132.            if self.frame_id - track.end_frame > self.max_time_lost:
133.                track.mark_removed()
134.                removed_stracks.append(track)
135.
136.        self.tracked_stracks = [t for t in self.tracked_stracks if t.state==TrackState.Tracked]
137.        self.tracked_stracks = joint_stracks(self.tracked_stracks, activated_starcks)
138.        self.tracked_stracks = joint_stracks(self.tracked_stracks, refind_stracks)
139.        self.lost_stracks = sub_stracks(self.lost_stracks, self.tracked_stracks)
140.        self.lost_stracks.extend(lost_stracks)
141.        self.lost_stracks = sub_stracks(self.lost_stracks, self.removed_stracks)
142.        self.removed_stracks.extend(removed_stracks)
143.        self.tracked_stracks, self.lost_stracks = remove_duplicate_stracks(self.tracked_stracks, self.lost_stracks)
144.        # get scores of lost tracks
145.        output_stracks = [track for track in self.tracked_stracks if track.is_activated]
146.        return output_stracks
```

ByteTrack 作为一种基于 Tracking-by-Detection 范式的多目标跟踪算法，其使用的目标检测器是前面章节所提到的 YOLOX 目标检测算法，这里就不详细介绍其原理和代码了。ByteTrack 的跟踪结果如图 5.11 所示。

图 5.11　ByteTrack 的跟踪结果

## 5.5 本章小结

本章开始介绍了 Tracking-by-Detections 是多目标跟踪算法的主流方式，但是该方式把整个处理过程看作全局优化问题，不适合在线任务。因此接着介绍了 DeepSORT，它通过结合动作和外观信息特征来实现更好的关联。这里的动作和外观信息特征是使用卷积神经网络来提取的，这样便提高了对缺失和遮挡目标的鲁棒性，同时更易于实现、更高效；此外，它也适用于在线场景。

然后，遵循 Tracking-by-Detections 范式进一步介绍了 ByteTrack，提出了一种简单而高效的数据关联方法——Byte。ByteTrack 利用目标框和跟踪轨迹之间的相似性，在保留高分检测结果的同时，从低分检测结果中去除背景，挖掘出真正的物体（遮挡、模糊等困难样本），从而降低漏检的概率并提高轨迹的连贯性。本章最后基于 ByteTrack 进行了代码的解读与实践。

# 第 6 章

# 深度学习模型的落地和部署

当今时代,以深度学习为主的人工智能算法模型在日常 AI 应用中逐渐占据主流地位,相关的各类产品也层出不穷。我们平时看到的 AI 产品,如刷脸支付、语音助手、银行的客服机器人等,都是 AI 算法的具体落地应用。

AI 技术在具体落地应用方面与其他软件技术一样,也需要具体的部署。既然要部署,就会有针对不同平台的部署方法和部署架构工具。目前,在 AI 的落地和部署方面,各大公司和平台机构都大展身手,纷纷推出自己的部署平台和推理框架。

对于自动驾驶领域的算法落地和部署,主要是以英伟达为首的 TensorRT 在英伟达芯片上的部署,因此本章主要是针对 CUDA、TensorRT 和国产的 NCNN 进行讲解与实践。

## 6.1 常见模型部署框架介绍

目前,市场上应用最广泛的部署工具主要有以下几种。
- 腾讯优图实验室开发的移动端平台部署工具 NCNN。
- 英特尔针对自己的设备开发的部署工具 OpenVINO。
- NVIDIA 针对自己的 GPU 开发的部署工具 TensorRT。
- Google 针对自己的硬件设备和深度学习框架开发的部署工具 MediaPipe。
- 由微软、亚马逊、Facebook 和 IBM 等共同开发的开放神经网络交换格式 ONNX(Open Neural Network Exchange)部署工具。

下面针对本书中用到的推理框架 TensorRT、NCNN 和标准网络格式 ONNX 进行介绍。

### 6.1.1 TensorRT

TensorRT 是 NVIDIA 开发的一个高性能的深度学习推理（Inference）优化器，可以为深度学习应用提供低延迟、高吞吐率的 AI 部署推理。TensorRT 可用于对超大规模数据中心、嵌入式平台或自动驾驶平台进行推理加速。TensorRT 现支持 TensorFlow、Caffe、Mxnet、PyTorch 等几乎所有的深度学习框架输出的模型，将 TensorRT 和 NVIDIA 的 GPU 结合起来能够实现快速与高效的部署推理。

当网络模型训练完成后，可以将训练后的模型文件直接输入 TensorRT 中，运行时不再需要依赖其他深度学习框架，如 Caffe、TensorFlow 等。TensorRT 会对训练好的模型进行优化。TensorRT 的内部优化过程如图 6.1 所示。

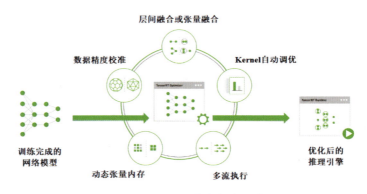

图 6.1　TensorRT 的内部优化过程

**1．层间融合或张量融合**

如图 6.2 所示，在纵向上，TensorRT 会对可以合并权重的算子进行合并，如 CBR（Convolution，BatchNorm，ReLU）的合并；在横向上，TensorRT 将相同结构合并到一个操作中。

**2．数据精度校准**

大部分深度学习框架在训练神经网络时，网络中的张量都是 32 位浮点数的精度（FP32），一旦网络训练完成，在部署推理的过程中，由于不需要反向传播，所以完全可以适当地降低数据精度，如降为 FP16 或 INT8。更低的数据精度将会使得内存占用更少、延迟更低、模型体积更小。

这里的校准主要是针对 INT8 提出的。INT8 只有 256 个不同的数值，使用 INT8 表示 FP32 精度的数值肯定会丢失部分信息，造成精度下降。不过 TensorRT 会提供完全自动化的校准过程，会以最好的匹配性能将 FP32 精度的数据降低为 INT8 精度，同时最小化精度的损失。

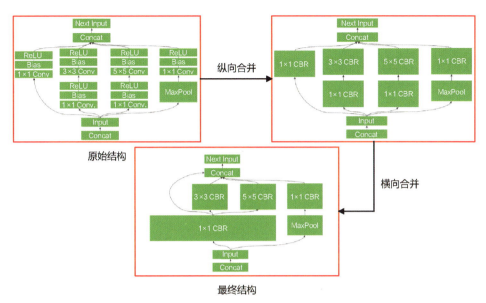

图 6.2 TensorRT 算子融合的过程

### 3．Kernel 自动调优

网络模型在推理计算时是调用 GPU 的 CUDA 核进行的。TensorRT 可以针对不同的算法、不同的网络模型和不同的 GPU 平台进行 CUDA 核的调整，以保证当前模型在特定平台上以最优性能进行计算。

### 4．动态张量内存

在每个张量参与运算期间，TensorRT 会为其指定显存，避免显存重复申请，减少内存占用并提高重复使用效率。

### 5．多流执行

这里的多流执行是指模型在进行前向计算的过程中，TensorRT 并行处理多个输入流。

TensorRT 提供了 C++ API 和 Python API，主要用来针对 NVIDIA GPU 进行高性能推理加速，基于 TensorRT 的应用比仅使用 CPU 平台的执行速度快得多。

TensorRT 针对 NVIDIA 的每种硬件产品和架构都进行了优化，如服务端对应的 A100、T4、V100 等，还有自主开发工具 Jetson Xavier、深度学习加速器 NVIDIA-DLA 等。

TensorRT 依赖 NVIDIA 的深度学习硬件可以是 GPU，也可以是 DLA，如果没有对应的硬件，则无法使用 TensorRT。TensorRT 支持目前大部分神经网络层的定义，同时提供 API，让开发者可以自行实现特殊算子操作。

总体来说，如图 6.3 所示，可以将 TensorRT 看作一个只有前向传播的深度学习推理框架，支持对 Caffe、TensorFlow 等框架输出模型的解析，在 TensorRT 中，针对 NVIDIA 自己的 GPU 实施优化策略，并进行部署加速。

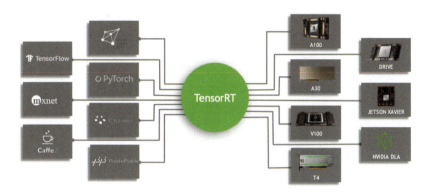

图 6.3　TensorRT 推理框架

### 6.1.2　NCNN

NCNN 是腾讯优图实验室的首个开源项目，也是一个手机端的高性能神经网络前向推理框架，并在 2017 年 7 月正式开源。基于该平台，开发者能够轻松地将深度学习算法移植到手机端，高效地输出执行结果，进而产出 AI App，将 AI 技术带到用户指尖。

NCNN 从设计之初就深刻考虑了手机端的部署和使用。它无第三方依赖，可跨平台使用，手机端 CPU 的速度高于目前所有已知的开源框架。NCNN 目前已在腾讯多款应用中使用，如 QQ、Qzone、微信等。

NCNN 覆盖了几乎所有常用的系统平台，尤其在移动平台上的适用性更好，在 Linux、Windows、Android、iOS 和 macOS 等平台上都可以使用 GPU 来部署模型。

移动端部署工具除了 NCNN，还有华盛顿大学的 TVM、阿里的 MNN、小米的 MACE 和腾讯优图实验室基于 NCNN 开发的 TNN 等。

### 6.1.3　ONNX

ONNX 是用于表示深度学习模型的标准中间件，可使模型在不同框架之间进行转换。ONNX 能够使得不同的 AI 框架（如 PyTorch、MXNet 和 TensorFlow 等）采用相同格式存储模型数据并交互。ONNX 的规范和代码主要由微软、亚马逊、Facebook 和 IBM 等公司共同开发，以开放源代码的方式托管在 GitHub 上。目前，官方支持加载 ONNX 模型并进行推理的深度学习框架有 Caffe2、PyTorch、MXNet、ML.NET、TensorRT 和 Microsoft CNTK 等。

ONNX 是迈向开放式生态系统的第 1 步，使 AI 开发人员能够随着项目的发展选择合适的工具。ONNX 为 AI 模型提供了统一的开源格式。它定义了可扩展的计算图模型，以及内置运算符和标准数据类型。

在获得 ONNX 模型之后，模型部署人员自然就可以将这个模型部署到兼容 ONNX 的运行环境中。这里一般还会涉及额外的模型转换工作，典型地，如在 Android 端利用 NCNN 部署 ONNX 格式模型，需要将 ONNX 利用 NCNN 的转换工具转换为 NCNN 所支持的 bin 和 param 格式。

ONNX 作为一个文件格式，自然需要一定的规则来读取想要的信息，或者写入需要保存的信息。同 Caffe2 一样，ONNX 使用的是 Protobuf 这个序列化数据结构来存储神经网络的权重信息的。因为 Protobuf 是一种轻便、高效的结构化数据存储格式，所以可以用于结构化数据的序列化。

ONNX 首先将网络模型的每层，或者说是每个算子当作 Node，再由这些 Node 构建一个 Graph（这里的 Graph 便可以看作网络架构），最后将 Graph 和模型的权重信息结合在一起生成一个模型，即最终的 ONNX 模型。

## 6.2 OpenCV 图像处理操作

### 6.2.1 OpenCV 基本操作

OpenCV 是一个计算机视觉开源库，提供了处理图像和视频的能力，其应用领域主要为图像处理、交互式艺术、视频监督、地图拼接和机器人等。

由于本书中用到了 OpenCV 的部分内容，因此这里仅对图像的读/写操作和仿射变换等进行讲解，以满足后续需求。

OpenCV 的核心类是 cv::Mat，其中 Mat 是 Matrix 的缩写，代表矩阵。该类声明在头文件 core.hpp 中，因此在使用 cv::Mat 类时要引用该头文件。

如代码 6.1 所示，构造 cv::Mat 对象相当于构造了一个矩阵，需要 4 个基本要素：行数（高）、列数（宽）、通道数及其数据类型。其中，rows 为矩阵的行数；cols 为矩阵的列数；type 为数据类型，包括通道数及其数据类型。这里的数据类型可以设置为 CV_8UC(n)、CV_8SC(n)、CV_16SC(n)、CV_16UC(n)、CV_32SC(n)、CV_32FC(n)和 CV_64FC(n)。

代码 6.1　OpenCV 的 cv::Mat 接口示意

```
1. cv::Mat(int rows, int cols, int type);
```

如代码 6.2 所示，使用该构造函数实例化了一个图像对象。这里的 cv::Scalar 为填充的值，这里选择的为 0，即生成一个全零的 640×640 的图像矩阵，保存下来的结果如图 6.4 所示。

代码 6.2　OpenCV 的 cv::Mat 接口的使用

```
1. auto image = cv::Mat(cv::Size(640, 640),
2.                      CV_8UC3,
3.                      cv::Scalar(0));
```

图 6.4　OpenCV 生成的全零图像

代码 6.3 的第 1 行和第 2 行展示了通过访问对象的成员变量来获取行数与列数，即对应的图像的高和宽；第 3 行展示了通过访问对象的 channels 方法来获取通道数；第 4 行展示了通过访问成员函数 size 来直接获取矩阵的尺寸。

代码 6.3　cv::Mat 的成员函数

```
1. image.rows;          // 获得行数
2. image.cols;          // 获得列数
3. image.channels();    // 获得通道数
4. image.size();
```

如代码 6.4 所示，对于 OpenCV 在图像领域的应用，毫无疑问最为常用的接口便是图像的读取和保存操作，其中，imread 接口对图像进行读取，而 imwrite 接口则对图像进行保存。

代码 6.4　图像的读取和保存

```
1. img = imread("demo.jpg");         //读取图像，根据图像所在位置填写路径即可
2. imwrite("test_save.jpg", img);    //将读取的图像保存为 test_save.jpg
```

如代码 6.5 所示，对于图像的读取，这里还有一些基本的图像解析形式需要说明。

代码 6.5　图像解析后的属性

```
1. cv::IMREAD_UNCHANGED//不对图像文件进行任何转换，直接读取
2. cv::IMREAD_GRAYSCALE//将图像转换为灰度图像（单通道）进行读取
3. cv::IMREAD_COLOR    //将图像转换为 RGB 彩色图像（3 通道）进行读取
```

4. cv::IMREAD_ANYDEPTH //如果不设置这个参数，那么16/32位图像将会自动被转换为8位图像
5. cv::IMREAD_ANYCOLOR //按照图像文件设定的颜色格式进行图像的读取
6. cv::IMREAD_LOAD_GDAL//调用gdal库进行图像文件的读取（可以理解为读取TIFF图像文件）

对计算机视觉而言，图像只是一种落地的形式，或者说是一种特殊的形式，更多的是对视频的操作。视频的来源有两种，一种是离线保存下来的视频，如MP4、AVI等格式；另一种是摄像头实时捕捉的视频流。

对离线保存的视频而言，如代码6.6所示，首先定义使用VideoCapture实例化一个接口capture；然后用capture.open("test.avi")初始化读取离线视频，这里通过capture.get获取视频的属性，其中，CAP_PROP_FRAME_COUNT用来获取视频的总帧数、CAP_PROP_FPS用来获取视频的帧率、CAP_PROP_FRAME_WIDTH用来获取视频帧的宽度、CAP_PROP_FRAME_HEIGHT用来获取视频帧的高度；最后便是通过for循环读取视频的每一帧并通过imshow进行显示。

**代码6.6　OpenCV读写视频**

```
1.  #include <opencv2/opencv.hpp>
2.
3.  using namespace cv;
4.  using namespace std;
5.
6.  int main(int argc, char** argv){
7.      // 用videoCapture结构创建一个capture视频对象
8.      VideoCapture capture;
9.      //连接视频
10.     capture.open("test.avi");
11.     if (!capture.isOpened()){
12.         printf("could not load video data...\n");
13.         return -1;
14.     }
15.     int frames = capture.get(CAP_PROP_FRAME_COUNT); //获取视频帧数目（一帧就是一幅图像）
16.     double fps   = capture.get(CAP_PROP_FPS);   //获取每帧视频的频率
17.     // 获取视频帧的宽度和高度
18.     Size size = Size(capture.get(CAP_PROP_FRAME_WIDTH), capture.get(CAP_PROP_FRAME_HEIGHT));
19.     cout << frames << endl;
20.     cout << fps << endl;
21.     cout << size << endl;
22.     // 创建视频中的每幅图像对象
23.     Mat frame;
```

```
24.     namedWindow(std::string(getenv("CUSTOM_DATA_DIR")) + "6.2/vtest.avi",
    WINDOW_AUTOSIZE);
25.     // 循环显示视频中的每幅图像
26.     for (;;){
27.         //获取视频帧,以供后面处理
28.         capture >> frame;
29.         //此处可以对每帧的图像进行处理,可以是 AI 处理的过程
30.         //视频播放完退出
31.         if (frame.empty())
32.             break;
33.         imshow("res.avi", frame);
34.         //在视频播放期间按键退出
35.         if (waitKey(33) >= 0)
36.             break;
37.     }
38.     //释放摄像头
39.     capture.release();
40.     return 0;
41. }
```

对实时视频而言,如代码 6.7 所示,依旧首先使用 VideoCapture 实例化一个 video 接口,不过这里还要实例化一个 Mat 矩阵;然后使用 video.isOpened()来判断是否打得开摄像头,通过 video >> img 获取图像并判断是否为空;最后通过 while 循环读取摄像头并通过 imshow 对摄像头获取的每一帧进行显示。

代码 6.7　OpenCV 实时处理视频

```
1.  #include <opencv2/opencv.hpp>
2.
3.  using namespace cv;
4.  using namespace std;
5.
6.  int main(){
7.      Mat             img;
8.      VideoCapture video(1);   //若设置为 0,则表示使用计算机自带的摄像头
9.      if (!video.isOpened()){
10.         cout << "摄像头打开失败" << endl;
11.         return -1;
12.     }
13.     video >> img;   //获取图像
14.     //检测是否成功获取图像
15.     if (img.empty()){
16.         cout << "获取图像失败" << endl;
17.         return -1;
```

```
18.     }
19.     while (true){
20.         Mat frame;
21.         video >> frame;
22.         if (frame.empty()){
23.             break;
24.         }
25.         //或者设置为 0 时可以随意通过鼠标拖曳控制展示窗口的大小
26.         namedWindow("video_test", WINDOW_NORMAL);
27.         imshow("video_test", frame);
28.         char c = waitKey(50);
29.     }
30. }
```

代码 6.8 展示了使用 OpenCV 对视频进行保存的操作，首先像代码 6.6 那样进行视频的读取，其次通过 cv::VideoWriter 实例化 wri，然后通过 wri.open 配置视频的一些属性，最后通过 while 循环进行视频的保存。

**代码 6.8　OpenCV 保存视频**

```
1.  #include <opencv2/opencv.hpp>
2.
3.  using namespace cv;
4.  using namespace std;
5.
6.  int main(int argc, char** argv){
7.      cv::VideoCapture cap;
8.      cap.open("test.avi");
9.      if (!cap.isOpened())
10.         return 0;
11.     int width       = cap.get(cv::CAP_PROP_FRAME_WIDTH);    //帧宽度
12.     int height      = cap.get(cv::CAP_PROP_FRAME_HEIGHT);   //帧高度
13.     int totalFrames = cap.get(cv::CAP_PROP_FRAME_COUNT);    //总帧数
14.     int frameRate   = cap.get(cv::CAP_PROP_FPS);            //帧率
15.     int ex          = static_cast<int>(cap.get(cv::CAP_PROP_FOURCC));
16.     cv::VideoWriter wri;
17.     wri.open("res.avi",
18.             ex,
19.             frameRate,
20.             cv::Size(width, height));
21.     cv::Mat frame;
22.     while (true){
23.         cap >> frame;
24.         if (frame.empty())
```

```
25.            break;
26.        wri << frame;
27.    }
28.    cap.release();
29.    wri.release();
30.    return 0;
31. }
```

### 6.2.2 使用 OpenCV 进行图像预处理

6.2.1 节介绍了 OpenCV 的基本操作，本节介绍 AI 检测模型的基本前处理操作。常规而言，在 AI 应用推理前，由于模型的输入是固定的，因此会对图像进行一些操作，同时，研发者想在处理的过程中尽可能不损失图像信息，即按比例缩放。如果直接进行缩放操作，则可能造成图中目标变形，进而影响模型的结果。

NanoDet 前处理过程如图 6.5 所示，首先计算原始图像的宽高比（或首先计算较大边，然后计算原始图像的宽高比），然后根据宽高比和目标尺寸计算缩放后的目标尺寸，与此同时还要生成一个与处理后的图像具有相同尺寸的全零图像，进而将前面缩放后的图像进行居中填充。

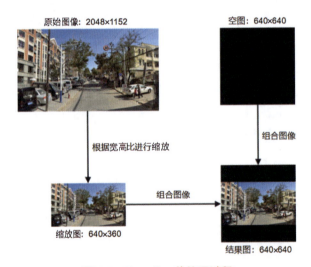

图 6.5 NanoDet 前处理过程

如代码 6.9 所示，实现了 NanoDet 的前处理过程：首先根据第 19、20 行代码生成全零的空图；其次根据第 21～33 行代码进行宽高比的计算和缩放尺寸的确认；然后通过 cv::resize 进行图像的缩放并保存为一个缓冲图像 Mat，进而可以根据实际缩放后的图像 Mat 和目标尺寸进行图像的填充操作；最后通过 imwrite 进行图像的保存。

**代码 6.9　OpenCV 实现图像的缩放（方式 1）**

```cpp
1.  #include <iostream>
2.  #include <opencv2/opencv.hpp>
3.  using namespace cv;
4.  using namespace std;
5.
6.  int main(){
7.      // 读取图像
8.      Mat    image    = imread("../1.jpg");
9.      // 获取图像的宽度和高度
10.     int    w        = image.cols;
11.     int    h        = image.rows;
12.     // 计算宽高比
13.     float ratio_src = w * 1.0 / h;
14.     int    tmp_w    = 0;
15.     int    tmp_h    = 0;
16.     int    dst_w    = 640;
17.     int    dst_h    = 640;
18.     // 生成全零的空图
19.     Mat    dst;
20.     dst = Mat(Size(dst_w, dst_h), CV_8UC3, Scalar(0));
21.     // 计算缩放尺寸
22.     if (ratio_src > 1){
23.         tmp_w = dst_w;
24.         tmp_h = floor((dst_w * 1.0 / w) * h);
25.     }
26.     else if (ratio_src < 1){
27.         tmp_h = dst_h;
28.         tmp_w = floor((dst_h * 1.0 / h) * w);
29.     }
30.     else{
31.         tmp_h = dst_h;
32.         tmp_w = dst_w;
33.     }
34.     // 定义一个缩放后的图像 Mat
35.     cv::Mat tmp;
36.     // 对原始图像进行缩放，保存在图像 Mat 里面
37.     cv::resize(image, tmp, cv::Size(tmp_w, tmp_h));
38.     // 对图像进行填充，如果宽小于高，则对宽的方向进行合并
39.     if (tmp_w != dst_w){
40.         int index_w = floor((dst_w - tmp_w) / 2.0);
41.         for (int i = 0; i < dst_w; i++){
```

```
42.            memcpy(dst.data + i * dst_w * 3 + index_w * 3,
43.                   tmp.data + i * tmp_w * 3,
44.                   tmp_w * 3);
45.        }
46.    }
47.    // 如果高小于宽,则对高的方向进行 tmp 的合并
48.    else if (tmp_h != dst_h){
49.        int index_h = floor((dst_h - tmp_h) / 2.0);
50.        memcpy(dst.data + index_h * dst_h * 3, tmp.data, tmp_w * tmp_h * 3);
51.    }
52.    else{
53.        printf("error\n");
54.    }
55.    imwrite("demo2.jpg", dst);
56.    return 0;
57.}
```

对于实际的落地应用,一般并不会使用 resize 接口对图像进行缩放,通常为了进一步提速或使用并行工具编程,会选择使用仿射变换的形式对图像进行操作。

关于仿射变换,二维空间坐标的仿射变换可以由以下公式描述:

$$\begin{pmatrix} \tilde{x} \\ \tilde{y} \end{pmatrix} = \begin{pmatrix} a_{11} & a_{12} \\ a_{21} & a_{22} \end{pmatrix} \begin{pmatrix} x \\ y \end{pmatrix} + \begin{pmatrix} a_{13} \\ a_{23} \end{pmatrix} \tag{6.1}$$

为了更简洁地表达,在原坐标的基础上引入第 3 维数值为 1 的坐标,这种表示方法称为齐次坐标,这样就可以用简单的矩阵乘法来表示仿射变换:

$$\begin{pmatrix} \tilde{x} \\ \tilde{y} \\ 1 \end{pmatrix} = A \begin{pmatrix} x \\ y \\ 1 \end{pmatrix}, \text{其中} A = \begin{pmatrix} a_{11} & a_{12} & a_{13} \\ a_{21} & a_{22} & a_{23} \\ 0 & 0 & 1 \end{pmatrix} \tag{6.2}$$

通常称 $A$ 为仿射变换矩阵,因为它的最后一行均为$(0,0,1)$。为方便起见,在讨论过程中会省略最后一行。

本书只考虑平移和缩放操作,因此可以将仿射变换矩阵重写为如下形式:

$$\begin{pmatrix} \tilde{w} \\ \tilde{h} \\ 1 \end{pmatrix} = A \begin{pmatrix} w \\ h \\ 1 \end{pmatrix}, \text{其中} A = \begin{pmatrix} s_w & 0 & t_w \\ 0 & s_h & t_h \\ 0 & 0 & 1 \end{pmatrix} \tag{6.3}$$

式中, $s_w$ 和 $s_h$ 分别表示宽度与高度方向上的缩放操作; $t_w$ 和 $t_h$ 分别表示宽度和高度方向上的平移操作。

基于仿射变换的处理过程如图 6.6 所示。

# 第 6 章 深度学习模型的落地和部署

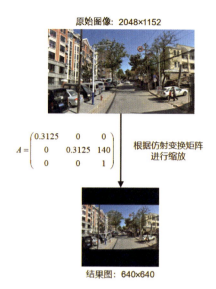

图 6.6 基于仿射变换的处理过程

代码 6.10 所示为使用仿射变换矩阵的形式实现图像的缩放：首先如第 8 行代码所示，读取一幅图像；然后根据第 10～36 行代码计算仿射变换矩阵；最后根据目标尺寸进行缩放和填充操作。

**代码 6.10　OpenCV 实现图像的缩放（方式 2）**

```
1.  #include <iostream>
2.  #include <opencv2/opencv.hpp>
3.  using namespace cv;
4.  using namespace std;
5.
6.  int main(){
7.      // 读取图像
8.      cv::Mat image     = cv::imread("../1.jpg");
9.      // 获取原始图像的宽度和高度
10.     float   w         = image.cols;
11.     float   h         = image.rows;
12.     // 设置目标宽度和高度
13.     float   dst_w     = 640;
14.     float   dst_h     = 640;
15.     // 计算宽高比
16.     float   ratio_src = w * 1.0 / h;
17.     // s 为缩放参数，t_w 和 t_h 分别代表宽度与高度方向上的平移操作
18.     float   s         = 0.;
```

```
19.    float   t_h       = 0.;
20.    float   t_w       = 0.;
21.    // 计算仿射变换矩阵
22.    if (ratio_src > 1){
23.        s   = dst_w / w;
24.        t_h = (w - h) * s * 0.5;
25.        t_w = 0.;
26.    }
27.    else if (ratio_src < 1){
28.        s   = dst_h / h;
29.        t_w = (h - w) * s * 0.5;
30.        t_h = 0.;
31.    }
32.    else{
33.        s   = dst_w / w;
34.        t_h = 0.;
35.        t_w = 0.;
36.    }
37.    cv::Mat A        = cv::Mat::zeros(2, 3, CV_32FC1);
38.    A.at<float>(0, 0) = s;
39.    A.at<float>(1, 1) = s;
40.    A.at<float>(0, 2) = t_w;
41.    A.at<float>(1, 2) = t_h;
42.    // 定义一个仿射变换后的图像Mat
43.    cv::Mat dst_image;
44.    // 对原始图像进行仿射变换，目标尺寸为(dst_w, dst_h)，保存在图像Mat里面
45.    cv::warpAffine(image, dst_image, A, cv::Size(dst_w, dst_h));//缩放+平移
46.    // 保存图像
47.    cv::imwrite("demo.jpg", dst_image);
48.    return 0;
49.}
```

## 6.3　GPU 编程工具之 CUDA

在模型部署工作中，有一些环节比较耗时，难以在 CPU 端得到有效的优化，如前处理和后处理部分，因此一般都会将这种耗时的计算转移到 GPU 端进行并行计算，从而提高应用程序的性能。

在 GPU 端进行编程的软件开发工具有很多，如 CUDA（Compute Unified Device Architecture）、OpenCL 等。CUDA 是英伟达推出的通用并行计算架构，使 GPU 能够解决复杂的计算问题。它包含了 CUDA 指令集架构和 GPU 内部的并行计算引擎。CUDA 是在 C 语言的基础上进行的扩展，所以开发人员可以很方便地进行 CUDA 编程，以及通过 CUDA 的 Runtime API 来调度 GPU 进行高性能计算。但是比较受局限的是 CUDA 程序只能在英伟达 GPU 设备上运行。

本部分所介绍的模型部署主要基于英伟达的 GPU 设备，因此需要引入一些 CUDA 的编程模型和基本概念的相关知识。需要说明的是，本节只讲述 CUDA 的一些基本知识点，为后面的 TensorRT 模型部署做支撑，不会涉及过深的 CUDA 编程和优化知识，若读者想深入了解该部分内容，则可自行参阅其他专业图书。

### 6.3.1 CUDA 编程模型

CUDA 编程模型在逻辑上假设系统是由一个 CPU 和一个 GPU 组成的，各自拥有独立的存储空间，并且通过数据总线进行数据的交换和传输。开发者需要做的就是编写运行在 CPU 和 GPU 上的代码，并根据业务需要为 CPU 和 GPU 分配内存空间与复制数据。下面以一个典型的数组相加的例子讲述 CUDA 编程模型，如图 6.7 和代码 6.11 所示。

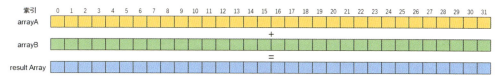

图 6.7　数组相加

代码 6.11 主要实现了在 GPU 端进行两个数组的相加求和操作，首先使用 malloc 方法在 CPU 端分配了 3 段数组空间，即数组 host_ArrayA、host_ArrayB 和 host_ArrayResult，其中，数组 host_ArrayA 和 host_ArrayB 作为两个待相加的数组，数组 host_ArrayResult 作为结果数组，用于存储 host_ArrayA 和 host_ArrayB 相加之后的结果。

CUDA API 函数 cudaMalloc 在 GPU 端也会分配 3 段数组空间：device_ArrayA、device_ArrayB 和 device_ArrayResult。其中，device_ArrayA 和 device_ArrayB 存储待相加的两个数组的内容，device_ArrayResult 存储经过 GPU 计算的结果。

分配完主机和设备端的内存空间之后，调用 cudaMemcpy 函数将 CPU 端的两个数组 host_ArrayA 和 host_ArrayB 中的内容复制到 GPU 端的两个数组空间 device_ArrayA 与 device_ArrayB 中。

之后调用 twoArrayAddKernel 核函数对数组 device_ArrayA 和 device_ArrayB 进行相加计算，并将结果存储到 device_ArrayResult 数组中。

紧接着再次调用 cudaMemcpy 函数将 GPU 端 device_ArrayResult 数组中的结果复制到 CPU 端的 host_ArrayResult 数组中。

最后通过 checkResultArray 检查计算结果，并执行后续的析构操作。

代码 6.11　CUDA 之数组相加

```
1.  void initialInputArray(float      *array,
2.                         const int   &elemNum,
3.                         const float &value);
4.
5.  void checkResultArray(float      *arrayResult,
6.                        const int   &elemNum,
7.                        const float &result);
8.
9.  __global__
10. void twoArrayAddKernel(float     *arrayA,
11.                        float     *arrayB,
12.                        float     *resultArray,
13.                        const int  elemNum);
14.
15. int  main(){
16.     // 选择 GPU 设备
17.     CHECK(cudaSetDevice(0));
18.
19.     // 初始化参数设置
20.     int    elemNum         = 32;
21.     float  addValueA       = 1.2;
22.     float  addValueB       = 2.6;
23.     float  addResult       = 3.8;
24.
25.     // 计算需要分配的内存大小
26.     size_t nBytes          = elemNum * sizeof(float);
27.
28.     // 分配主机内存
29.     float *host_ArrayA      = (float *)malloc(nBytes);
30.     float *host_ArrayB      = (float *)malloc(nBytes);
31.     float *host_ArrayResult = (float *)malloc(nBytes);
32.
33.     // 初始化主机内存
34.     initialInputArray(host_ArrayA, elemNum, addValueA);
```

```cpp
35.     initialInputArray(host_ArrayB, elemNum, addValueB);
36.     memset(host_ArrayResult, 0, nBytes);
37.
38.     // 分配设备内存
39.     float *device_ArrayA, *device_ArrayB, *device_ArrayResult;
40.     CHECK(cudaMalloc((float **)&device_ArrayA, nBytes));
41.     CHECK(cudaMalloc((float **)&device_ArrayB, nBytes));
42.     CHECK(cudaMalloc((float **)&device_ArrayResult, nBytes));
43.     // 将数组 host_ArrayA 从主机复制到设备中
44.     CHECK(cudaMemcpy(device_ArrayA,
45.                     host_ArrayA,
46.                     nBytes,
47.                     cudaMemcpyHostToDevice));
48.     // 将数组 host_ArrayB 从主机复制到设备中
49.     CHECK(cudaMemcpy(device_ArrayB,
50.                     host_ArrayB,
51.                     nBytes,
52.                     cudaMemcpyHostToDevice));
53.     // 核函数配置参数
54.     dim3 block(elemNum);
55.     dim3 grid(1);
56.
57.     // 执行核函数
58.     twoArrayAddKernel<<<grid, block>>>(device_ArrayA,
59.                                         device_ArrayB,
60.                                         device_ArrayResult,
61.                                         elemNum);
62.     // 将计算结果从设备内存复制回主机内存
63.     CHECK(cudaMemcpy(host_ArrayResult,
64.                     device_ArrayResult,
65.                     nBytes,
66.                     cudaMemcpyDeviceToHost));
67.     // 检查计算结果
68.     checkResultArray(host_ArrayResult, elemNum, addResult);
69.     // 释放设备内存
70.     CHECK(cudaFree(device_ArrayA));
71.     CHECK(cudaFree(device_ArrayB));
72.     CHECK(cudaFree(device_ArrayResult));
73.     // 释放主机内存
74.     free(host_ArrayA);
75.     free(host_ArrayB);
76.     free(host_ArrayResult);
```

```
77.     // Reset GPU
78.     CHECK(cudaDeviceReset());
79.     return 0;
80. }
81.
82. void initialInputArray(float       *array,
83.                        const int   &elemNum,
84.                        const float &value){
85.     for (int i = 0; i < elemNum; i++){
86.         array[i] = value;
87.     }
88.     return;
89. }
90.
91. void checkResultArray(float      *arrayResult,
92.                       const int   &elemNum,
93.                       const float &result){
94.     for (int i = 0; i < elemNum; ++i){
95.         if (arrayResult[i] != result){
96.             printf("Exist elems of which values are not match (%f).\n", result);
97.             return;
98.         }
99.     }
100.    printf("All elems of which values are match (%f).\n", result);
101.    return;
102. }
103.
104. // 核函数的参数不能用引用
105. __global__ void twoArrayAddKernel(float     *arrayA,
106.                                   float     *arrayB,
107.                                   float     *resultArray,
108.                                   const int elemNum){
109.     int i = threadIdx.x;
110.     if (i < elemNum){
111.         resultArray[i] = arrayA[i] + arrayB[i];
112.     }
113. }
```

上述代码中使用到的 CUDA API 函数说明如表 6.1 所示。

表 6.1　CUDA API 函数说明

| CUDA 运行时的 API | 函数功能 | 参数说明 |
| --- | --- | --- |
| cudaError_t cudaMalloc(void **devPtr, size_t size) | 在 GPU 上分配内存 | * \param devPtr - 指向已分配设备内存的指针<br>* \param size - 请求的分配大小（字节） |
| cudaError_t cudaError_t cudaFree(void *devPtr) | 释放 GPU 上的内存 | * \param devPtr - 指向要释放内存的设备指针 |
| cudaError_t cudaMemcpy(void *dst,<br>　　　　　　　const void *src,<br>　　　　　　　size_t count,<br>　　　　　　　enum cudaMemcpyKind kind) | 在 CPU 和 GPU 之间复制数据 | * \param dst - 目标内存地址<br>* \param src - 源内存地址<br>* \param count - 要复制的字节大小<br>* \param kind - 传输类型，枚举类型值<br>例如：<br>　cudaMemcpyHostToHost = 0, /**< Host -> Host */<br>　cudaMemcpyHostToDevice = 1, /**< Host -> Device */<br>　cudaMemcpyDeviceToHost = 2, /**< Device -> Host */<br>　cudaMemcpyDeviceToDevice = 3, /**< Device -> Device */ |
| cudaError_t cudaGetLastError(void) | 返回任何运行时调用产生的最后一个错误 | — |
| cudaError_t cudaDeviceSynchronize(void) | 同步主机和设备，促使缓冲区刷新 | |

通过上述例子可以看出 CUDA 编程模型具有以下一般步骤。

（1）分配主机和设备内存空间，并进行初始化。

（2）把数据从 CPU 内存复制到 GPU 显存中。

（3）调用核函数，对存储在 GPU 显存中的数据进行计算。

（4）将计算后的数据从 GPU 显存中传送回 CPU 内存中。

（5）析构主机和设备内存空间。

代码中的 twoArrayAddKernel 函数使用 __global__ 修饰，表示它是一个核函数，由 CPU 端调用，在 GPU 端执行。在 GPU 编程中，通常把 CPU 端叫作主机端、GPU 端叫作设备端。函数修饰符除__global__外，还有__device__，用于设备函数，其只能被核函数或其他设备函数调用,在设备中执行;用__host__修饰的函数就是主机端的普通C++函数,在主机端被调用,在主机端执行。表 6.2 中列出了函数修饰符的种类及其行为说明。

表 6.2　函数修饰符的种类及其行为说明

| 修饰符 | 调用端 | 执行端 | 备注 |
| --- | --- | --- | --- |
| __global__ | 一般从主机端调用 | 设备端 | 返回类型必须是 void |
| __device__ | 设备端 | 设备端 | — |
| __host__ | 主机端 | 主机端 | 可以省略 |

核函数中代码的执行模式是"单指令-多线程",即每个线程都执行同一代码片段。核函数 twoArrayAddKernel 的调用过程中使用了一对嵌套尖括号 <<<gride_size, block_size>>>,这是核函数的执行配置列表,表示在逻辑上有 gride_size×block_size 个线程执行该核函数的内容。其中,第一个参数表示上述线程在逻辑上分为 gride_size 个组,第二个参数表示每组内有 block_size 个线程。

核函数 twoArrayAddKernel 的函数体内的 threadIdx.x 是内嵌变量 threadIdx 的 x 维度,表示一个线程块内线程的索引,取值范围是[0,block_size)。

例如,若核函数 twoArrayAddKernel 的执行配置参数为<<<1,32>>>,则表示为核函数任务分配 1 个逻辑线程块,该线程块内有 32 个线程执行该核函数,那么 threadIdx.x 的索引范围就是[0,32),分别表示该 32 个线程实体。当然,CUDA 还有其他的内嵌变量,如 gridDim、blockDim、blockIdx 和 warpSize 等。

如代码 6.12 所示,发现有很多以 cuda 开头的函数名,一般情况下,这些以 cuda 开头的函数都是 CUDA Runtime API 函数。CUDA Runtime API 函数会返回 cudaError_t 类型的值,代表函数执行的状态。例如,当返回值为 cudaSuccess 时,代表成功地调用了该 API 函数。因此可以通过定义宏代码段来统一检查 CUDA Runtime API 函数的执行状态。这也正是上面代码中 CHECK 宏定义的实体。但需要注意的是,并不是所有的 CUDA 运行时 API 都可以通过该 CHECK 宏来检查其执行状态。例如,cudaEventQuery 函数有可能返回 cudaErrorNotReady,但这并不代表程序执行出错。

代码 6.12　检查 CUDA Runtime 的执行状态

```
1. #define CHECK(call)                                              \
2.     {                                                            \
3.         const cudaError_t error = call;                          \
4.         if (error != cudaSuccess)                                \
5.         {                                                        \
6.             fprintf(stderr, " Error: %s:%d, \n", __FILE__, __LINE__);\
```

```
7.              fprintf(stderr, "  Error code: (%d), reason: [%s]\n",   \
   error, cudaGetErrorString(error));                                   \
8.              exit(1);                                                \
9.          }                                                           \
10.     }
```

CUDA 代码文件一般分为声明文件和定义文件。其中，定义文件一般以 .cu 结尾，声明文件一般以 .h 或 .cuh 结尾。类似 C++的编译工具 g++，CUDA 也有自己的编译工具，叫作 nvcc。nvcc 在编译一个 CUDA 程序时，会将纯粹的 C++代码交给 C++的编译器来处理，而它自己则负责编译剩下的部分。

### 6.3.2 CUDA 线程组织

#### 1. 核函数配置参数的传递

前面通过一个数组相加的例子介绍了 GPU 的基本编程模型，并引入了 CUDA 编程里的一些基本概念和术语。本节介绍 CUDA 的线程组织方式。熟悉 CUDA 的线程组织方式可以使我们在 GPU 编程中更加高效地管理这些线程，以达到更高的运行效率。图 6.8 比较清晰地表示出了线程块的组织结构。当核函数在主机端启动时，其执行会转移到设备上，此时设备中会产生大量的线程且每个线程都会执行由核函数指定的语句。

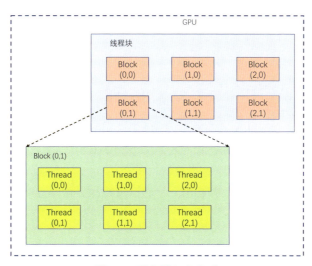

图 6.8 线程块组织方式

在 CUDA 编程中，这些线程在逻辑上被划分为线程网格、线程块和线程束这几个层次。核函数启动时，有一个隐形的参数传递过程，会通过核函数执行配置列表 <<<grid_size, block_size>>> 将实参值 grid_size 和 block_size 分别传入 CUDA 的内嵌变量 gridDim 与 blockDim 中，CUDA 根据这些参数值进行线程的分配和管理。其中，grid_size 表示线程网格的大小，block_size 表示线程块的大小。特别地，以一维情形为例，在逻辑上，表示将这些线程划分为 grid_size 个线程块，每个线程块有 block_size 个线程。线程网格和线程块从逻辑上代表了一个核函数的线程层次结构，这种组织方式可以帮助我们有效地利用资源，优化模型性能。

在 CUDA 编程中可以组织一维、二维和三维的线程网格与线程块，这是因为内嵌变量 gridDim 和 blockDim 都是 dim3 类型的结构变量，其构造函数的默认参数值都是 1，可接受多种类型的配置参数传递。具体如何选择一般是与需要处理的数据和业务有关的。dim3 类型的结构变量如代码 6.13 所示。

代码 6.13　dim3 类型的结构变量

```
1.  struct uint3{
2.      unsigned int x, y, z;
3.  };
4.
5.  struct dim3{
6.      unsigned int x, y, z;
7.      dim3(unsigned int x = 1, unsigned int y = 1, unsigned int z = 1)
8.          : x{x}
9.          , y{y}
10.         , z{z}
11.     {}
12. };
```

除了 gridDim 和 blockDim 这两个内嵌变量，还有其他常用的内嵌变量，如 blockIdx、threadIdx 和 warpSize。

blockIdx 和 threadIdx 是 uint3 类型的结构变量。blockIdx 可以看作对网格块的索引，从各个维度看，blockIdx.x 的取值范围是[0, gridDim.x)，blockIdx.y 的取值范围是[0, gridDim.y)，blockIdx.z 的取值范围是[0, gridDim.z)。

同样地，threadIdx 可以看作对线程块内线程的索引，从各个维度看，threadIdx.x 的取值范围是[0, blockDim.x)，threadIdx.y 的取值范围是[0, blockDim.y)，threadIdx.z 的取值范围是[0, blockDim.z)。

内嵌变量 warpSize 表示线程束的大小，表示一个线程块内连续 warpSize 个线程。warpSize 的值是与 GPU 架构有关，是 CUDA 执行调度的最小单元，一般来说，warpSize 的大小是 32。

2. 线程组织方式

前面提到，在 CUDA 编程中，可以为一个核函数指派多个线程，而这些线程的组织结构是由执行配置列表<<<grid_size, block_size>>>决定的。本节继续以数组相加的例子来介绍 CUDA 的线程组织方式,并解释线程实体与全局线性内存索引的映射关系。

以数组相加的代码为例,当将核函数的执行配置参数设置为<<<(2,2), (4,2)>>>时,线程网格和线程块都是二维的,通过前面介绍的内容可知,z 字段被初始化为 1 且忽略不计。

根据线程块的索引和线程实体的索引在各个维度上的分配顺序,可以分为以下 6 种方式。

方式 1:线程块的全局索引和线程实体的全局索引皆按照"先 x 维度,后 y 维度,最后 z 维度"的顺序分配。对于方式 1,线程实体的逻辑分布关系如图 6.9 所示。

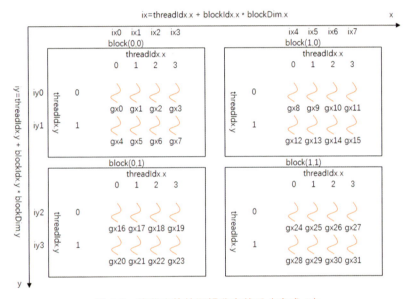

图 6.9 线程实体的逻辑分布关系(方式 1)

通过方式 1 可以计算出以下几项。

(1)当前线程所在块的全局块索引:

`blockId = blockIdx.x + blockIdx.y*gridDim.x + blockIdx.z*(gridDim.x*gridDim.y)`

(2)当前线程所在块的块内全局线程索引:

`threadId = threadIdx.x+threadIdx.y*blockDim.x+threadIdx.z*(blockDim.x*blockDim.y)`

(3)一个线程块中的线程数:

`M = blockDim.x*blockDim.y*blockDim.z`

(4)当前线程的全局线程索引:

`idx = threadId + M*blockId`

方式 2:线程块的全局索引按照"先 x 维度,后 y 维度,最后 z 维度"的顺序分配，线程实体的全局索引按照"先 $y$ 维度，后 $x$ 维度，最后 $z$ 维度"的顺序分配。对于方式 2，线程实体的逻辑分布关系如图 6.10 所示。

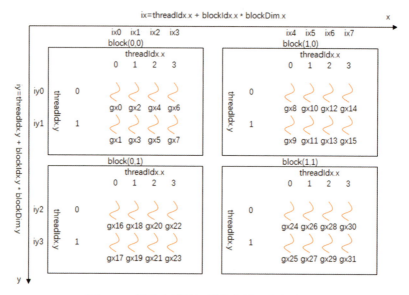

图 6.10 线程实体的逻辑分布关系（方式 2）

通过方式 2 可以计算出以下几项。

（1）当前线程所在块的全局块索引：

blockId = blockIdx.x + blockIdx.y*gridDim.x + blockIdx.z*(gridDim.x*gridDim.y)

（2）当前线程所在块的块内全局线程索引：

threadId = threadIdx.y+threadIdx.x*blockDim.y+threadIdx.z*(blockDim.x*blockDim.y)

（3）一个线程块中的线程数：

M = blockDim.x*blockDim.y*blockDim.z

（4）当前线程的全局线程索引：

idx = threadId + M*blockId;

方式 3：线程块的全局索引按照"先 $y$ 维度，后 $x$ 维度，最后 $z$ 维度"的顺序分配，线程实体的全局索引按照"先 $x$ 维度，后 $y$ 维度，最后 $z$ 维度"的顺序分配。对于方式 3，线程实体的逻辑分布关系如图 6.11 所示。

通过方式 3 可以计算出以下几项。

（1）当前线程所在块的全局块索引：

blockId = blockIdx.y+ blockIdx.x*gridDim.y + blockIdx.z*(gridDim.x*gridDim.y)

（2）当前线程所在块的块内全局线程索引：

threadId = threadIdx.x+threadIdx.y*blockDim.x+threadIdx.z*(blockDim.x*blockDim.y)

（3）一个线程块中的线程数：

M = blockDim.x*blockDim.y*blockDim.z

（4）当前线程的全局线程索引：

idx = threadId + M*blockId;

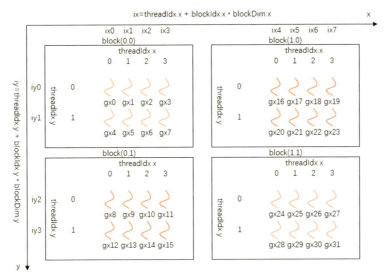

图 6.11　线程实体的逻辑分布关系（方式 3）

方式 4：线程块的全局索引和线程实体的全局索引皆按照"先 y 维度，后 x 维度，最后 z 维度"的顺序分配。对于方式 4，线程实体的逻辑分布关系如图 6.12 所示。

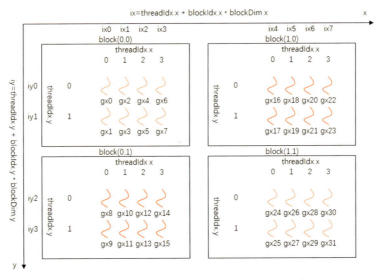

图 6.12　线程实体的逻辑分布关系（方式 4）

通过方式 4 可以计算出以下几项。

（1）当前线程所在块的全局块索引：

blockId = blockIdx.y+ blockIdx.x*gridDim.y + blockIdx.z*(gridDim.x*gridDim.y)

（2）当前线程所在块的块内全局线程索引：

threadId =threadIdx.y + threadIdx.x*blockDim.y+ threadIdx.z*(blockDim.x*blockDim.y)

（3）一个线程块中的线程数：

M = blockDim.x*blockDim.y*blockDim.z

（4）当前线程的全局线程索引：

idx = threadId + M*blockId;

方式 5：所有线程按照"先 x 维度，再 y 维度，最后 z 维度"的顺序进行索引的分配。对于方式 5，线程实体的逻辑分布关系如图 6.13 所示。

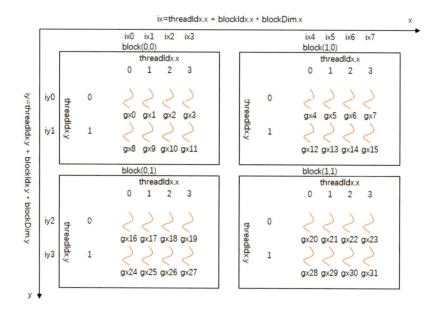

图 6.13　线程实体的逻辑分布关系（方式 5）

x 维度上的全局连续索引表达式为：

ix = threadIdx.x + blockIdx.x * blockDim.x

y 维度上的全局连续索引表达式为：

iy = threadIdx.y + blockIdx.y * blockDim.y

线程的全局索引为：

n = ix + iy * (rowSize)，其中 rowSize = gridDim.x * blockDim.x

方式 6：所有线程按照"先 y 维度，再 x 维度，最后 z 维度"的顺序进行索引的分配。对于方式 6，线程实体的逻辑分布关系如图 6.14 所示。

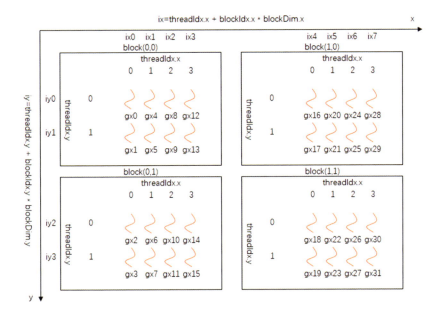

图 6.14 线程实体的逻辑分布关系（方式 6）

$x$ 维度上的全局一维索引表达式为：
`ix = threadIdx.x + blockIdx.x * blockDim.x`

$y$ 维度上的全局一维索引表达式为：
`iy = threadIdx.y + blockIdx.y * blockDim.y`

线程的全局索引为：
`n = iy + ix * (colSize)`，其中 `colSize = gridDim.y * blockDim.y;`

针对方式 5 和方式 6，将执行配置参数推广至三维网络，可以得到更一般的索引表达形式，如表 6.3 所示。

表 6.3 索引表达形式

| 线程坐标 | | 一维索引表达式 |
| --- | --- | --- |
| $x$ 维度 | [blockIdx.x, threadIdx.x] | ix = threadIdx.x + blockIdx.x×blockDim.x |
| $y$ 维度 | [blockIdx.y, threadIdx.y] | iy = threadIdx.y + blockIdx.y×blockDim.y |
| $z$ 维度 | [blockIdx.z, threadIdx.z] | iz = threadIdx.z + blockIdx.z×blockDim.z |
| 按 $x$ 维度优先进行全局索引 | [ix, iy, iz] | n = ix + iy×(gridDim.x×blockDim.x) + iz×(gridDim.x× blockDim.x×gridDim.y×blockDim.y) |
| 按 $y$ 维度优先进行全局索引 | [ix, iy, iz] | n = iy + ix×(gridDim.y×blockDim.y) + iz×(gridDim.x× blockDim.x×gridDim.y×blockDim.y) |

在 CUDA 编程中，一个线程块内的线程被分成若干线程束，以线程束为单位进行调度。CUDA 把一个线程块内的线程划分成线程束的原则是按照"先 $x$ 维度，再 $y$ 维度，最后 $z$ 维度"的顺序进行划分，因此相应地，方式 1 和方式 5 是最常用的分配方式。

### 3. 一维网格一维块的执行配置参数

仍以数组相加为例，当将核函数的执行配置参数设置为<<<4,8>>>时，线程网格和线程块都是一维的，通过前面的内容可知，线程网格和线程块只有 x 维度是有效的，未使用的 y 字段和 z 字段被初始化为 1 且忽略不计。使用方式 5 为线程实体分配全局索引，对应的线程实体和全局线性内存索引的映射关系如图 6.15 所示。

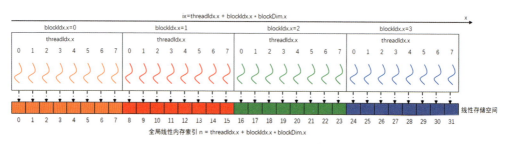

图 6.15　一维网格一维块的映射关系

如代码 6.14 所示，使用 CUDA 实现两个数组相加，通过第 8 行代码打印出具体的 blockIdx 和 threadIdx 的索引号。

```
代码 6.14  CUDA 之数组相加
1.  __global__ void twoArrayAddKernel(float     *arrayA,
2.                                    float     *arrayB,
3.                                    float     *resultArray,
4.                                    const int elemNum){
5.      const int i = threadIdx.x + blockIdx.x * blockDim.x;
6.      if (i < elemNum){
7.          resultArray[i] = arrayA[i] + arrayB[i];
8.          printf("index: (%2d), blockIdx: (x: %2d, y: %2d), threadIdx:
    (x: %2d, threadIdx.y: %2d)\n",
9.                 i,
10.                blockIdx.x,
11.                blockIdx.y,
12.                threadIdx.x,
13.                threadIdx.y);
14.     }
15. }
```

代码 6.14 的运行结果如下：

```
index: ( 0), blockIdx: (x:  0, y:  0), threadIdx: (x:  0, y:  0)
index: ( 1), blockIdx: (x:  0, y:  0), threadIdx: (x:  1, y:  0)
index: ( 2), blockIdx: (x:  0, y:  0), threadIdx: (x:  2, y:  0)
index: ( 3), blockIdx: (x:  0, y:  0), threadIdx: (x:  3, y:  0)
index: ( 4), blockIdx: (x:  0, y:  0), threadIdx: (x:  4, y:  0)
index: ( 5), blockIdx: (x:  0, y:  0), threadIdx: (x:  5, y:  0)
index: ( 6), blockIdx: (x:  0, y:  0), threadIdx: (x:  6, y:  0)
index: ( 7), blockIdx: (x:  0, y:  0), threadIdx: (x:  7, y:  0)
index: ( 8), blockIdx: (x:  0, y:  0), threadIdx: (x:  8, y:  0)
index: ( 9), blockIdx: (x:  0, y:  0), threadIdx: (x:  9, y:  0)
index: (10), blockIdx: (x:  0, y:  0), threadIdx: (x: 10, y:  0)
index: (11), blockIdx: (x:  0, y:  0), threadIdx: (x: 11, y:  0)
index: (12), blockIdx: (x:  0, y:  0), threadIdx: (x: 12, y:  0)
index: (13), blockIdx: (x:  0, y:  0), threadIdx: (x: 13, y:  0)
index: (14), blockIdx: (x:  0, y:  0), threadIdx: (x: 14, y:  0)
index: (15), blockIdx: (x:  0, y:  0), threadIdx: (x: 15, y:  0)
index: (16), blockIdx: (x:  0, y:  0), threadIdx: (x: 16, y:  0)
index: (17), blockIdx: (x:  0, y:  0), threadIdx: (x: 17, y:  0)
index: (18), blockIdx: (x:  0, y:  0), threadIdx: (x: 18, y:  0)
index: (19), blockIdx: (x:  0, y:  0), threadIdx: (x: 19, y:  0)
index: (20), blockIdx: (x:  0, y:  0), threadIdx: (x: 20, y:  0)
index: (21), blockIdx: (x:  0, y:  0), threadIdx: (x: 21, y:  0)
index: (22), blockIdx: (x:  0, y:  0), threadIdx: (x: 22, y:  0)
index: (23), blockIdx: (x:  0, y:  0), threadIdx: (x: 23, y:  0)
index: (24), blockIdx: (x:  0, y:  0), threadIdx: (x: 24, y:  0)
index: (25), blockIdx: (x:  0, y:  0), threadIdx: (x: 25, y:  0)
index: (26), blockIdx: (x:  0, y:  0), threadIdx: (x: 26, y:  0)
index: (27), blockIdx: (x:  0, y:  0), threadIdx: (x: 27, y:  0)
index: (28), blockIdx: (x:  0, y:  0), threadIdx: (x: 28, y:  0)
index: (29), blockIdx: (x:  0, y:  0), threadIdx: (x: 29, y:  0)
index: (30), blockIdx: (x:  0, y:  0), threadIdx: (x: 30, y:  0)
index: (31), blockIdx: (x:  0, y:  0), threadIdx: (x: 31, y:  0)
All elems of which values are match (3.800000).
```

**4．二维网格二维块的执行配置参数**

这里仍以数组相加为例，当将核函数的执行配置参数设置为<<<(2,2), (4,2)>>>时，线程网格和线程块都是二维的，此时线程网格和线程块的 z 维度被初始化为 1 且忽略不计。仍然使用方式 5 为线程实体分配全局索引，对应的线程实体和全局线性内存索引的映射关系如图 6.16 所示。

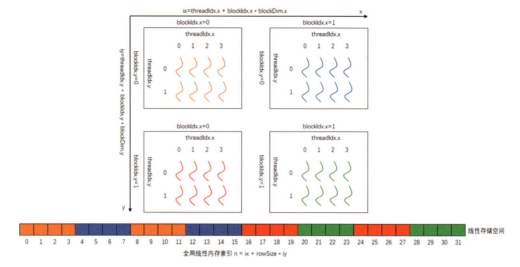

图 6.16 二维网格二维块的映射关系

根据方式 5 的索引分配方式,数组相加的核函数的实现如代码 6.15 所示。

**代码 6.15 数组相加的核函数的实现**

```
1.  __global__ void twoArrayAddKernel(float    *arrayA,
2.                                    float    *arrayB,
3.                                    float    *resultArray,
4.                                    const int elemNum){
5.     const int ix = threadIdx.x + blockIdx.x * blockDim.x;
6.     const int iy = threadIdx.y + blockIdx.y * blockDim.y;
7.     const int i  = ix + iy * 8;
8.
9.     if (i < elemNum){
10.        resultArray[i] = arrayA[i] + arrayB[i];
11.        printf("index: (%2d), blockIdx: (x: %2d, y: %2d), threadIdx: (x: %2d, y: %2d)\n",
12.               i,
13.               blockIdx.x,
14.               blockIdx.y,
15.               threadIdx.x,
16.               threadIdx.y);
17.    }
18. }
```

代码 6.15 的输出结果如下：

```
index: (17), blockIdx: (x: 0, y: 1), threadIdx: (x: 1, y: 0)
index: (18), blockIdx: (x: 0, y: 1), threadIdx: (x: 2, y: 0)
index: (19), blockIdx: (x: 0, y: 1), threadIdx: (x: 3, y: 0)
index: (24), blockIdx: (x: 0, y: 1), threadIdx: (x: 0, y: 1)
index: (25), blockIdx: (x: 0, y: 1), threadIdx: (x: 1, y: 1)
index: (26), blockIdx: (x: 0, y: 1), threadIdx: (x: 2, y: 1)
index: (27), blockIdx: (x: 0, y: 1), threadIdx: (x: 3, y: 1)
index: ( 4), blockIdx: (x: 1, y: 0), threadIdx: (x: 0, y: 0)
index: ( 5), blockIdx: (x: 1, y: 0), threadIdx: (x: 1, y: 0)
index: ( 6), blockIdx: (x: 1, y: 0), threadIdx: (x: 2, y: 0)
index: ( 7), blockIdx: (x: 1, y: 0), threadIdx: (x: 3, y: 0)
index: (12), blockIdx: (x: 1, y: 0), threadIdx: (x: 0, y: 1)
index: (13), blockIdx: (x: 1, y: 0), threadIdx: (x: 1, y: 1)
index: (14), blockIdx: (x: 1, y: 0), threadIdx: (x: 2, y: 1)
index: (15), blockIdx: (x: 1, y: 0), threadIdx: (x: 3, y: 1)
index: (20), blockIdx: (x: 1, y: 1), threadIdx: (x: 0, y: 0)
index: (21), blockIdx: (x: 1, y: 1), threadIdx: (x: 1, y: 0)
index: (22), blockIdx: (x: 1, y: 1), threadIdx: (x: 2, y: 0)
index: (23), blockIdx: (x: 1, y: 1), threadIdx: (x: 3, y: 0)
index: (28), blockIdx: (x: 1, y: 1), threadIdx: (x: 0, y: 1)
index: (29), blockIdx: (x: 1, y: 1), threadIdx: (x: 1, y: 1)
index: (30), blockIdx: (x: 1, y: 1), threadIdx: (x: 2, y: 1)
index: (31), blockIdx: (x: 1, y: 1), threadIdx: (x: 3, y: 1)
index: ( 0), blockIdx: (x: 0, y: 0), threadIdx: (x: 0, y: 0)
index: ( 1), blockIdx: (x: 0, y: 0), threadIdx: (x: 1, y: 0)
index: ( 2), blockIdx: (x: 0, y: 0), threadIdx: (x: 2, y: 0)
index: ( 3), blockIdx: (x: 0, y: 0), threadIdx: (x: 3, y: 0)
index: ( 8), blockIdx: (x: 0, y: 0), threadIdx: (x: 0, y: 1)
index: ( 9), blockIdx: (x: 0, y: 0), threadIdx: (x: 1, y: 1)
index: (10), blockIdx: (x: 0, y: 0), threadIdx: (x: 2, y: 1)
index: (11), blockIdx: (x: 0, y: 0), threadIdx: (x: 3, y: 1)
All elems of which values are match (3.800000).
```

**5. 一维网格二维块的执行配置参数**

这里仍以数组相加为例，当将核函数的执行配置参数设置为 <<<(4,1),(4,2)>>> 时，线程网格是一维的，线程块是二维的，此时线程网格的 $y$ 维度和 $z$ 维度被初始化为 1 且忽略不计；线程块的 $z$ 维度也被初始化为 1 且忽略不计。仍然使用方式 5 为线程实体分配全局索引，此时对应的线程实体和全局线性内存索引的映射关系如图 6.17 所示。

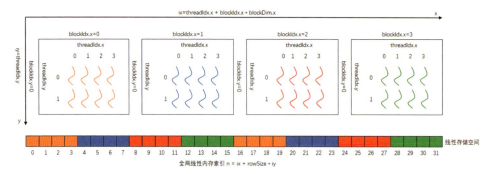

图 6.17 一维网格二维块的映射关系

根据方式 5 的索引分配方式，twoArrayAddKernel 核函数的实现如代码 6.16 所示。

```
                    代码 6.16  twoArrayAddKernel 核函数的实现
1.  __global__ void twoArrayAddKernel(float   *arrayA,
2.                                     float   *arrayB,
3.                                     float   *resultArray,
4.                                     const int elemNum){
5.      const int ix = threadIdx.x + blockIdx.x * blockDim.x;
6.      const int iy = threadIdx.y + blockIdx.y * blockDim.y;
7.      const int i  = ix + iy * 16;
8.      if (i < elemNum){
9.          resultArray[i] = arrayA[i] + arrayB[i];
10.         printf("index: (%2d), blockIdx: (x: %2d, y: %2d), threadIdx: (x: %2d, y: %2d)\n",
11.             i,
12.             blockIdx.x,
13.             blockIdx.y,
14.             threadIdx.x,
15.             threadIdx.y);
16.     }
17. }
```

代码 6.16 的输出结果如下：

```
index: ( 8), blockIdx: (x: 2, y: 0), threadIdx: (x: 0, y: 0)
index: ( 9), blockIdx: (x: 2, y: 0), threadIdx: (x: 1, y: 0)
index: (10), blockIdx: (x: 2, y: 0), threadIdx: (x: 2, y: 0)
index: (11), blockIdx: (x: 2, y: 0), threadIdx: (x: 3, y: 0)
index: (24), blockIdx: (x: 2, y: 0), threadIdx: (x: 0, y: 1)
index: (25), blockIdx: (x: 2, y: 0), threadIdx: (x: 1, y: 1)
index: (26), blockIdx: (x: 2, y: 0), threadIdx: (x: 2, y: 1)
index: (27), blockIdx: (x: 2, y: 0), threadIdx: (x: 3, y: 1)
index: ( 4), blockIdx: (x: 1, y: 0), threadIdx: (x: 0, y: 0)
index: ( 5), blockIdx: (x: 1, y: 0), threadIdx: (x: 1, y: 0)
```

```
index: ( 6), blockIdx: (x: 1, y: 0), threadIdx: (x: 2, y: 0)
index: ( 7), blockIdx: (x: 1, y: 0), threadIdx: (x: 3, y: 0)
index: (20), blockIdx: (x: 1, y: 0), threadIdx: (x: 0, y: 1)
index: (21), blockIdx: (x: 1, y: 0), threadIdx: (x: 1, y: 1)
index: (22), blockIdx: (x: 1, y: 0), threadIdx: (x: 2, y: 1)
index: (23), blockIdx: (x: 1, y: 0), threadIdx: (x: 3, y: 1)
index: (12), blockIdx: (x: 3, y: 0), threadIdx: (x: 0, y: 0)
index: (13), blockIdx: (x: 3, y: 0), threadIdx: (x: 1, y: 0)
index: (14), blockIdx: (x: 3, y: 0), threadIdx: (x: 2, y: 0)
index: (15), blockIdx: (x: 3, y: 0), threadIdx: (x: 3, y: 0)
index: (28), blockIdx: (x: 3, y: 0), threadIdx: (x: 0, y: 1)
index: (29), blockIdx: (x: 3, y: 0), threadIdx: (x: 1, y: 1)
index: (30), blockIdx: (x: 3, y: 0), threadIdx: (x: 2, y: 1)
index: (31), blockIdx: (x: 3, y: 0), threadIdx: (x: 3, y: 1)
index: ( 0), blockIdx: (x: 0, y: 0), threadIdx: (x: 0, y: 0)
index: ( 1), blockIdx: (x: 0, y: 0), threadIdx: (x: 1, y: 0)
index: ( 2), blockIdx: (x: 0, y: 0), threadIdx: (x: 2, y: 0)
index: ( 3), blockIdx: (x: 0, y: 0), threadIdx: (x: 3, y: 0)
index: (16), blockIdx: (x: 0, y: 0), threadIdx: (x: 0, y: 1)
index: (17), blockIdx: (x: 0, y: 0), threadIdx: (x: 1, y: 1)
index: (18), blockIdx: (x: 0, y: 0), threadIdx: (x: 2, y: 1)
index: (19), blockIdx: (x: 0, y: 0), threadIdx: (x: 3, y: 1)
All elems of which values are match (3.800000).
```

#### 6. 二维网格一维块的执行配置参数

当将核函数的执行配置参数设置为 <<<(2,2), (8,1)>>>时，线程网格是二维的，线程块是一维的，此时线程网格的 $z$ 维度被初始化为 1 且忽略不计，线程块的 $y$ 维度和 $z$ 维度也被初始化为 1 且忽略不计。仍然使用方式 5 为线程实体分配全局索引，对应的线程实体和全局线性内存索引的映射关系如图 6.18 所示。

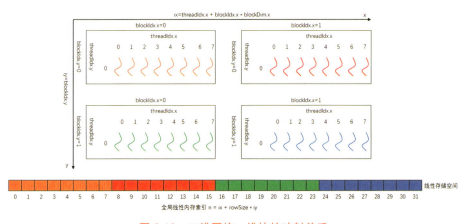

图 6.18 二维网格一维块的映射关系

根据方式 5 的索引分配方式，写出核函数的实现代码，如代码 6.17 所示。

代码 6.17　核函数的实现 1

```
1.  __global__ void twoArrayAddKernel(float    *arrayA,
2.                                    float    *arrayB,
3.                                    float    *resultArray,
4.                                    const int elemNum){
5.      const int ix = threadIdx.x + blockIdx.x * blockDim.x;
6.      const int iy = threadIdx.y + blockIdx.y * blockDim.y;
7.      const int i  = ix + iy * 16;
8.
9.      if (i < elemNum){
10.         resultArray[i] = arrayA[i] + arrayB[i];
11.         printf("index: (%2d), blockIdx: (x: %2d, y: %2d), threadIdx: (x: %2d, y: %2d)\n",
12.                 i,
13.                 blockIdx.x,
14.                 blockIdx.y,
15.                 threadIdx.x,
16.                 threadIdx.y);
17.     }
18. }
```

代码 6.17 的输出结果如下：

```
index: (16), blockIdx: (x:  0, y:  1), threadIdx: (x:  0, y:  0)
index: (17), blockIdx: (x:  0, y:  1), threadIdx: (x:  1, y:  0)
index: (18), blockIdx: (x:  0, y:  1), threadIdx: (x:  2, y:  0)
index: (19), blockIdx: (x:  0, y:  1), threadIdx: (x:  3, y:  0)
index: (20), blockIdx: (x:  0, y:  1), threadIdx: (x:  4, y:  0)
index: (21), blockIdx: (x:  0, y:  1), threadIdx: (x:  5, y:  0)
index: (22), blockIdx: (x:  0, y:  1), threadIdx: (x:  6, y:  0)
index: (23), blockIdx: (x:  0, y:  1), threadIdx: (x:  7, y:  0)
index: ( 8), blockIdx: (x:  1, y:  0), threadIdx: (x:  0, y:  0)
index: ( 9), blockIdx: (x:  1, y:  0), threadIdx: (x:  1, y:  0)
index: (10), blockIdx: (x:  1, y:  0), threadIdx: (x:  2, y:  0)
index: (11), blockIdx: (x:  1, y:  0), threadIdx: (x:  3, y:  0)
index: (12), blockIdx: (x:  1, y:  0), threadIdx: (x:  4, y:  0)
index: (13), blockIdx: (x:  1, y:  0), threadIdx: (x:  5, y:  0)
index: (14), blockIdx: (x:  1, y:  0), threadIdx: (x:  6, y:  0)
index: (15), blockIdx: (x:  1, y:  0), threadIdx: (x:  7, y:  0)
index: (24), blockIdx: (x:  1, y:  1), threadIdx: (x:  0, y:  0)
index: (25), blockIdx: (x:  1, y:  1), threadIdx: (x:  1, y:  0)
```

```
index: (26), blockIdx: (x: 1, y: 1), threadIdx: (x: 2, y: 0)
index: (27), blockIdx: (x: 1, y: 1), threadIdx: (x: 3, y: 0)
index: (28), blockIdx: (x: 1, y: 1), threadIdx: (x: 4, y: 0)
index: (29), blockIdx: (x: 1, y: 1), threadIdx: (x: 5, y: 0)
index: (30), blockIdx: (x: 1, y: 1), threadIdx: (x: 6, y: 0)
index: (31), blockIdx: (x: 1, y: 1), threadIdx: (x: 7, y: 0)
index: ( 0), blockIdx: (x: 0, y: 0), threadIdx: (x: 0, y: 0)
index: ( 1), blockIdx: (x: 0, y: 0), threadIdx: (x: 1, y: 0)
index: ( 2), blockIdx: (x: 0, y: 0), threadIdx: (x: 2, y: 0)
index: ( 3), blockIdx: (x: 0, y: 0), threadIdx: (x: 3, y: 0)
index: ( 4), blockIdx: (x: 0, y: 0), threadIdx: (x: 4, y: 0)
index: ( 5), blockIdx: (x: 0, y: 0), threadIdx: (x: 5, y: 0)
index: ( 6), blockIdx: (x: 0, y: 0), threadIdx: (x: 6, y: 0)
index: ( 7), blockIdx: (x: 0, y: 0), threadIdx: (x: 7, y: 0)
All elems of which values are match (3.800000).
```

**7. 数据量和线程数不对等的情况**

前面的 4 种情况都是 1 个线程实体对应 1 个数据元素，但是如果线程数小于数据量的大小，就需要 1 个线程处理多个数据。此时，仍然使用方式 5 为线程实体分配全局索引，对应的线程实体和全局线性内存索引的映射关系如图 6.19 所示。

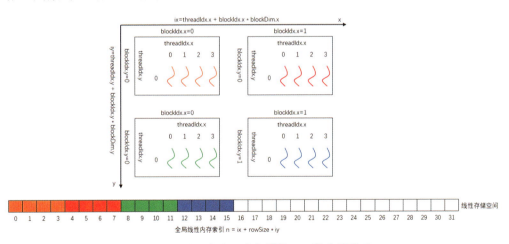

图 6.19　线程数小于数据量情况下的映射关系

当将核函数的执行配置参数设置为<<<(2,2), (4,1)>>>时，如果按照前面的处理方式，1 个线程只处理 1 个数据，那么只有前 16 个数据会参与计算，因此这里需要重新划分数据，使 1 个线程处理 2 个数据。

根据方式 5 的索引分配方式，写出核函数的实现代码，如代码 6.18 所示。

**代码 6.18 核函数的实现 2**

```
1.  __global__ void twoArrayAddKernel(float    *arrayA,
2.                                    float    *arrayB,
3.                                    float    *resultArray,
4.                                    const int elemNum){
5.      const int ix = threadIdx.x + blockIdx.x * blockDim.x;
6.      const int iy = threadIdx.y + blockIdx.y * blockDim.y;
7.      const int i  = ix + iy * 8;
8.
9.      if (i < elemNum){
10.         resultArray[i]      = arrayA[i] + arrayB[i];
11.         resultArray[i + 16] = arrayA[i + 16] + arrayB[i + 16];
12.         printf("index: (%2d), blockIdx: (x: %2d, y: %2d), threadIdx: (x: %2d, y: %2d)\n",
13.                i,
14.                blockIdx.x,
15.                blockIdx.y,
16.                threadIdx.x,
17.                threadIdx.y);
18.     }
19. }
```

代码 6.18 的输出结果如下：

```
index: ( 4), blockIdx: (x: 2, y: 0), threadIdx: (x: 0, y: 0)
index: ( 5), blockIdx: (x: 2, y: 0), threadIdx: (x: 1, y: 0)
index: (12), blockIdx: (x: 2, y: 0), threadIdx: (x: 0, y: 1)
index: (13), blockIdx: (x: 2, y: 0), threadIdx: (x: 1, y: 1)
index: ( 2), blockIdx: (x: 1, y: 0), threadIdx: (x: 0, y: 0)
index: ( 3), blockIdx: (x: 1, y: 0), threadIdx: (x: 1, y: 0)
index: (10), blockIdx: (x: 1, y: 0), threadIdx: (x: 0, y: 1)
index: (11), blockIdx: (x: 1, y: 0), threadIdx: (x: 1, y: 1)
index: ( 6), blockIdx: (x: 3, y: 0), threadIdx: (x: 0, y: 0)
index: ( 7), blockIdx: (x: 3, y: 0), threadIdx: (x: 1, y: 0)
index: (14), blockIdx: (x: 3, y: 0), threadIdx: (x: 0, y: 1)
index: (15), blockIdx: (x: 3, y: 0), threadIdx: (x: 1, y: 1)
index: ( 0), blockIdx: (x: 0, y: 0), threadIdx: (x: 0, y: 0)
index: ( 1), blockIdx: (x: 0, y: 0), threadIdx: (x: 1, y: 0)
index: ( 8), blockIdx: (x: 0, y: 0), threadIdx: (x: 0, y: 1)
index: ( 9), blockIdx: (x: 0, y: 0), threadIdx: (x: 1, y: 1)
All elems of which values are match (3.800000).
```

线程块内的线程数不能超过 1024，且是 32 的倍数。前面提到，一个线程块内的线程会被分配到一个空闲的 SM 上执行，且被分成若干线程束，以线程束为单位进行调度，最后个数不足 32 的线程也按一个单位进行调度。

### 6.3.3 CUDA 内存组织

#### 1. GPU 的内存层次结构

为了达到更高的效率，在 CUDA 编程中需要格外关注内存的使用情况。与 CPU 编程不同，GPU 中的各级缓存和各种内存是可以通过软件控制的，在编程时可以手动指定变量存储的位置。

具体而言，这些内存包括寄存器、共享内存、常量内存、全局内存等。这就造成了 CUDA 编程中有很多内存使用方面的小技巧，如要尽量使用寄存器、尽量将数据声明为局部变量。而当存在数据重复利用的情况时，可以把数据存放在共享内存里。而对于全局内存，则需要注意用一种合理的方式来进行数据的合并访问，以尽量减少设备对内存子系统再次发出访问操作的次数。

CUDA 编程另一个显著的特点就是解释了内存层次结构，每个 GPU 设备都会有用于不同用途的存储类型。

图 6.20 描绘了内存空间的层次结构，其中最主要的是以下 3 种内存类型：寄存器（Register）、共享内存（Shared Memory）和全局内存（Global Memory）。

其中，寄存器是 GPU 上运行速度最快的内存空间，通常其带宽在 8TB/s 左右，延迟为 1 个时钟周期。核函数中声明的没有其他修饰符的自变量通常就存储在寄存器中。最快速也最受人偏爱的存储器就是设备中的寄存器，它属于具有重要价值又极度缺乏的资源。

共享内存是 GPU 上可受用户控制的一级缓存。共享内存类似 CPU 的缓存，不过与 CPU 的缓存不同，GPU 的共享内存可以由 CUDA 内核直接编程控制。由于共享内存是片上内存，所以与全局内存相比，它具有更高的带宽与更低的延迟，通常其带宽在 1.5TB/s 左右，延迟为 1～32 个时钟周期。对于共享内存的使用，主要考虑数据的重用性。当存在数据重用情况时，使用共享内存是比较合适的。如果数据不被重用，则可以直接将数据从全局内存或常量内存中读入寄存器。

全局内存是 GPU 中最大、延迟最高且最常使用的内存。全局内存类似 CPU 的系统内存。在编程中，对全局内存访问进行优化以最大限度地增大全局内存的数据吞吐量是十分重要的。

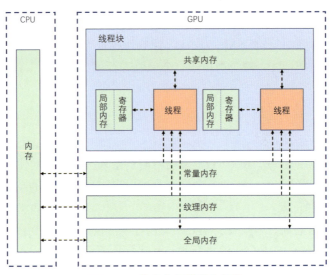

图 6.20　内存空间的层次结构

CUDA 给编程者提供了这些可以操作的 GPU 内存空间层次结构，这对进行数据移动和布局提供了更多可控制的支持，便于以更接近底层硬件实现的思路优化程序，以达到更高的性能。

**2．全局内存之合并访问和非合并访问**

共享内存的访问模式有合并访问和非合并访问，合并访问是指一个线程束对全局内存的一次访问请求（读或写）的数据都是该线程束所需的，反之则是非合并访问。下面以一次数据传输为 32 个连续字节为例介绍共享内存的合并访问和非合并访问，即一次数据传输将 32 个连续字节的数据从全局内存通过 32 字节的缓存片段传输给 SM。

如代码 6.19 所示，为了说明非合并访问给程序性能带来的影响，稍微修改数组相加的例子，如果将核函数中的索引映射关系偏移一个数据元素，即 n = threadIdx.x + blockIdx.x*blockDim.x + 1，那么第一个线程束和数据元素的映射关系将变成图 6.21 中带"✔"的部分，即全局内存索引号为 1～32。在正常情况下，索引号从 0 开始，到 31 结束，需要触发 8 次数据传递（相同颜色的数据为一次传递，double 类型的数据占 8 个存储字节），但由于映射偏移，第一个线程束需要访问索引号为 32 的数据元素，所以需要多触发 1 次数据传递，即需要触发 9 次数据传递。

代码 6.19　核函数 1

```
1. // int  elemNum = 4 * 32;
2. // dim3 block(32, 1);
3. // dim3 grid(4, 1);
```

```
4.  __global__ void twoArrayAddKernel(double   *arrayA,
5.                                    double   *arrayB,
6.                                    double   *resultArray,
7.                                    const int elemNum){
8.     const int i = threadIdx.x + blockIdx.x * blockDim.x + 1;
9.     if (i < elemNum){
10.        resultArray[i] = arrayA[i] + arrayB[i];
11.        printf("index: (%3d), blockIdx: (x: %2d, y: %2d), threadIdx: (x: %2d, y: %2d)\n",
12.               i,
13.               blockIdx.x,
14.               blockIdx.y,
15.               threadIdx.x,
16.               threadIdx.y);
17.    }
18. }
```

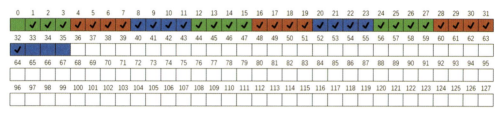

图 6.21 映射偏移的非合并访问

如代码 6.20 所示,如果将核函数中的索引映射关系更改为 n = blockIdx.x + threadIdx.x*gridDim.x,那么第一个线程束和数据元素的映射关系将变成图 6.22 中带 "✔" 的部分,可以看出索引号是非连续的。在这种情况下,每个线程束的计算都将触发 32 次数据传递,是正常情况下的 4 倍,因此这种情况会对程序性能有很明显的影响。

**代码 6.20 核函数 2**

```
1. // int  elemNum = 4 * 128;
2. // dim3 block(128, 1);
3. // dim3 grid(4, 1);
4.  __global__ void twoArrayAddKernel(double   *arrayA,
5.                                    double   *arrayB,
6.                                    double   *resultArray,
7.                                    const int elemNum){
8.     const int i = blockIdx.x + threadIdx.x * gridDim.x;
9.
```

```
10.     if (i < elemNum){
11.         resultArray[i] = arrayA[i] + arrayB[i];
12.         printf("index: (%3d), blockIdx: (x: %2d, y: %2d), threadIdx:
    (x: %2d, y: %2d)\n",
13.                 i,
14.                 blockIdx.x,
15.                 blockIdx.y,
16.                 threadIdx.x,
17.                 threadIdx.y);
18.     }
19. }
```

图 6.22　间隔式的非合并访问

### 6.3.4　GPU 硬件组织结构

要写出高效率的 CUDA 代码，还必须对 GPU 的硬件系统有整体的了解，不能只停留在软件层面。因此本节介绍 GPU 硬件组织结构的相关知识，并将软件逻辑层面和硬件底层结构结合起来，进而深入了解 GPU。

GPU 实际上是一个 SM（Streaming-Multiprocessor，流式多处理器）的阵列，每个 SM 包含很多计算核心。一个 GPU 设备中包含多个 SM，这是 GPU 具有可扩展性的关键因素。如果向设备中增加更多的 SM，那么 GPU 就可以在同一时刻处理更多的任务，或者对于同一任务，如果有足够的并行性，那么 GPU 可以更快完成它。

下面以 Fermi 架构的 GPU 为例来讲解，其简化结构如图 6.23 所示。

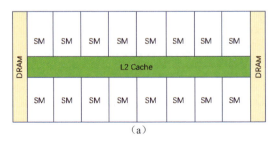

(a)

图 6.23　Fermi 架构的 GPU 简化结构

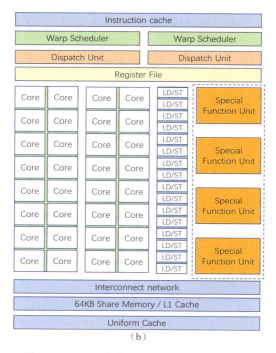

图 6.23　Fermi 架构的 GPU 简化结构（续）

图 6.23（a）是 GPU 的整体结构，其主要是由大量的 SM 和 DRAM 存储等构成的。

图 6.23（b）是单个 SM，可以看到，SM 由大量的计算核（CUDA 核心，图中的 Core）、LDU（图中的 LD）、SFU（Special Function Unit）、寄存器（DRAM）、共享内存等构成。这种结构正是 GPU 具有高并行性计算能力的基础。通过一定的层级结构组织大量计算核，并给各级配以相应的内存系统，由此 GPU 获得了出色的计算能力。

其中 SM 是 GPU 架构的核心。GPU 中的每个 SM 都能支持数百个线程并发执行，由于每个 GPU 通常有多个 SM，所以在一个 GPU 上并发执行数千个线程是有可能的。当启动一个内核网络时，它的线程块会被分配在可用的 SM 上执行。线程块一旦被调度到一个 SM 上，其中的线程就只会在这个指定的 SM 上并发执行。多个线程块可能会被分配到同一个 SM 上，而且是根据 SM 资源的可用性进行调度的。

CUDA 采用单指令多线程（SIMT）架构来管理和执行线程。前面提到，每 32 个线程为一组，称为线程束（Warp）。线程束中的所有线程同时执行相同的指令。每个线程都有自己的指令地址计数器和寄存器状态，利用自身的数据执行当前的指令。每个 SM 都将分配给它的线程块划分到包含 32 个线程的线程束中，并在可用的硬件资源上调度执行。

一个线程块只能在一个 SM 上被调度，而且一旦线程块在一个 SM 上被调度，就会被保存在该 SM 上，直到执行完成。需要注意的是，这两种层级并不是完全一一对应的，如在同一时间，一个 SM 可以容纳多个线程块。

在 SM 中，共享内存和寄存器是非常重要的资源。共享内存被分配在 SM 的常驻线程块中，寄存器在线程中被分配。线程块中的线程通过这些资源可以相互合作和通信。尽管线程块里的所有线程都可以逻辑地并行运行，但并不是所有线程都可以同时在物理层面执行的。因此线程块里的不同线程可能会以不同的速度执行。我们可以使用 CUDA 语句在需要的时候进行线程的同步。

尽管线程块里的线程束可以任意顺序调度，但活跃的线程束的数量还是受 SM 的资源限制的。当某个线程束由于任何理由而闲置时（如等待从设备内存中读取数值），SM 可以从同一 SM 的常驻线程块中调度其他可用的线程束。在并发的线程束间切换并没有额外开销，因为硬件资源已经被分配到了 SM 上的所有线程块的线程中。这种策略可以有效地帮助 GPU 隐藏访存延迟，因为随时都会有大量线程束可供调度。在理想状态下，计算核将一直处于忙碌状态，从而可以获得很大的吞吐量。

总结一下，SM 是 GPU 架构的核心，而寄存器和共享内存是 SM 中的稀缺资源。CUDA 将这些资源分配到 SM 的所有常驻线程块中。因此，这些有限的资源限制了在 SM 上活跃的线程束的数量，而活跃的线程束的数量对应 SM 上的并行量。

Fermi 架构的 SM 调度如图 6.24 所示。

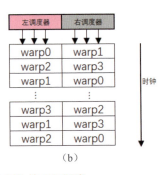

图 6.24　Fermi 架构的 SM 调度

下面以核函数网格参数 <<<2,(32,4)>>>为例进行说明。该参数设置表明分配了 2 个线程块，每个线程块中有 32×4 个线程，GPU 会把其中一个线程块中的 32×4 个线程分成 4 束，即 warp0、warp1、warp2、warp3，并分配给一个 SM 进行调度执行，如图 6.24（b）所示，（Fermi 架构）该 SM 的左、右两个调度器在每个周期内会调度一个线程束并执行。

该架构最多可以同时调度 48 个线程束，即 48×32 = 1536 个线程。

这个过程类似公司里的任务分配，项目组长把任务分配给一个小组，小组员工进行任务的作业，小组长负责任务的调度和再分配。由于小组人员有限，所以可分配的任务数量有上限，这正好可以解释有限的资源限制了在 SM 上活跃的线程束的数量，而活跃的线程束的数量对应 SM 上的并行量。

## 6.3.5　CUDA 流

一个 CUDA 流指的是在设备端执行的 CUDA 操作序列，如核函数的执行或数据传输操作，并且这些操作按照主机端发布的顺序执行。任何 CUDA 操作都存在于某个 CUDA 流中，要么是默认的空流，要么是显示声明的非空流。本书前面使用的例子中的 CUDA 函数的执行都没有明确地指定 CUDA 流，即 CUDA 操作都是在默认的空流中执行的。

如代码 6.21 所示，这里没有显式地指定 CUDA 流对象，因此下面的 4 项操作是按照顺序被封装在默认的空流中的，即在设备端执行，同时这里的 4 项操作是按照顺序执行的。

**代码 6.21　CUDA 流的使用**

```
1. // 将数组 host_ArrayA 从主机端复制到设备端
2. CHECK(cudaMemcpy(device_ArrayA,
3.                  host_ArrayA,
4.                  nBytes,
5.                  cudaMemcpyHostToDevice));
6.
7. // 将数组 host_ArrayB 从主机端复制到设备端
8. CHECK(cudaMemcpy(device_ArrayB,
9.                  host_ArrayB,
10.                 nBytes,
11.                 cudaMemcpyHostToDevice));
12.
13.// 执行核函数
14.twoArrayAddKernel<<<grid, block>>>(device_ArrayA,
15.                                   device_ArrayB,
16.                                   device_ArrayResult,
17.                                   elemNum);
18.
19.// 将计算结果从设备内存复制回主机内存
20.CHECK(cudaMemcpy(host_ArrayResult,
21.                 device_ArrayResult,
22.                 nBytes,
23.                 cudaMemcpyDeviceToHost));
```

非空流是在主机端由程序员显示地创建和销毁的。

可以使用下面的函数来创建一个非空 CUDA 流：
```
cudaError_t cudaStreamCreate(cudaStream_t*)
```
可以使用下面的函数来销毁一个非空 CUDA 流：
```
cudaError_t cudaStreamDestroy(cudaStream_t)
```
CUDA 流还有其他的常用 API 函数。例如：
```
cudaError_t cudaStreamSynchronize(cudaStream_t stream)
cudaError_t cudaStreamQuery(cudaStream_t stream)
```
这两个函数都用来检查一个 CUDA 流中的所有操作是否都在设备中执行完毕。其中，函数 cudaStreamSynchronize 会强制阻塞主机，直到 CUDA 流 stream 中的所有操作都执行完毕；函数 cudaStreamQuery 不会阻塞主机，只检查 CUDA 流 stream 中的所有操作是否都执行完毕。

通过前面的介绍可以知道，如果不使用显示的 CUDA 流，那么所有的 CUDA 操作都将被封装在一个默认的空流队列中顺序执行。如果想让不同的 CUDA 操作重叠地并发执行，就需要显示地使用多个非空 CUDA 流。例如，使用多流可以折叠核函数计算或同时折叠核函数计算和数据传输，提高并行性。在讲解使用非空流折叠 CUDA 操作之前，下面先来介绍一下不可分页内存和可分页内存。

计算机中存在虚拟内存和物理内存的概念，虚拟内存是一大片虚拟的内存段，其对应的地址就是虚拟地址。把这片虚拟内存空间分割成颗粒度更细的小片段，大小通常是 4KB，这样的一个小片段称为虚拟页内存空间或分页内存，如 128KB 的虚拟内存空间对应 32 个虚拟页内存空间。这些虚拟页内存空间通过内存映射单元（MMU）映射到物理内存空间。例如，malloc 函数返回的就是一个虚拟地址，该虚拟地址通过 MMU 映射到物理地址。

分页管理的好处是会把常用的数据和代码加载到内存中，把不常用的数据和代码保存在磁盘中，需要时从磁盘中读取出来并装载到物理内存空间，并与虚拟页内存空间建立映射。例如，当程序运行中需要某一页内存的数据时，却发现该页未与物理内存空间建立映射关系，那么操作系统会将缺失的页从磁盘中读取出来装入内存，并将该段内存空间和虚拟页内存空间建立映射关系。

也就是说，对于虚拟页内存空间，同一段数据可能会根据程序使用频次的需要而不停地被装载或卸载，在这个过程中，数据有可能被装载在不同的物理内存空间。正是因为这个原因，GPU 不能在可分页主机内存上安全地访问数据。

不可分页内存就是不通过 MMU 映射，而直接分配在物理内存空间上的内存，也叫固定内存。

在 CUDA 编程中，对于数据传输操作 cudaMemcpy，主机端的数据默认是通过可分页内存方式存储的,为了保证数据的安全性,主机端会等待数据传输完毕,是同步传输的。

例如,对于代码 6.22,当主机端异步启动核函数 twoArrayAddKernel 后会立即执行接下来的 cudaMemcpy(…, cudaMemcpyDeviceToHost)函数。但从设备端来看,这 4 项 CUDA 操作是在同一个 CUDA 流中按顺序执行的,因此 cudaMemcpy(…, cudaMemcpyDeviceToHost)操作需要等到核函数执行完毕,在此期间,主机会处于等待状态。

与 cudaMemcpy 函数相对应的一个函数是 cudaMemcpyAsync。该函数是异步版本的数据传输函数,其数据复制操作由 GPU 中的 DMA 负责,不需要 CPU 的参与。但是这样做的前提是主机端的数据必须通过固定内存存储。

cudaMemcpyAsync 函数的原型如下(其中,前 4 个参数与 cudaMemcpy 相同,第 5 个参数用于指定使用的 CUDA 流对象):

```
cudaError_t cudaMemcpyAsync(void            *dst,
                    const void      *src,
                    size_t          count,
                    cudaMemcpyKind  kind,
                    cudaStream_t    stream);
```

在 CUDA 编程中,可以使用 cudaMallocHost 函数来分配固定主机内存,使用 cudaFreeHost 函数来释放固定主机内存:

```
// 固定主机内存的分配
cudaError_t cudaMallocHost(void **ptr, size_t size);
// 固定主机内存的释放
cudaError_t cudaFreeHost(void *ptr);
```

代码 6.22 使用了自定义的 CUDA 流对象和异步数据传输方式,核函数的执行配置列表增加了两个参数,第三个参数用来指定核函数中使用的共享内存的字节大小,第四个参数用于指定 CUDA 流对象。

**代码6.22　CUDA 中数据的传输方式**

```
1. Void initialInputArray(float *array, const int &elemNum, const float &value);
2. Void checkResultArray(float *arrayResult, const int &elemNum, const
   float &result);
3.
4. __global__ void twoArrayAddKernel(float   *arrayA,
5.                                   float   *arrayB,
6.                                   float   *resultArray,
7.                                   const int elemNum);
8.
9. int main(){
```

```cpp
10.     // 选择 GPU 设备
11.     CHECK(cudaSetDevice(0));
12.     // 初始化参数设置
13.     int     elemNum     = 32;
14.     float   addValueA   = 1.2;
15.     float   addValueB   = 2.6;
16.     float   addResult   = 3.8;
17.     // 计算需要分配的内存大小
18.     size_t nBytes       = elemNum * sizeof(float);
19.     // 分配主机内存
20.     float *host_ArrayA, *host_ArrayB, *host_ArrayResult;
21.     CHECK(cudaMallocHost(&host_ArrayA, nBytes));
22.     CHECK(cudaMallocHost(&host_ArrayB, nBytes));
23.     CHECK(cudaMallocHost(&host_ArrayResult, nBytes));
24.     // 初始化主机内存
25.     initialInputArray(host_ArrayA, elemNum, addValueA);
26.     initialInputArray(host_ArrayB, elemNum, addValueB);
27.     memset(host_ArrayResult, 0, nBytes);
28.     // 分配设备内存
29.     float *device_ArrayA, *device_ArrayB, *device_ArrayResult;
30.     CHECK(cudaMalloc((float **)&device_ArrayA, nBytes));
31.     CHECK(cudaMalloc((float **)&device_ArrayB, nBytes));
32.     CHECK(cudaMalloc((float **)&device_ArrayResult, nBytes));
33.     // 创建一个 CUDA 流对象，不使用默认的 CUDA 流对象
34.     cudaStream_t stream;
35.     CHECK(cudaStreamCreate(&stream));
36.     // 将数组 host_ArrayA 从主机端复制到设备端
37.     CHECK(cudaMemcpyAsync(device_ArrayA,
38.                           host_ArrayA,
39.                           nBytes,
40.                           cudaMemcpyHostToDevice,
41.                           stream));   // 使用自定义的 CUDA 流对象
42.     // 将数组 host_ArrayB 从主机端复制到设备端
43.     CHECK(cudaMemcpyAsync(device_ArrayB,
44.                           host_ArrayB,
45.                           nBytes,
46.                           cudaMemcpyHostToDevice,
47.                           stream));   // 使用自定义的 CUDA 流对象
48.     // 核函数配置参数
49.     dim3 block(elemNum);
50.     dim3 grid(1);
51.     // 执行核函数，使用自定义的 CUDA 流对象
```

```
52.    twoArrayAddKernel<<<grid, block, 0, stream>>>(device_ArrayA,
53.                                                  device_ArrayB,
54.                                                  device_ArrayResult,
55.                                                  elemNum);
56.    // 将计算结果从设备内存复制回主机内存
57.    CHECK(cudaMemcpyAsync(host_ArrayResult,
58.                          device_ArrayResult,
59.                          nBytes,
60.                          cudaMemcpyDeviceToHost,
61.                          stream));   // 使用自定义的 CUDA 流对象
62.    // 检查计算结果
63.    checkResultArray(host_ArrayResult, elemNum, addResult);
64.    // 销毁 CUDA 流对象
65.    CHECK(cudaStreamDestroy(stream));
66.    // 释放设备内存
67.    CHECK(cudaFree(device_ArrayA));
68.    CHECK(cudaFree(device_ArrayB));
69.    CHECK(cudaFree(device_ArrayResult));
70.    // 释放固定主机内存
71.    CHECK(cudaFreeHost(host_ArrayA));
72.    CHECK(cudaFreeHost(host_ArrayB));
73.    CHECK(cudaFreeHost(host_ArrayResult));
74.
75.    // Reset GPU
76.    CHECK(cudaDeviceReset());
77.    return 0;
78. }
```

## 6.4 模型框架之 TensorRT

6.1 节简单介绍了几种常用的推理框架，本节将详细介绍模型框架 TensorRT。

如图 6.25 所示，TensorRT 对于模型的部署可以分为两步，第一步是优化完成训练的模型，生成优化的流图；第二步是使用 TensorRT Runtime 部署优化的流图。

TensorRT 推理框架的使用主要包括构建阶段和推理阶段。TensorRT 的构建阶段主要完成模型转换工作，在进行模型转换时会完成优化过程中的层间融合、数据精度校准等操作。这一步的输出是一个针对特定 GPU 平台和网络模型的优化模型，这个优化模型可以被序列化存储到磁盘中以便后续使用。存储到磁盘中的优化模型文件称为序列化的推理引擎文件。

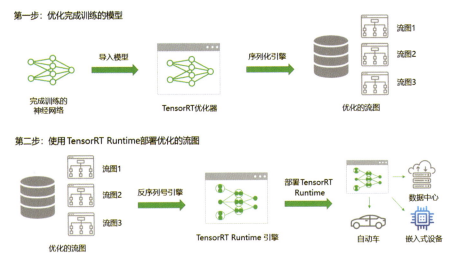

图 6.25　TensorRT 工作流

TensorRT 构建阶段的最高级别接口是 IBuilder。IBuilder 负责创建或导入网络结构定义、创建 IBuilder 配置对象并为其指定相关配置、调用构建器创建引擎对象等。其中，网络结构定义有两种获取方式：一种是通过 TensorRT 的 API 来创建网络模型的结构；另一种是通过指定框架的模型解析器解析模型文件来获取，如对应于 ONNX 模型结构的 ONNX 解析器等。

一旦有了网络结构定义和 IBuilder 的配置，就可以调用 IBuilder 创建推理引擎对象。这些操作会优化模型以在指定的 GPU 上更高效地运行，如消除无效计算、折叠常量、重新排序和组合等操作。通过 TensorRT 创建引擎对象的一般流程如下。

（1）创建或导入网络结构定义。

（2）创建 IBuilder 配置对象并为其指定相关配置。

（3）调用 IBuilder 创建引擎对象。

TensorRT 的推理阶段主要执行模型的推理操作，涉及的操作有推理引擎文件的反序列化，根据推理引擎对象创建上下文对象，对主机端和设备端的输入缓冲区进行管理，以及调用 enqueue 或 execute 接口进行模型推理等操作。

### 6.4.1　使用 TensorRT API 搭建网络结构

TensorRT 提供了多种方式来创建网络结构，其中一种方式就是通过 TensorRT 官方 API 来创建网络结构。下面通过 TensorRT API 来创建 MNIST 网络结构、设置配置项并创建引擎对象。MNIST 的网络结构如图 6.26 所示。

## 第 6 章 深度学习模型的落地和部署

图 6.26 MNIST 的网络结构

MNIST 网络的 TensorRT C++ API 代码实现如代码 6.23 所示。为了最大限度地使代码低耦合、高内聚，在简化代码的同时使读者容易理解，作者这里使用了 static 类型，避免在函数返回后局部变量生命期结束的问题，读者也可以使用智能指针等优雅的方式实现。

代码 6.23　MNIST 网络的 TensorRT C++ API 代码实现

```
1.  static bool ConstructNetworkMnist(nvinfer1::INetworkDefinition* pNetwork){
2.      // 读取外部参数
3.      JsonHelper::ReadConfigFile(GLOBAL_DATA_DIR + "config.json");
4.      static EngineConfigParams mParams = JsonHelper::ReadConfigParams();
5.      // 载入权重参数
6.      static auto mWeightMap =
7.          TrtUtils::LoadWeights(GLOBAL_DATA_DIR + "mnistapi.wts");
8.      // 创建输入 Tensor
9.      static nvinfer1::ITensor* data =
10.         pNetwork->addInput(mParams.inputTensorNames[0].c_str(),
11.                            nvinfer1::DataType::kFLOAT,
12.                            nvinfer1::Dims3{1, mParams.inputH, mParams.inputW});
13.     assert(data);
14.     // 创建 Scale 层并设置相关参数
15.     static const float scaleParam = 0.0125f;
16.     static const nvinfer1::Weights power{nvinfer1::DataType::kFLOAT, nullptr,0};
17.     static const nvinfer1::Weights shift{nvinfer1::DataType::kFLOAT, nullptr,0};
18.     static const nvinfer1::Weights scale{nvinfer1::DataType::kFLOAT, &scaleParam,1};
19.     static nvinfer1::IScaleLayer*  scale_1 =
```

```
20.        pNetwork->addScale(*data, nvinfer1::ScaleMode::kUNIFORM,
    shift, scale, power);
21.        assert(scale_1);
22.        // 添加 5×5 卷积层
23.        static nvinfer1::IConvolutionLayer* conv1 =
24.            pNetwork->addConvolutionNd(*scale_1->getOutput(0), 20,
    nvinfer1::Dims{2,{5, 5}},
25.                                        mWeightMap["conv1filter"],
26.                                        mWeightMap["conv1bias"]);
27.        assert(conv1);
28.        conv1->setStride(nvinfer1::DimsHW{1, 1});
29.        // 添加最大池化层
30.        static nvinfer1::IPoolingLayer* pool1 =
31.            pNetwork->addPoolingNd(*conv1->getOutput(0),
32.                                    nvinfer1::PoolingType::kMAX,
33.                                    nvinfer1::Dims{2,{2, 2}});
34.        assert(pool1);
35.        pool1->setStride(nvinfer1::DimsHW{2, 2});
36.        // 添加 5×5 卷积层
37.        static nvinfer1::IConvolutionLayer* conv2 =
38.            pNetwork->addConvolutionNd(*pool1->getOutput(0),50,
39.                                        nvinfer1::Dims{2,{5, 5}},
40.                                        mWeightMap["conv2filter"],
41.                                        mWeightMap["conv2bias"]);
42.        assert(conv2);
43.        conv2->setStride(nvinfer1::DimsHW{1, 1});
44.        // 添加最大池化层
45.        static nvinfer1::IPoolingLayer* pool2 =
46.            pNetwork->addPoolingNd(*conv2->getOutput(0),
47.                                    nvinfer1::PoolingType::kMAX,
48.                                    nvinfer1::Dims{2,{2, 2}});
49.        assert(pool2);
50.        pool2->setStride(nvinfer1::DimsHW{2, 2});
51.        // 添加全连接层
52.        static nvinfer1::IFullyConnectedLayer* ip1 =
53.            pNetwork->addFullyConnected(*pool2->getOutput(0),
54.                                        500,
55.                                        mWeightMap["ip1filter"],
56.                                        mWeightMap["ip1bias"]);
57.        assert(ip1);
58.        // 添加 ReLU 激活函数
59.        static nvinfer1::IActivationLayer* relu1 =
```

```
60.         pNetwork->addActivation(*ip1->getOutput(0), nvinfer1::
    ActivationType::kRELU);
61.         assert(relu1);
62.         // 添加全连接层
63.         static nvinfer1::IFullyConnectedLayer* ip2 =
64.             pNetwork->addFullyConnected(*relu1->getOutput(0),
65.                                         mParams.outputSize,
66.                                         mWeightMap["ip2filter"],
67.                                         mWeightMap["ip2bias"]);
68.         assert(ip2);
69.         // 添加 Softmax 层
70.         static nvinfer1::ISoftMaxLayer* prob =
71.             pNetwork->addSoftMax(*ip2->getOutput(0));
72.         assert(prob);
73.         prob->getOutput(0)->setName(mParams.outputTensorNames[0].c_str());
74.         pNetwork->markOutput(*prob->getOutput(0));
75.         return;
76. }
```

## 6.4.2 从 ONNX 文件中导入网络结构定义

虽然可以通过 TensorRT API 来创建网络结构定义，但是实际项目中会通过解析 ONNX 模型文件来获取网络结构定义。代码 6.24 展示了通过 ONNX 解析器来获取网络结构定义的过程。

**代码 6.24　TensorRT 解析 ONNX 文件**

```
1.  bool EngineHelper::ConstructNetWorkFromOnnx(const std::string&onnxFileName,
2.                                               nvinfer1::ILogger&logger,
3.                                               nvinfer1::INetworkDefinition*
    pNetwork){
4.      if (nullptr == pNetwork){
5.          printf("pNetwork is nullptr.\n");
6.          return false;
7.      }
8.      // delete parser
9.      nvonnxparser::IParser* parser=nvonnxparser::createParser(*pNetwork,
    logger);
10.     if (!parser){
11.         printf("createParser failure.\n");
12.         return false;
13.     }
14.     auto parsed = parser->parseFromFile(onnxFileName.c_str(),
```

```
15.                                          (int)(nvinfer1::ILogger::
    Severity::kWARNING));
16.     if (!parsed){
17.         printf("parseFromFile failure.\n");
18.         parser->destroy();
19.         return false;
20.     }
21.     parser->destroy();
22.     return true;
23. }
24.
```

### 6.4.3　TensorRT 推理引擎的序列化与反序列化

**1. TensorRT 推理引擎的序列化**

TensorRT 推理引擎的序列化有两种方式：一种是通过调用引擎对象的 Serialize 接口来完成，另一种是通过 IBuilder 对象的 buildSerialdNetwork 方法来完成。代码 6.25 展示了通过 Serialize 接口来完成 TensorRT 推理引擎序列化的过程。

**代码 6.25　TensorRT 推理引擎的序列化 1**

```
1.  bool EngineHelper::Serialize(const nvinfer1::ICudaEngine* pEngine,
2.                               const std::string& fileName){
3.      if (nullptr == pEngine || fileName.empty()){
4.          printf("Error, Input parameter error.");
5.          return false;
6.      }
7.      std::ofstream engineFile(fileName, std::ios::binary);
8.      if (!engineFile){
9.          printf("Cannot open engine file: %s", fileName.c_str());
10.         return false;
11.     }
12.     nvinfer1::IHostMemory* serialized_data = pEngine->serialize();
13.     assert(nullptr != serialized_data);
14.     engineFile.write(static_cast<char*>(serialized_data->data()),
    serialized_data->size());
15.     serialized_data->destroy();
16.     return !engineFile.fail();
17. }
```

代码 6.26 展示了通过调用 IBuilder 对象的 buildSerialdNetwork 方法来完成推理引擎序列化的过程。

**代码 6.26　TensorRT 推理引擎的序列化 2**

```
1.  bool EngineHelper::Serialize(nvinfer1::IBuilder*          pBuilder,
2.                               nvinfer1::INetworkDefinition* pNetwork,
3.                               nvinfer1::IBuilderConfig*     pConfig,
4.                               const std::string&            fileName){
5.      if (nullptr == pBuilder ||
6.          nullptr == pNetwork ||
7.          nullptr == pConfig ||
8.          fileName.empty()){
9.          printf("Error, Input parameter error.");
10.         return false;
11.     }
12.
13.     std::ofstream engineFile(fileName, std::ios::binary);
14.     if (!engineFile){
15.         printf("Cannot open engine file: %s", fileName.c_str());
16.         return false;
17.     }
18.
19.     nvinfer1::IHostMemory* serialized_data = pBuilder->buildSerializedNetwork(*pNetwork, *pConfig);
20.
21.     assert(nullptr != serialized_data);
22.     engineFile.write(static_cast<char*>(serialized_data->data()), serialized_data->size());
23.
24.     serialized_data->destroy();
25.     return !engineFile.fail();
26. }
```

除了以上两种方式，TensorRT 官方还提供了终端工具 trtexec，可以方便地通过终端执行指令来转化 ONNX 模型文件为序列化引擎文件：

```
trtexec --onnx=./mnist.onnx --saveEngine=mnist.engine --workspace=16
```

**2. TensorRT 推理引擎的反序列化**

代码 6.27 展示了 TensorRT 推理引擎的反序列化。TensorRT 推理引擎的反序列化需要通过调用运行时 IRuntime 对象的 deserializeCudaEngine 方法来完成。

**代码 6.27　TensorRT 推理引擎的反序列化**

```
1.  bool EngineHelper::Deserialize(const std::string&      fileName,
2.                                 nvinfer1::ILogger&      logger,
3.                                 nvinfer1::ICudaEngine** engine){
4.      std::ifstream engineFile(fileName, std::ios::binary);
```

255

```
5.      if (!engineFile){
6.          printf("Cannot open engine file: %s\n", fileName.c_str());
7.          return false;
8.      }
9.      engineFile.seekg(0, engineFile.end);
10.     long int fsize = engineFile.tellg();
11.     engineFile.seekg(0, engineFile.beg);
12.     std::vector<char> engineData(fsize);
13.     engineFile.read(engineData.data(), fsize);
14.     if (!engineFile){
15.         printf("Error loading engine file: %s\n", fileName.c_str());
16.         return false;
17.     }
18.     nvinfer1::IRuntime* pRuntime = nvinfer1::createInferRuntime(logger);
19.     assert(nullptr != pRuntime);
20.     *engine = pRuntime->deserializeCudaEngine(engineData.data(),
21.                                               fsize,
22.                                               nullptr);
23.     if (nullptr == *engine){
24.         printf("deserializeCudaEngine fail,\n");
25.         pRuntime->destroy();
26.         return false;
27.     }
28.     pRuntime->destroy();
29.     return true;
30. }
```

图 6.27 简单总结了 ONNX 模型文件、网络结构定义、引擎对象和序列化的引擎对象等之间的转换关系。

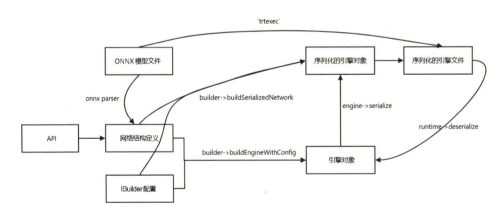

图 6.27　转换关系

### 6.4.4 TensorRT 的推理

前面介绍了创建 TensorRT 推理引擎对象的过程，在得到 TensorRT 推理引擎对象之后就可以进行后续的推理操作了。

代码 6.28 展示了 MNIST 的推理过程，要进行推理操作，一般需要经过以下几个步骤。

（1）通过引擎对象生成上下文对象。
（2）分别分配主机端和设备端的输入缓冲区与输出缓冲区。
（3）读取输入数据并存放在主机端的输入缓冲区中。
（4）调用 CUDA 接口，将输入数据从主机端的输入缓冲区复制到设备端的输入缓冲区中。
（5）调用上下文对象的推理接口执行推理操作。
（6）将设备端的输出缓冲区复制到主机端的输出缓冲区中。
（7）对主机端的输出缓冲区进行结果校验。

通过上下文对象进行推理的接口有同步和异步两种，分别是同步接口 execute / executeV2 和异步接口 enqueue / enqueueV2。

**代码 6.28　TensorRT 执行推理操作**

```
1.  static bool DoInferrenceMnistOnnx(nvinfer1::ICudaEngine* pEngine){
2.      assert(nullptr != pEngine);
3.      nvinfer1::IExecutionContext* execution_context = pEngine->createExecutionContext();
4.
5.      // 读取参数
6.      JsonHelper::ReadConfigFile(GLOBAL_DATA_DIR + "config-onnx.json");
7.      EngineConfigParams mParams = JsonHelper::ReadConfigParams();
8.
9.      // 随机读取一幅数字图像
10.     srand(unsigned(time(nullptr)));
11.     std::vector<uint8_t> fileData(mParams.inputH * mParams.inputW);
12.     auto              mNumber = rand() % mParams.outputSize;
13.     TrtUtils::ReadPGMFile(GLOBAL_DATA_DIR + std::to_string(mNumber) + ".pgm", fileData.data(), mParams.inputH, mParams.inputW);
14.
15.     for (int i = 0; i < mParams.inputH * mParams.inputW; i++){
16.         std::cout << (" .:-=+*#%@"[fileData[i] / 26]) << (((i + 1) % mParams.inputW) ? "" : "\n");
17.     }
18.
```

```
19.     // 分配主机内存
20.     float* hostInput  = (float*)malloc(mParams.inputH * mParams.inputW * sizeof(float));
21.     float* hostOutput=(float*)malloc(mParams.outputSize*sizeof(float));
22.     memset(hostOutput, 0, mParams.outputSize * sizeof(float));
23.
24.     // 数据预处理
25.     for (int i = 0; i < mParams.inputH * mParams.inputW; i++){
26.         hostInput[i] = 1.0 - float(fileData[i] / 255.0);
27.     }
28.
29.     // 分配设备内存
30.     float *deviceInput, *deviceOutput;
31.     CHECK(cudaMalloc((float**)&deviceInput, mParams.inputH * mParams.inputW * sizeof(float)));
32.     CHECK(cudaMalloc((float**)&deviceOutput, mParams.outputSize * sizeof(float)));
33.
34.     // 把数据从主机端复制到设备端
35.     CHECK(cudaMemcpy(deviceInput,
36.                     hostInput,
37.                     mParams.inputH * mParams.inputW * sizeof(float),
38.                     cudaMemcpyHostToDevice));
39.
40.     // 准备推理操作
41.     void* bindings[2] = {deviceInput, deviceOutput};
42.     assert(nullptr != execution_context);
43.
44.     bool status = execution_context->executeV2(&bindings[0]);
45.     if (!status){
46.         return false;
47.     }
48.
49.     // 将结果从设备端复制回主机端
50.     CHECK(cudaMemcpy(hostOutput,
51.                     deviceOutput,
52.                     mParams.outputSize * sizeof(float),
53.                     cudaMemcpyDeviceToHost));
54.
55.     std::cout << "\nOutput:\n"
56.                 << std::endl;
57.
```

```
58.     float maxVal{0.0f};
59.     int   idx{0};
60.
61.     // 后处理并打印输出分类结果
62.     float sum{0.0f};
63.     for (int i = 0; i < mParams.outputSize; i++){
64.         hostOutput[i] = exp(hostOutput[i]);
65.         sum += hostOutput[i];
66.     }
67.     for (int i = 0; i < mParams.outputSize; i++){
68.         hostOutput[i] /= sum;
69.         maxVal = std::max(maxVal, hostOutput[i]);
70.         if (maxVal == hostOutput[i]){
71.             idx = i;
72.         }
73.         std::cout << " Prob " << i << " " << std::fixed << std::setw(5) << std::setprecision(4) << hostOutput[i]
74.                   << " "
75.                   << "Class " << i << ": " << std::string(int(std::floor(hostOutput[i] * 10 + 0.5f)), '*')
76.                   << std::endl;
77.     }
78.     // 析构操作
79.     execution_context->destroy();
80.     CHECK(cudaFree(deviceInput));
81.     CHECK(cudaFree(deviceOutput));
82.     free(hostInput);
83.     free(hostOutput);
84. }
```

## 6.4.5　INT8 量化

量化是指将信号的连续取值近似为有限个离散值的过程，可理解成一种信息压缩的方法。TensorRT 中的模型量化就是将浮点型存储（运算）转换为整型存储（运算）的一种模型压缩技术。举个例子，即原来表示一个权重或偏置需要使用 FP32 精度，在使用了 INT8 量化后，只需使用一个 INT8 精度来表示就可以了。

我们知道，深度网络模型的结构越复杂，网络参数规模就越庞大，意味着需要更多的存储空间，而增长的浮点型计算次数意味着训练成本和计算时间的增长，这极大地限制了在资源受限设备（如智能手机、智能手环等）上的部署。模型量化就是为了达到让模型尺寸更小、运算功耗更低、内存占用更少、计算速度更快和推理精度尽量保持不变的目标。

TensorRT 的 INT8 量化去掉了偏置计算，通过线性映射的方式将激活值和权重从 FP32 转换为 INT8；执行卷积层运算得到 INT32 位激活值，如果直接使用 INT8 保存，则会造成过多的累计损失；通过再量化的方式转换回 INT8 作为下一层的输入；当网络为最后一层时，使用反量化转换回 FP32。

在 TensorRT 中创建量化网络有两种方式，一种是训练后量化（Post-Training Quantization，PTQ），也叫隐式量化。TensorRT 为 PTQ 提供了一个固定的工作流程，称为校准（Calibration），即当网络在代表性输入数据上执行时，测量每个激活张量内的激活分布，并使用该分布来估计张量的缩放因子。

另一种是量化感知训练（Quantization-Aware Training，QAT），即在训练期间计算比例因子。这种方式允许训练过程补偿和去除量化操作的影响。

PTQ 不需要训练，只需提供一些样本图像，在已经训练好的模型上进行校准，统计出所需权重和激活值的缩放因子就可以实现后续的量化操作。具体使用方式就是导出 ONNX 模型，在将其转换为 TensorRT 引擎对象之前使用 TensorRT 提供的 Calibration 方法来校准。目前，TensorRT 提供了多种 PTQ 算法，分别适用于不同的任务。

（1）IInt8EntropyCalibrator2：Entropy 校准器，选择张量的比例因子进行优化，通常会抑制分布中的异常值。这是当前 TensorRT 官方比较推荐的校准器优化算法。在默认情况下，Entropy 校准发生在层间融合之前，推荐用于基于 CNN 的网络。

（2）IInt8MinMaxCalibrator：MinMax 校准器，使用激活分布的整个范围来确定比例因子。在默认情况下，MinMax 校准发生在层间融合之前，更适用于 NLP 任务。

（3）IInt8EntropyCalibrator：原始的 Entropy 校准器。它的使用没有 IInt8LegacyCalibrator 复杂，通常会得到更好的结果。在默认情况下，该校准发生在层间融合之后。

（4）IInt8LegacyCalibrator：此校准器是为了与 TensorRT 2.0 EA 版本兼容而出现的。Legacy 校准器需要用户设置参数，并且在其他校准器产生不良结果时作为备用选项使用。在默认情况下，Legacy 校准发生在层间融合之后。

在通过上述这些算法进行量化时，TensorRT 会在优化网络时尝试 INT8 精度，假如某一层在 INT8 精度下的速度优于默认精度（FP32 或 FP16），则优先使用 INT8 精度。

以设置 Int8EntropyCalibrator 为例，在 TensorRT 中，PTQ 的一般步骤如下。

（1）通过 IBuilder 的配置对象设置 INT8 标志。

（2）继承 IInt8EntropyCalibrator2 接口，并实现该接口。

（3）实例化步骤（2）中的校准对象，并将该校准对象传给构建器的配置对象。

通过上面的设置之后，在构建阶段，TensoRT 会反复调用 getBatch 来获取输入图像并测量每个激活张量内的激活分布。在校准完成之后会调用 writeCalibrationCache (const void* cache, size_t length) 接口来缓存校准结果。

量化感知训练也叫显式量化，是 TensorRT8 的一个"新特性"，这个特性其实是指 TensorRT 有直接加载 QAT 模型的能力。QAT 模型是指包含 Q-DQ 操作的量化模型。其中，D 指 QuantizeLiner 模块，DQ 指 DequantizeLiner 模块。TensorRT-8 可以显式地载入包含 QAT 量化信息的 ONNX 模型，在实现一系列优化后，生成 INT8 的推理引擎。QAT 模型中的 Q-DQ 操作如图 6.28 所示。

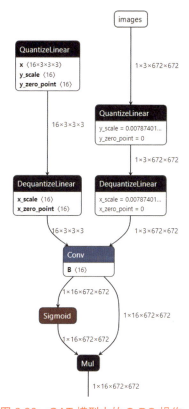

图 6.28　QAT 模型中的 Q-DQ 操作

### 6.4.6　TensorRT 的插件开发

TensorRT 插件存在的目的主要是实现 TensorRT 目前还不支持的算子。TensorRT 的插件开发一般可以分为插件实现和插件注册两个步骤。

本节以含有 CoordConv 卷积算子的 MNIST 网络为例进行插件开发的讲解。

如图 6.29 所示，ONNX 中操作名称为 CoordConvAC 的每个节点都将映射到该插件。CoordConv 节点应跟随在每个 CoordConvAC 节点之后。

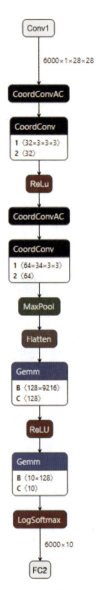

图6.29 带有CoordConv卷积算子的MNIST网络结构图

**1. 插件实现**

目前，TensorRT 支持 3 种插件接口：IPluginV2Ext、IPluginV2IOExt 和 IPluginV2DynamicExt。以 IPluginV2Ext 为例，自定义的插件需要实现 nvinfer1::IPluginV2Ext 和 nvinfer1::IPluginCreator 两个接口类。

代码6.29所示为接口类 nvinfer1::IPluginV2Ext 的主要接口函数，其中，serialize 用于插件的序列化，enqueue 用于插件的推理。

#### 代码 6.29　接口类 nvinfer1:: IPluginV2Ext 的主要接口函数

```
1. virtual void serialize(void* buffer) const noexcept = 0;
2. virtual int32_t enqueue(int32_t          batchSize,
3.                         void const* const* inputs,
4.                         void* const*       outputs,
5.                         void*              workspace,
6.                         cudaStream_t       stream) noexcept = 0;
```

代码 6.30 所示为接口类 nvinfer1::IPluginCreator 的主要接口函数，其中，createPlugin 用于创建 nvinfer1:: IPluginV2Ext 的实现类对象，deserializePlugin 用于进行 nvinfer1:: IPluginV2Ext 的实现类对象的反序列化。

#### 代码 6.30　接口类 nvinfer1::IPluginCreator 的主要接口函数

```
1. virtual IPluginV2* createPlugin(AsciiChar const* name,
2.                                 PluginFieldCollection const* fc) noexcept=0;
3.
4. virtual IPluginV2* deserializePlugin(AsciiChar const* name,
5.                                      void const* serialData,
6.                                      size_t serialLength) noexcept= 0;
```

**2. 插件注册**

如代码 6.31 所示，TensorRT 插件注册有多种方式，其中一种方式是使用原生 API 进行注册。在代码 6.31 中，类 CoordConvACPluginCreator 是 nvinfer1::IPluginCreator 的实现类。

#### 代码 6.31　TensorRT 插件注册

```
1. std::unique_ptr<CoordConvACPluginCreator> pluginCreator{new
   CoordConvACPluginCreator{}};
2.
3. pluginCreator->setPluginNamespace("");
4.
5. bool status = getPluginRegistry()->registerCreator(*pluginCreator, "");
6. if (status){
7.     printf("register successfully.\n");
8. }
```

## 6.5　TensorRT 模型部署实例

本节以 YOLOv5 模型为例来详细介绍 TensorRT 模型的部署过程。

## 6.5.1 使用 OpenCV 进行前处理

在计算机视觉中,一般网络模型的输入的尺寸是固定的,因此,在将图像输入网络模型之前,需要将图像尺寸处理为模型可以接收的尺寸,故需要对输入图像进行包含缩放和平移在内的仿射变换,除此之外,还要将图像处理为推理框架所需的图像格式。例如,TensorRT 框架支持的格式是 RGB-NCHW,因此需要将 RGB-NHWC 格式转化为 RGB-NCHW 格式。

如代码 6.32 所示,该部分主要是基于 CPU 实现前处理的操作,这里主要是通过仿射变换矩阵的形式来实现的,而不是直接使用 cv::resize 进行操作的:首先通过第 2~18 行代码计算出仿射变换矩阵,其次使用 cv::warpAffine 完成图形的缩放,然后将 RGB-NHWC 格式转化为 RGB-NCHW 格式,并在最后完成图形的归一化操作。

**代码 6.32　CPU 前处理操作**

```
1.  void cpu_preprocess(float* input_data_host, cv::Mat image, cv::Mat&
    outImg){
2.      int     input_width   = outImg.cols;
3.      int     input_height  = outImg.rows;
4.      // 通过双线性插值对图像进行缩放
5.      float scale_x        = input_width / (float)image.cols;
6.      float scale_y        = input_height / (float)image.rows;
7.      float scale          = std::min(scale_x, scale_y);
8.      float i2d[6], d2i[6];
9.      // 缩放图像,使源图像和目标图像的几何中心对齐
10.     i2d[0] = scale;
11.     i2d[1] = 0;
12.     i2d[2] = (-scale * image.cols + input_width + scale - 1) * 0.5;
13.     i2d[3] = 0;
14.     i2d[4] = scale;
15.     i2d[5] = (-scale * image.rows + input_height + scale - 1) * 0.5;
16.     cv::Mat m2x3_i2d(2, 3, CV_32F, i2d);
17.     cv::warpAffine(image,
18.                    outImg,
19.                    m2x3_i2d,
20.                    outImg.size(),
21.                    cv::INTER_LINEAR,
22.                    cv::BORDER_CONSTANT,
23.                    cv::Scalar::all(114));
24.     // 将 RGB-NHWC 格式转化为 RGB-NCHW 格式
25.     int     image_area    = outImg.cols * outImg.rows;
26.     unsigned char* pimage       = outImg.data;
```

```
27.    float*          phost_b    = input_data_host + image_area * 0;
28.    float*          phost_g    = input_data_host + image_area * 1;
29.    float*          phost_r    = input_data_host + image_area * 2;
30.
31.    for (int i = 0; i < image_area; ++i, pimage += 3){
32.        *phost_r++ = pimage[0] / 255.0f;
33.        *phost_g++ = pimage[1] / 255.0f;
34.        *phost_b++ = pimage[2] / 255.0f;
35.    }
36.}
```

## 6.5.2 使用 CUDA 加速前处理

6.5.1 节介绍了通过 OpenCV 进行图像的预处理等相关操作，本节介绍通过 CUDA 对图像进行仿射变换。

代码 6.33 展示了使用 CUDA 核函数的方式结合仿射变换矩阵实现图形的前处理操作，接口 compute 用于计算仿射变换矩阵和逆仿射变换矩阵。

**代码 6.33　CUDA 前处理操作**

```
1.  struct AffineMatrix{
2.      float affineMatrix[6];         // 2×3 仿射变换矩阵
3.      float invertAffineMatrix[6];   // 2×3 逆仿射变换矩阵
4.      // 计算仿射变换矩阵
5.      void compute(const Size& from, const Size& to){
6.          float scale_x= to.width / (float)from.width;
7.          float scale_y= to.height / (float)from.height;
8.          float scale= min(scale_x, scale_y);
9.
10.         affineMatrix[0] = scale;
11.         affineMatrix[1] = 0;
12.         affineMatrix[2]=-scale*from.width*0.5+to.width*0.5+scale*0.5-0.5;
13.
14.         affineMatrix[3]= 0;
15.         affineMatrix[4]= scale;
16.         affineMatrix[5]=-scale*from.height*0.5+to.height*0.5+scale*0.5-0.5;
17.
18.         float i00            = affineMatrix[0];
19.         float i01            = affineMatrix[1];
20.         float i02            = affineMatrix[2];
21.         float i10            = affineMatrix[3];
22.         float i11            = affineMatrix[4];
23.         float i12            = affineMatrix[5];
```

```
24.        // 计算行列式
25.        float D                  = i00 * i11 - i01 * i10;
26.        D                        = (D != 0) ? (1.0 / D) : 0;
27.        // 用剩余的伴随矩阵除以行列式
28.        float A11                = i11 * D;
29.        float A22                = i00 * D;
30.        float A12                = -i01 * D;
31.        float A21                = -i10 * D;
32.        float b1                 = -A11 * i02 - A12 * i12;
33.        float b2                 = -A21 * i02 - A22 * i12;
34.
35.        invertAffineMatrix[0] = A11;
36.        invertAffineMatrix[1] = A12;
37.        invertAffineMatrix[2] = b1;
38.        invertAffineMatrix[3] = A21;
39.        invertAffineMatrix[4] = A22;
40.        invertAffineMatrix[5] = b2;
41.    }
42. };
```

仿射变换矩阵是将源图像变为目标图像的过程，而逆仿射变换矩阵是将目标图像变换为源图像的过程。

如代码 6.34 所示，在实际操作中，从源图像变换为目标图像，一般过程是遍历目标图像中的点坐标，通过逆变换（反向映射）找到源图像中的坐标，在该坐标周围区域进行双线性插值操作，并映射回目标图像。

代码 6.34  仿射变换矩阵的核函数

```
1.  __device__ void affine_project(float* matrix,          //仿射变换矩阵
2.                                 int    ix,             //输入变换点
3.                                 int    iy,
4.                                 float* ox,             //输出变换点
5.                                 float* oy);
6.
7.  __global__ void warp_affine_bilinear_kernel(uint8_t* src,
8.                                              int      src_line_size,
9.                                              int      src_width,
10.                                             int      src_height,
11.                                             uint8_t* dst,
12.                                             int      dst_line_size,
13.                                             int      dst_width,
14.                                             int      dst_height,
15.                                             uint8_t  fill_value,
```

```
16.                                                AffineMatrix matrix){
17.     int dx = blockDim.x * blockIdx.x + threadIdx.x;
18.     int dy = blockDim.y * blockIdx.y + threadIdx.y;
19.     // 遍历目标图像的所有像素点
20.     if (dx >= dst_width || dy >= dst_height)
21.         return;
22.
23.     float c0 = fill_value, c1 = fill_value, c2 = fill_value;
24.     float src_x = 0;
25.     float src_y = 0;
26.
27.     // 反向映射，将目标图像的像素点坐标映射回源图像，得到源图像上的像素点坐标
        (src_x,src_y)，映射后的坐标值可能是浮点型数值
28.     affine_project(matrix.invertAffineMatrix, dx, dy, &src_x, &src_y);
29.     // 对映射回来的坐标进行判断
30.     if (src_x < -1||src_x >= src_width||src_y < -1||src_y >= src_height){
31.         // 如果超出范围，则不做处理
32.     }
33.     else{
34.         // 在坐标点(src_x,src_y)周围确定一个矩形区域，进行后续的双线性插值操作
35.         int      y_low          = floorf(src_y);
36.         int      x_low          = floorf(src_x);
37.         int      y_high         = y_low + 1;
38.         int      x_high         = x_low + 1;
39.
40.         uint8_t  const_values[] = {fill_value, fill_value, fill_value};
41.         float    ly             = src_y - y_low;
42.         float    lx             = src_x - x_low;
43.         float    hy             = 1 - ly;
44.         float    hx             = 1 - lx;
45.         float    w1 = hy * hx, w2 = hy * lx, w3 = ly * hx, w4 = ly * lx;
46.
47.         // 设置矩形的 4 个角点的初始像素值
48.         uint8_t* v1 = const_values;
49.         uint8_t* v2 = const_values;
50.         uint8_t* v3 = const_values;
51.         uint8_t* v4 = const_values;
52.
53.         // 计算 4 个角点在内存中指向的位置
54.         if (y_low >= 0){
55.             if (x_low >= 0)
56.                 v1 = src + y_low * src_line_size + x_low * 3;
```

```
57.            if (x_high < src_width)
58.                v2 = src + y_low * src_line_size + x_high * 3;
59.            }
60.
61.        if (y_high < src_height){
62.            if (x_low >= 0)
63.                v3 = src + y_high * src_line_size + x_low * 3;
64.            if (x_high < src_width)
65.                v4 = src + y_high * src_line_size + x_high * 3;
66.            }
67.
68.            // 取像素值并计算融合之后的像素值
69.            c0 = floorf(w1*v1[0]+w2 * v2[0] + w3 * v3[0] + w4 * v4[0] + 0.5f);
70.            c1 = floorf(w1*v1[1]+w2 * v2[1] + w3 * v3[1] + w4 * v4[1] + 0.5f);
71.            c2 = floorf(w1*v1[2]+w2 * v2[2] + w3 * v3[2] + w4 * v4[2] + 0.5f);
72.        }
73.     auto      index = dy * dst_line_size + dx * 3;
74.     uint8_t* pdst    = dst + index;
75.     pdst[0]         = c0;
76.     pdst[1]         = c1;
77.     pdst[2]         = c2;
78. }
79.
80. __device__ void affine_project(float* matrix,        //仿射变换矩阵
81.                                int    ix,            //输入变换点
82.                                int    iy,
83.                                float* ox,            //输出变换点
84.                                float* oy){
85.     // matrix
86.     // m0, m1, m2
87.     // m3, m4, m5
88.     *ox = matrix[0] * ix + matrix[1] * iy + matrix[2];
89.     *oy = matrix[3] * ix + matrix[4] * iy + matrix[5];
90. }
```

### 6.5.3　使用 TensorRT 对 YOLOv5 进行推理加速

YOLOv5 的 TensorRT 推理过程如代码 6.35 所示。在对输入图像进行预处理之后就可以进行下一步的推理操作了。TenorRT 的基本推理流程可以参考 6.4 节。

**代码 6.35　YOLOv5 的 TensorRT 推理过程**

```cpp
1.  void cpu_preprocess(float* input_data_host, cv::Mat image, cv::Mat& outImg);
2.  void drawImg(const cv::Mat& inputImg, const std::vector<Box>& box_result);
3.  std::vector<Box> cpu_decode(float* predict,
4.                              int    rows,
5.                              int    cols,
6.                              float  confidence_threshold = 0.25f,
7.                              float  nms_threshold        = 0.5f);
8.
9.  void DoInferrence(nvinfer1::ICudaEngine* engine){
10.     if (engine->getNbBindings() != 2){
11.         printf("Onnx bindings error.\n");
12.         return;
13.     }
14.
15.     cudaStream_t stream{nullptr};
16.     CHECK(cudaStreamCreate(&stream));
17.     auto   execution_context = engine->createExecutionContext();
18.
19.     int input_batch = 1;
20.     int input_channel = 3;
21.     int input_height = 640;
22.     int input_width = 640;
23.     int input_numel=input_batch*input_channel*input_height * input_width;
24.     float* input_data_host    = nullptr;
25.     CHECK(cudaMallocHost(&input_data_host, input_numel * sizeof(float)));
26.     float* input_data_device{nullptr};
27.     CHECK(cudaMalloc(&input_data_device, input_numel * sizeof(float)));
28.     // 读取一幅图像，并进行预处理
29.     auto   image = cv::imread(DATA_DIR + "car.jpg");
30.     cv::Mat input_image(input_height, input_width, CV_8UC3);
31.     cpu_preprocess(input_data_host, image, input_image);
32.     // 将预处理之后的数据复制到设备端
33.     CHECK(cudaMemcpyAsync(input_data_device,
34.                           input_data_host,
35.                           input_numel * sizeof(float),
36.                           cudaMemcpyHostToDevice,
37.                           stream));
38.     auto   output_dims    = engine->getBindingDimensions(1);
39.     int    output_numbox  = output_dims.d[1];
```

```cpp
40.    int    output_numprob = output_dims.d[2];
41.    int    num_classes    = output_numprob - 5;
42.    int    output_numel   = input_batch * output_numbox * output_numprob;
43.
44.    float* output_data_host{nullptr};
45.    float* output_data_device{nullptr};
46.    CHECK(cudaMallocHost(&output_data_host, sizeof(float) * output_numel));
47.    CHECK(cudaMalloc(&output_data_device, sizeof(float) * output_numel));
48.    // 针对动态批次的onnx，显示设置批次大小
49.    auto input_dims = engine->getBindingDimensions(0);
50.    input_dims.d[0] = input_batch;
51.    execution_context->setBindingDimensions(0, input_dims);
52.    // 执行推理操作
53.    float* bindings[] = {input_data_device, output_data_device};
54.    bool success=execution_context->enqueueV2((void**)bindings,stream,
   nullptr);
55.    // 将推理结果复制回主机端
56.    CHECK(cudaMemcpyAsync(output_data_host,
57.                          output_data_device,
58.                          sizeof(float) * output_numel,
59.                          cudaMemcpyDeviceToHost,
60.                          stream));
61.    CHECK(cudaStreamSynchronize(stream));
62.    // 对模型的输出结果进行解码
63.    auto box_result = cpu_decode(output_data_host, 25200, 85);
64.    // 将结果框绘制于图像上
65.    drawImg(input_image, box_result);
66.    // 执行析构操作
67.    execution_context->destroy();
68.    CHECK(cudaStreamDestroy(stream));
69.    CHECK(cudaFreeHost(input_data_host));
70.    CHECK(cudaFreeHost(output_data_host));
71.    CHECK(cudaFree(input_data_device));
72.    CHECK(cudaFree(output_data_device));
73. }
```

## 6.5.4　YOLOv5 的 CPU 和 CUDA 后处理

在执行完推理操作之后，需要对模型的输出进行解码和后处理（NMS）操作。YOLOv5 原始模型的输出是 1 个 $N×85$ 的 Tensor，其中 85 包含 cx、cy、width、height、 objness 和 80 个分类的概率值。

针对模型输出进行解码和 NMS 操作的一般步骤如下。

（1）第一轮筛选：遍历每个预测结果，去除检测框的置信度过低的结果，并解码出检测框。

（2）对于通过第一轮筛选的检测框，根据置信度从高到低排序。

（3）第二轮筛选：根据置信度的"优秀程度"遍历通过第一轮筛选的检测框，并去除相同标签的重叠度过高的检测框。

如代码 6.36 所示，这里基于 CPU 端完成了预测结果的解码，以及使用 NMS 操作去除冗余的检测框工作（这里主要是通过 cpu_decode 函数来实现的）。

**代码 6.36　在 CPU 端实现 NMS**

```cpp
1.  std::vector<Box> cpu_decode(float* predict,   // YOLOv5 的输出
2.                              int     rows,     // rows 个预测结果
3.                              int     cols,     // 1 个预测结果包含的信息
4.                              float   confidence_threshold = 0.25f,// 置信度
5.                              float   nms_threshold = 0.5f){
6.      std::vector<Box> boxes;
7.      int num_classes = cols - 5;   // 分类结果的个数，即 80
8.      // 第一轮筛选
9.      for (int i = 0; i < rows; ++i){
10.         float* pitem  = predict + i * cols;  // pitem 指向每行的行首地址
11.         // 如果置信度过低，则继续
12.         float  objness = pitem[4];   // pitem[4] 指向 objness
13.         if (objness < confidence_threshold)
14.             continue;
15.         float* pclass  = pitem + 5;  // pclass 指向第一个分类的结果
16.         // std::max_element() 返回的是迭代器
17.         // 从 pclass 指向的第一个分类结果开始，分类标签从 0 开始递增
18.         int label = std::max_element(pclass, pclass + num_classes) - pclass;
19.         // 取出概率值
20.         float  prob      = pclass[label];
21.         // 框的置信度
22.         float  confidence = prob * objness;
23.         if (confidence < confidence_threshold)
24.             continue;
25.         float cx  = pitem[0];
26.         float cy  = pitem[1];
```

```
27.          float width  = pitem[2];
28.          float height = pitem[3];
29.
30.          float left   = cx - width * 0.5;
31.          float top    = cy - height * 0.5;
32.          float right  = cx + width * 0.5;
33.          float bottom = cy + height * 0.5;
34.
35.          boxes.emplace_back(left,top,right,bottom,confidence,(float)label);
36.      }
37.
38.      // 针对通过第一轮筛选的检测框,根据置信度从高到低排序
39.      std::sort(boxes.begin(), boxes.end(), [](Box& a, Box& b){
40.              return a.confidence > b.confidence;
41.          });
42.      std::vector<bool> remove_flags(boxes.size());
43.      std::vector<Box>  box_result;
44.
45.      // vector.reserve(n): Requests that the vector capacity be at least enough to contain n elements.
46.      box_result.reserve(boxes.size());
47.
48.      // 计算交并比
49.      auto iou = [](const Box& a, const Box& b){
50.          float cross_left   = std::max(a.left, b.left);
51.          float cross_top    = std::max(a.top, b.top);
52.          float cross_right  = std::min(a.right, b.right);
53.          float cross_bottom = std::min(a.bottom, b.bottom);
54.          float cross_area   = std::max(0.0f, cross_right - cross_left) * std::max(0.0f, cross_bottom - cross_top);
55.          float union_area   = std::max(0.0f, a.right - a.left) * std::max(0.0f, a.bottom - a.top) + std::max(0.0f, b.right - b.left) * std::max(0.0f, b.bottom - b.top) - cross_area;
56.          if (cross_area == 0 || union_area == 0)
57.              return 0.0f;
58.          return cross_area / union_area;
59.      };
60.      // 第二轮筛选
61.      for (int i = 0; i < boxes.size(); ++i){
```

```
62.        // 如果设置了移除标记,则继续处理下一个
63.        if (remove_flags[i])
64.            continue;
65.        // 如果未设置移除标记,则"晋级"
66.        auto& ibox = boxes[i];
67.        box_result.emplace_back(ibox);
68.        // 将该"晋级"的检测框与后面所有的检测框进行比较,看有没有重复
69.        for (int j = i + 1; j < boxes.size(); ++j){
70.            // 如果设置了移除标记,则继续处理下一个
71.            if (remove_flags[j])
72.                continue;
73.            // 如果没有设置移除标记,则比较两者的标签类别
74.            auto& jbox = boxes[j];
75.            if (ibox.label == jbox.label){
76.                // class matched
77.                // 如果两者属于同一类,则比较两者的交并比
78.                // 如果重叠度过高,就把置信度排名低的那个标记为移除状态
79.                if (iou(ibox, jbox) >= nms_threshold)
80.                    remove_flags[j] = true;
81.            }
82.        }
83.    }
84.    // 遍历完之后,box_result 包含了去重之后的最优检测框
85.    return box_result;
86.}
```

代码 6.36 虽然可以得到最优检测框,但是代码中存在双重循环等耗时操作,因此解码和去重操作可以通过 CUDA 在设备端完成。

## 6.6　NCNN 模型部署

### 6.6.1　NCNN 部署流程

这里以 LeNet 为例对 NCNN 部署流程进行示意讲解。首先基于 PyTorch 搭建 LeNet,并基于 MNIST 数据集进行训练。LeNet 的 ONNX 结构图如图 6.30 所示。

图 6.30 LeNet 的 ONNX 结构图

如代码 6.37 所示，使用 PyTorch 进行 LeNet 模型结构的搭建。

**代码6.37　使用PyTorch搭建LeNet模型结构**

```python
1.  class Model(Module):
2.      def __init__(self):
3.          super(Model, self).__init__()
4.          self.conv1 = nn.Conv2d(1, 6, 5)
5.          self.relu1 = nn.ReLU()
6.          self.pool1 = nn.MaxPool2d(2)
7.          self.conv2 = nn.Conv2d(6, 16, 5)
8.          self.relu2 = nn.ReLU()
9.          self.pool2 = nn.MaxPool2d(2)
10.         self.fc1 = nn.Linear(256, 120)
11.         self.relu3 = nn.ReLU()
12.         self.fc2 = nn.Linear(120, 84)
13.         self.relu4 = nn.ReLU()
14.         self.fc3 = nn.Linear(84, 10)
15.         self.relu5 = nn.ReLU()
16.
17.     def forward(self, x):
18.         y = self.conv1(x)
19.         y = self.relu1(y)
20.         y = self.pool1(y)
21.         y = self.conv2(y)
22.         y = self.relu2(y)
23.         y = self.pool2(y)
24.         y = y.view(y.shape[0], -1)
25.         y = self.fc1(y)
26.         y = self.relu3(y)
27.         y = self.fc2(y)
28.         y = self.relu4(y)
29.         y = self.fc3(y)
30.         y = self.relu5(y)
31.         return y
```

对于NCNN部署，这里需要先将PyTorch模型转为ONNX模型，然后使用ONNX2NCNN工具将ONNX模型转换为NCNN部署所需的保存权重的.bin文件和保存模型结构的.param文件。完成上述操作后便可以基于NCNN进行模型的部署了。

代码6.38展示了基于OpenCV和NCNN实现基本的前处理过程。首先通过OpenCV的cv::imread来读取图像；然后基于NCNN框架的ncnn::Mat::from_pixels_resize进行图像缩放，这里需要传入具体的参数，如实际的宽度和高度，以及目标尺寸28和28。

首先将ONNX文件转换为NCNN的.bin和.param文件，然后使用NCNN的推理接口进行实际的推理。

**代码 6.38　基于 OpenCV 和 NCNN 实现前处理**

```cpp
1.  #include <opencv2/core/core.hpp>
2.  #include <opencv2/highgui/highgui.hpp>
3.  #include "net.h"
4.  #include <stdio.h>
5.
6.  int main(int argc, char *argv[]){
7.      // 读取图像
8.      cv::Mat img = cv::imread(argv[1]);
9.      int w = img.cols;
10.     int h = img.rows;
11.     // 将 OpenCV 读取的图像转换为 NCNN 所需的 Mat 形式，同时进行缩放
12.     ncnn::Mat in = ncnn::Mat::from_pixels_resize(img.data, ncnn::Mat::PIXEL_BGR2GRAY, w, h, 28, 28);
13.     ncnn::Net net;
14.     // 加载模型结构
15.     net.load_param("../lenet.param");
16.     // 加载权重
17.     net.load_model("../lenet.bin");
18.     // 构建执行器
19.     ncnn::Extractor ex = net.create_extractor();
20.     ex.set_light_mode(true);
21.     ex.set_num_threads(4);
22.     // 将图像输入执行器中进行推理
23.     ex.input("image", in);
24.     ncnn::Mat oup;
25.     // 得到推理结果
26.     ex.extract("output", oup);
27.     // 打印输出
28.     for (int i = 0; i < 10; i++) {
29.         printf("[%d] %f \n", i, oup.channel(0)[i]);
30.     }
31.     return 0;
32. }
```

### 6.6.2　使用 NCNN 部署 NanoDet

**1. NanoDet 的前处理**

对于 NanoDet 的前处理，主要是对于图像的缩放操作，这里的缩放操作与 YOLOv5 中训练阶段的处理形式一样，选择图像宽高中的最大边进行比例缩放，并对短边进行填充，如图 6.31 所示。

图 6.31　NanoDet 结构图

NanoDet 的预处理形式是由 OpenCV 完成的，如代码 6.39 所示，这里主要使用固定的宽高比并结合第 32 行代码的 cv::resize 完成图形的缩放。同时，为了能够保证缩放后的图形能够达到目标尺寸，这里还需要根据目标尺寸和实际缩放后的图像进行填充操作。这里在实操上是直接将缩放后的图像平铺在通过目标尺寸生成的全零图像上的。

**代码 6.39　OpenCV 实现图像缩放**

```cpp
1.  int resize_uniform(cv::Mat& src, cv::Mat& dst, cv::Size dst_size,
       object_rect& effect_area){
2.      int w = src.cols;
3.      int h = src.rows;
4.      int dst_w = dst_size.width;
5.      int dst_h = dst_size.height;
6.      // 生成目标尺寸的全零图像
7.      dst = cv::Mat(cv::Size(dst_w, dst_h), CV_8UC3, cv::Scalar(0));
8.      // 计算原始图像与目标图像的宽高比
9.      float ratio_src = w * 1.0 / h;
10.     float ratio_dst = dst_w * 1.0 / dst_h;
11.     int tmp_w = 0;
12.     int tmp_h = 0;
13.     // 判断大小边
14.     if (ratio_src > ratio_dst) {
15.         tmp_w = dst_w;
16.         tmp_h = floor((dst_w * 1.0 / w) * h);
17.     }
18.     else if (ratio_src < ratio_dst) {
19.         tmp_h = dst_h;
20.         tmp_w = floor((dst_h * 1.0 / h) * w);
```

```
21.    }
22.    else {
23.        cv::resize(src, dst, dst_size);
24.        effect_area.x = 0;
25.        effect_area.y = 0;
26.        effect_area.width = dst_w;
27.        effect_area.height = dst_h;
28.        return 0;
29.    }
30.    cv::Mat tmp;
31.    // 依靠最大边进行比例缩放，得到 tmp 图像
32.    cv::resize(src, tmp, cv::Size(tmp_w, tmp_h));
33.    //将 tmp 图像根据中心位置放置在前面生成的全零图像中
34.    if (tmp_w != dst_w) {
35.        int index_w = floor((dst_w - tmp_w) / 2.0);
36.        for (int i = 0; i < dst_h; i++) {
37.            memcpy(dst.data + i * dst_w * 3+index_w * 3, tmp.data + i * tmp_w * 3, tmp_w * 3);
38.        }
39.        effect_area.x = index_w;
40.        effect_area.y = 0;
41.        effect_area.width = tmp_w;
42.        effect_area.height = tmp_h;
43.    }
44.    else if (tmp_h != dst_h) {
45.        int index_h = floor((dst_h - tmp_h) / 2.0);
46.        memcpy(dst.data+index_h*dst_w*3,tmp.data,tmp_w*tmp_h*3);
47.        effect_area.x = 0;
48.        effect_area.y = index_h;
49.        effect_area.width = tmp_w;
50.        effect_area.height = tmp_h;
51.    }
52.    else {
53.        printf("error\n");
54.    }
55.    return 0;
56. }
```

经过前处理后，便要将其转换成 NCNN 框架推理所需的数据形式来进行推理，这里还涉及减均值、除方差的问题。这里的 NCNN 由对应的接口一次性完成。NCNN 方面的前处理如代码 6.40 所示。

### 代码 6.40　NCNN 方面的前处理

```cpp
1.  // NanoDet 的前处理操作
2.  void NanoDet::preprocess(cv::Mat& image, ncnn::Mat& in){
3.      int img_w = image.cols;
4.      int img_h = image.rows;
5.      // 将 OpenCV 处理后得到的 cv::Mat 转化为 NCNN 推理所需的 Mat 形式
6.      in=ncnn::Mat::from_pixels(image.data,ncnn::Mat::PIXEL_BGR,img_w,img_h);
7.      // 均值
8.      const float mean_vals[3] = { 103.53f, 116.28f, 123.675f };
9.      // 方差
10.     const float norm_vals[3] = { 0.017429f, 0.017507f, 0.017125f };
11.     // 对输入图像进行减均值、除方差操作
12.     in.substract_mean_normalize(mean_vals, norm_vals);
13. }
```

#### 2. NanoDet 的 NCNN 推理加速

模型推理是 NCNN 部署中最为简单的一个步骤，这里只需通过 PyTorch 指定的接口将 NanoDet 训练得到的权重导出为 ONNX 模型，经过 onnx2ncnn 转换为 NCNN 推理框架所需的 .param 文件和 .bin 文件即可。这里的 .param 文件用于存储网络的结构，而 .bin 文件则是用来存储权重值的文件。

关于 NCNN 模型推理的 C++实现如代码 6.41 所示。

### 代码 6.41　关于 NCNN 模型推理的 C++实现

```cpp
1.  std::vector<BoxInfo> NanoDet::detect(cv::Mat image,float score_threshold,
    float nms_threshold){
2.      ncnn::Mat input;
3.      preprocess(image, input);
4.      // 构建执行器
5.      auto ex = this->Net->create_extractor();
6.      // 是否设置 light 模式
7.      ex.set_light_mode(false);
8.      // 设置线程数
9.      ex.set_num_threads(4);
10. #if NCNN_VULKAN
11.     // 如果使用 GPU，则设置该模式
12.     ex.set_vulkan_compute(this->hasGPU);
13. #endif
14.     // 将输入数据传送到执行器中
15.     ex.input("data", input);
16.     std::vector<std::vector<BoxInfo>> results;
17.     results.resize(this->num_class);
18.     // 定义输出的 ncnn Mat
19.     ncnn::Mat out;
```

```
20.     // 将执行器的执行结果传送到 out 中
21.     ex.extract("output", out);
22.     // 生成 center priors in format of (x, y, stride)
23.     std::vector<CenterPrior> center_priors;
24.     generate_grid_center_priors(this->input_size[0], this->input_size[1], this->strides, center_priors);
25.     // 对模型的输出进行解码
26.     this->decode_infer(out, center_priors, score_threshold, results);
27.     std::vector<BoxInfo> dets;
28.     for (int i = 0; i < (int)results.size(); i++){
29.         // 使用 NMS 算法过滤多余的 box, 得到最终输出
30.         this->nms(results[i], nms_threshold);
31.         for (auto box : results[i]){
32.             dets.push_back(box);
33.         }
34.     }
35.     return dets;
36. }
```

在上述的推理代码中,还有关于后处理的部分,主要涉及的函数为 generate_grid_center_priors、decode_infer 和 NMS。

### 3. NanoDet 模型后处理

模型后处理是部署过程中非常重要的一个环节,主要涉及对低分检测框的过滤和对冗余检测框的筛选,不过,首先还是要对模型检测框的结果进行解码。

关于 NanoDet,其在模型的最后有两个输出结果,一个是检测框的得分,另一个是检测框的坐标预测结果。

对于检测框的解码,如图 6.32 所示,首先根据原始图像的宽、高和下采样的倍数进行先验中心点的划分,然后将 NanoDet 预测的 DFL-Pred 进行 Softmax 归一化,最后进行求积分操作,得到当前中心先验点对应的 4 个偏移量。

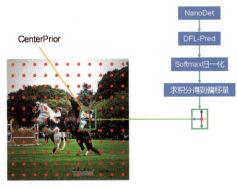

图 6.32 检测框的解码

代码 6.42 实现了上述关于检测框的解码，主要对 NanoDet 的 DFL-Head 预测的结果进行解码，首先如函数 NanoDet::disPred2Bbox 所示，对 DFL-Head 的预测结果进行 Softmax 归一化，然后使用 for 循环求取积分，得到表示实际偏移量的值；而代码中的 NanoDet::decode_infer 函数主要对低分检测框进行剔除。

代码 6.42　NanoDet 的后处理操作

```cpp
1.  void NanoDet::decode_infer(ncnn::Mat& feats, std::vector<CenterPrior>&
    center_priors, float threshold, std::vector<std::vector<BoxInfo>>&
    results){
2.      const int num_points = center_priors.size();
3.      for (int idx = 0; idx < num_points; idx++){
4.          // 根据索引 idx 得到中心位置(x,y)
5.          const int ct_x = center_priors[idx].x;
6.          const int ct_y = center_priors[idx].y;
7.          // 得到中心位置对应的下采样 stride 值
8.          const int stride = center_priors[idx].stride;
9.          // 根据索引得到特征对应的 score
10.         const float* scores = feats.row(idx);
11.         float score = 0;
12.         int cur_label = 0;
13.         // 根据类别数过滤 score
14.         for (int label = 0; label < this->num_class; label++){
15.             if (scores[label] > score){
16.                 score = scores[label];
17.                 cur_label = label;
18.             }
19.         }
20.         // 过滤低分检测框
21.         if (score > threshold){
22.             // 根据类别数的指针偏移获得 bbox 的预测结果
23.             const float* bbox_pred = feats.row(idx) + this->num_class;
24.             // 将模型预测的坐标分布结果转换为 bbox
25.             results[cur_label].push_back(this->disPred2Bbox(bbox_pred,
    cur_label, score, ct_x, ct_y, stride));
26.         }
27.     }
28. }
29. BoxInfo NanoDet::disPred2Bbox(const float*& dfl_det, int label, float
    score, int x, int y, int stride){
30.     // bbox 的数值是由 soft-argmax 算法获得的，对输入的分布特征计算 Softmax 后，求
    期望得到最终积分结果
31.     // 首先得到中心点在原始图像中的中心位置(x,y)
```

```
32.     float ct_x = x * stride;
33.     float ct_y = y * stride;
34.     std::vector<float> dis_pred;
35.     // 从回归 Head 特征获取检测框位置的积分结果 dis_pred
36.     dis_pred.resize(4);
37.     for (int i = 0; i < 4; i++){
38.         float dis = 0;
39.         float* dis_after_sm = new float[this->reg_max + 1];
40.         // 通过 Softmax 计算归一化结果 dis_after_sm
41.         activation_function_softmax(dfl_det+i*(this->reg_max+1),dis_after_sm,this->reg_max+1);
42.         // 通过求和得到积分（期望）结果 dis
43.         for (int j = 0; j < this->reg_max + 1; j++){
44.             dis += j * dis_after_sm[j];
45.         }
46.         dis *= stride;
47.         dis_pred[i] = dis;
48.         delete[] dis_after_sm;
49.     }
50.     // 根据中心点(x,y)和模型预测的偏移量得出最终的检测框结果，这里(std::max)与(std::min)的作用是防止检测框溢出图像
51.     float xmin = (std::max)(ct_x - dis_pred[0], .0f);
52.     float ymin = (std::max)(ct_y - dis_pred[1], .0f);
53.     float xmax = (std::min)(ct_x+dis_pred[2],(float)this->input_size[0]);
54.     float ymax = (std::min)(ct_y+dis_pred[3],(float)this->input_size[1]);
55.     return BoxInfo { xmin, ymin, xmax, ymax, score, label };
56. }
```

如代码 6.43 所示，经过代码 6.42 对预测结果的解码和对低分检测框的剔除，这里依然会存在冗余检测框，此时便使用非极大值抑制的方法进行冗余检测框的过滤。

**代码 6.43　NMS 的实现**

```
1.  // NMS 算法的实现
2.  void NanoDet::nms(std::vector<BoxInfo>& input_boxes, float NMS_THRESH){
3.      // 对 bbox 的 score 进行排序
4.      std::sort(input_boxes.begin(),input_boxes.end(),[](BoxInfo a,BoxInfo b){
5.          return a.score > b.score;
6.      });
7.      std::vector<float> vArea(input_boxes.size());
8.      // 计算 bbox 的面积
9.      for (int i = 0; i < int(input_boxes.size()); ++i){
```

```
10.            vArea[i] = (input_boxes.at(i).x2 - input_boxes.at(i).x1 + 1) *
    (input_boxes.at(i).y2 - input_boxes.at(i).y1 + 1);
11.        }
12.    // 批量计算 IoU 并按照阈值进行筛选
13.    for (int i = 0; i < int(input_boxes.size()); ++i){
14.        for (int j = i + 1; j < int(input_boxes.size());){
15.            // 计算 IoU
16.            float xx1    = (std::max)(input_boxes[i].x1, input_boxes[j].x1);
17.            float yy1    = (std::max)(input_boxes[i].y1, input_boxes[j].y1);
18.            float xx2    = (std::min)(input_boxes[i].x2, input_boxes[j].x2);
19.            float yy2    = (std::min)(input_boxes[i].y2, input_boxes[j].y2);
20.            float w      = (std::max)(float(0), xx2 - xx1 + 1);
21.            float h      = (std::max)(float(0), yy2 - yy1 + 1);
22.            float inter  = w * h;
23.            float ovr    = inter / (vArea[i] + vArea[j] - inter);
24.            // 根据 NMS 的阈值过滤冗余检测框
25.            if (ovr >= NMS_THRESH){
26.                input_boxes.erase(input_boxes.begin() + j);
27.                vArea.erase(vArea.begin() + j);
28.            }
29.            else{
30.                j++;
31.            }
32.        }
33.    }
34.}
```

图 6.33 便是 NanoDet 基于 NCNN 部署的检测结果。

图 6.33　NanoDet 基于 NCNN 部署的检测结果

## 6.7 本章小结

本章开始介绍了不同的推理框架（如 TensorRT、NCNN 和 ONNX）的基本概念和使用方法。

接着介绍了 CUDA 的一些基础概念和核函数的书写方法。这里介绍的 CUDA 是一种由 NVIDIA 推出的通用并行计算架构，该架构使 GPU 能够解决复杂的计算问题。这里为了方便读者更好地熟悉 CUDA 编程，还给出了 YOLOv5 前处理和后处理 CUDA 代码开发，这样便可以保证 CUDA 所编写的 YOLOv5 的前处理和后处理代码同 YOLOv5 网络模型一起在支持 CUDA 的 GPU 处理器上以超高的性能运行。

同时，为了进一步方便读者对实际自动驾驶项目应用的落地和加速，这里还介绍了 NVIDIA 针对 CUDA，以及自家 GPU 提出了 TensorRT 推理框架，其中也介绍了如何使用 TensorRT 加载 ONNX 模型，以及如何使用 TensorRT 的 C++ API 自行搭建一个简单的神经网络。另外，由于 TensorRT 并不能覆盖所有算法的具体算子，所以本章还对 TensorRT 的插件开发流程进行了梳理和讲解。

为了进一步提升模型在 GPU 中的运行速度，这里也介绍了 INT8 量化的相关基础知识与基本原理。本章最后以 YOLOv5 的 TensorRT 落地和 NanoDet 的 NCNN 落地为实践讲解了 AI 真实的落地应用。

# 参考文献

[1] Krizhevsky A, Sutskever I, Hinton G . ImageNet Classification with Deep Convolutional Neural Networks[J]. Advances in neural information processing systems, 2012, 25(2):1097-1105.

[2] Szegedy C, Liu W, Jia Y, et al. Going Deeper with Convolutions[C]// Proceedings of the IEEE Conference on Computer Vision and Pattern Recognition, 2015.

[3] Redmon J, Divvala S, Girshick R, et al. You Only Look Once: Unified, Real-Time Object Detection[C]// Proceedings of the IEEE Conference on Computer Vision and Pattern Recognition, 2016:779-788.

[4] Redmon J, Farhadi A. YOLO9000: Better, Faster, Stronger[C]// IEEE Conference on Computer Vision & Pattern Recognition. IEEE, 2017:6517-6525.

[5] Zhang Z, Lu X, Cao G, et al. ViT-YOLO:Transformer-Based YOLO for Object Detection[C]// International Conference on Computer Vision. IEEE, 2021.

[6] Wang C Y, Liao H, Wu Y H, et al. CSPNet: A New Backbone that can Enhance Learning Capability of CNN[C]// 2020 IEEE/CVF Conference on Computer Vision and Pattern Recognition Workshops (CVPRW). IEEE, 2020.

[7] Howard A G, Zhu M, Chen B, et al. MobileNets: Efficient Convolutional Neural Networks for Mobile Vision Applications[J]. arXiv preprint arXiv:1704.04861, 2017.

[8] Sandler M, Howard A, Zhu M, et al. MobileNetV2: Inverted Residuals and Linear Bottlenecks[C]//2018 IEEE/CVF Conference on Computer Vision and Pattern Recognition (CVPR). IEEE, 2018.

[9] Zhang X, Zhou X, Lin M, et al. ShuffleNet: An Extremely Efficient Convolutional Neural Network for Mobile Devices[C]//Proceedings of the IEEE Conference on Computer Vision and Pattern Recognition, 2018:6848-6856.

[10] Ma N N, Zhang X Y, Zheng H T. "ShuffleNet v2: Practical Guidelines for Efficient CNN Architecture Design" ECCV european conference on computer vision [J]In Proceedings of the IEEE Conference on Computer Vision (ECCV), 2018:116-131.

[11] Han K, Wang Y, Tian Q, et al. GhostNet: More Features From Cheap

Operations[C]//2020 IEEE/CVF Conference on Computer Vision and Pattern Recognition (CVPR). IEEE, 2020.

[12] Dosovitskiy A, Beyer L, Kolesnikov A, et al. An Image is Worth 16x16 Words: Transformers for Image Recognition at Scale[J].arXiv preprint arXiv:2010.11929, 2020.

[13] Liu Z, Lin Y, Cao Y, et al. Swin Transformer: Hierarchical Vision Transformer using Shifted Windows[C]// Proceedings of the IEEE/CVF International Conference on Computer Vision, 2021:10012-10022.

[14] Mehta S, Rastegari M. MobileViT: Light-weight, General-purpose, and Mobile-friendly Vision Transformer[J]. 2021.

[15] Xia X, Li J S, Wu J, et al. TRT-ViT: TensorRT-oriented Vision Transformer[J]. 2022.

[16] Berg A C, Fu C Y, Szegedy C, et al. SSD: Single Shot MultiBox Detector, 10.1007/978-3-319-46448-0_2[P]. 2015.

[17] He K, Gkioxari G, Dollar P, et al. Mask R-CNN[C]// International Conference on Computer Vision. IEEE Computer Society, 2017.

[18] Ren S, He K, Girshick R, et al. Faster R-CNN: Towards Real-Time Object Detection with Region Proposal Networks[J]. IEEE Transactions on Pattern Analysis & Machine Intelligence, 2017, 39(6):1137-1149.

[19] Girshick R. Fast R-CNN[J]. Computer Science, 2015.

[20] Jia D, Wei D, Socher R, et al. ImageNet: A large-scale hierarchical image database[C]// Proceedings of the 2009 IEEE International Conference on Computer and Pattern Recognition.Piscataway:IEEE,2009:248.

[21] He K M, Zhang X Y, Ren S Q, et al. Spatial Pyramid Pooling in Deep Convolutional Networks for Visual Recognition[J]. IEEE Transactions on Pattern Analysis & Machine Intelligence, 2015.

[22] Lin M, Chen Q, Yan S . Network In Network, 10.48550/arXiv.1312.4400[P]. 2013.

[23] Sermanet P, Eigen D, Zhang X , et al. OverFeat: Integrated Recognition, Localization and Detection using Convolutional Networks[J]. Eprint Arxiv, 2013.

[24] Simonyan K, Zisserman A. Very Deep Convolutional Networks for Large-Scale Image Recognition[J]. Computer Science, 2014.

[25] Lin T Y, Goyal P, Girshick R , et al. Focal Loss for Dense Object Detection[J]. IEEE Transactions on Pattern Analysis & Machine Intelligence, 2017, PP(99):2999-3007.

[26] Girshick R, Donahue J, Darrell T, et al. Region-Based Convolutional Networks for Accurate Object Detection and Segmentation[J]. IEEE Transactions on Pattern

Analysis & Machine Intelligence, 2015, 38(1):142-158.

[27] Ren S, He K, Girshick R, et al. Object Detection Networks on Convolutional Feature Maps[J]. IEEE Transactions on Pattern Analysis & Machine Intelligence, 2015, 39(7):1476-1481.

[28] Lin T Y, Maire M, Belongie S, et al. Microsoft COCO: Common Objects in Context[C]// European Conference on Computer Vision. Springer International Publishing, 2014.

[29] Wang J, Chen K, Yang S, et al. Region Proposal by Guided Anchoring[C]// 2019 IEEE/CVF Conference on Computer Vision and Pattern Recognition (CVPR). IEEE, 2019.

[30] Dai J, Li Y, He K, et al. R-FCN: Object Detection via Region-based Fully Convolutional Networks[J]. Curran Associates Inc, 2016.

[31] Qiao S, Chen L C, Yuille A . DetectoRS: Detecting Objects with Recursive Feature Pyramid and Switchable Atrous Convolution[C]// Computer Vision and Pattern Recognition. IEEE, 2021.

[32] Ge Z, Liu S, Wang F , et al. YOLOX: Exceeding YOLO Series in 2021[J]. 2021.

[33] Bochkovskiy A, Wang C Y, Liao H . YOLOv4: Optimal Speed and Accuracy of Object Detection[J]. 2020.

[34] Wang C Y, Bochkovskiy A, Liao H . YOLOv7: Trainable bag-of-freebies sets new state-of-the-art for real-time object detectors[J]. arXiv e-prints, 2022.

[35] Zhang S S, Benenson R, Schiele B . CityPersons: A Diverse Dataset for Pedestrian Detection[J]. IEEE, 2017.

[36] Highmore B. Cityscapes: Cultural Readings in the Material and Symbolic City[J]. Textual Practice, 2005.

[37] Zhang S, Chi C, Yao Y , et al. Bridging the Gap Between Anchor-Based and Anchor-Free Detection via Adaptive Training Sample Selection[C]// 2020 IEEE/CVF Conference on Computer Vision and Pattern Recognition (CVPR). IEEE, 2020.

[38] Tian Z, Shen C, Chen H, et al. FCOS: Fully Convolutional One-Stage Object Detection[C]// 2019 IEEE/CVF International Conference on Computer Vision (ICCV). IEEE, 2020.

[39] Li X, Wang W, Hu X, et al. Generalized Focal Loss V2: Learning Reliable Localization Quality Estimation for Dense Object Detection[C]// Computer Vision and Pattern Recognition. IEEE, 2021.

[40] Lang A H, Vora S, Caesar H , et al. PointPillars: Fast Encoders for Object Detection

From Point Clouds[C]// 2019 IEEE/CVF Conference on Computer Vision and Pattern Recognition (CVPR). IEEE, 2019.

[41] Li Z Q, Wang W, Li H, et al. BEVFormer: Learning Bird's-Eye-View Representation from Multi-Camera Images via Spatiotemporal Transformers[J]. 2022.

[42] Geiger A, Lenz P, Stiller C, et al. Vision meets robotics: The KITTI dataset[J]. International Journal of Robotics Research, 2013, 32(11):1231-1237.

[43] Fan M Y, Lai S, Huang J, et al. Rethinking BiSeNet For Real-time Semantic Segmentation, 10.48550/arXiv.2104.13188[P]. 2021.

[44] Zhang W Q, Huang Z, Luo G, et al. TopFormer: Token Pyramid Transformer for Mobile Semantic Segmentation[C]// 2022.

[45] Weng W T, Zhu X. INet: Convolutional Networks for Biomedical Image Segmentation[J]. IEEE Access, 2021, PP(99):1-1.

[46] Tabelini L, Berriel R, Paixo T M, et al. Keep your Eyes on the Lane: Real-time Attention-guided Lane Detection[J]. Proceedings of the IEEE/CVF Conference on Computer Vision and Pattern Recognition, 2020:294-302.

[47] Balaji V, Raymond J W, Pritam C. DeepSort: deep convolutional networks for sorting haploid maize seeds[J]. BMC Bioinformatics, 2018, 19(S9):85-93.

[48] Du Y H, Song Y, Yang B, et al. StrongSORT: Make DeepSORT Great Again[J]. arXiv e-prints, 2022.

[49] Zhang Y F, Sun P, Jiang Y, et al. ByteTrack: Multi-Object Tracking by Associating Every Detection Box[J]. Proceedings, Part XXII. Cham: Springer Nature Switzerland, 2021:1-21.

[50] Su V H, Nguyen N H, Nguyen N T, et al. A Strong Baseline for Vehicle Re-Identification[C]// 10.48550/arXiv.2104.10850 Proceedings of the IEEE/CVF Conference on Computer Vision and Pattern Recognition, 2021: 4147-4154.

[51] Deng J K, Guo J, Zafeiriou S. ArcFace: Additive Angular Margin Loss for Deep Face Recognition[J]. Proceedings of the IEEE/CVF Conference on Computer Vision and Pattern Recognition,2019:4690-4699.